Schritt für Schritt
in Alltag und Beruf 4

Niveau A2.2

Deutsch als Zweitsprache
Lehrerhandbuch

Susanne Kalender
Petra Klimaszyk

Hueber Verlag

Quellenverzeichnis
Zeichnungen: Jörg Saupe, Düsseldorf
Fotos: Matthias Kraus, München
Bildredaktion: Nina Metzger, Hueber Verlag, München

3.   2.   1.   Die letzten Ziffern
2024 23 22 21 20   bezeichnen Zahl und Jahr des Druckes.
Alle Drucke dieser Auflage können, da unverändert,
nebeneinander benutzt werden.
1. Auflage
© 2020 Hueber Verlag GmbH & Co. KG, München, Deutschland
Umschlaggestaltung: Sieveking · Agentur für Kommunikation, München
Gestaltung und Satz: Sieveking · Agentur für Kommunikation, München
Druck und Bindung: Friedrich Pustet GmbH & Co. KG, Regensburg
Printed in Germany
ISBN 978–3–19–101087–4

Art. 530_26030_001_01

Konzeption des Lehrwerks   4

Methodisch-didaktische Hinweise   19

Die erste Stunde im Kurs   19
Hinweise zu Lektion 8   21
Hinweise zu Lektion 9   33
Hinweise zu Lektion 10   45
Hinweise zu Lektion 11   56
Hinweise zu Lektion 12   69
Hinweise zu Lektion 13   79
Hinweise zu Lektion 14   88

Kopiervorlagen   98

Zusatzübungen und Spiele zu Lektion 8   98
Zusatzübungen und Spiele zu Lektion 9   101
Zusatzübungen und Spiele zu Lektion 10   106
Zusatzübungen und Spiele zu Lektion 11   110
Zusatzübungen und Spiele zu Lektion 12   115
Zusatzübungen und Spiele zu Lektion 13   119
Zusatzübungen und Spiele zu Lektion 14   126

Wiederholungsspiele   130

Methodisch-didaktische Hinweise zu den Wiederholungsspielen   130
Wiederholungsspiel zu Lektion 8   133
Wiederholungsspiel zu Lektion 9   134
Wiederholungsspiel zu Lektion 10   136
Wiederholungsspiel zu Lektion 11   137
Wiederholungsspiel zu Lektion 12   139
Wiederholungsspiel zu Lektion 13   140
Wiederholungsspiel zu Lektion 14   141

Tests   143

Test zu Lektion 8   143
Test zu Lektion 9   144
Test zu Lektion 10   145
Test zu Lektion 11   146
Test zu Lektion 12   147
Test zu Lektion 13   148
Test zu Lektion 14   149

Anhang   150

Transkriptionen der Hörtexte im Kursbuch   150
Transkriptionen der Hörtexte im Arbeitsbuch   167
Transkriptionen der Filme   171
Lösungen zum Arbeitsbuch   177
Lösungen zu den Tests   183
Bewertungsschlüssel für die Tests   183

....

Schritt für Schritt in Alltag und Beruf ist die Anpassung des bewährten und erprobten Konzepts von *Schritte plus Neu* speziell auf die Bedürfnisse von Lese- und Schreibungeübten.

1 Rahmenbedingungen

Schritt für Schritt in Alltag und Beruf ist ein Lehrwerk für lese- und schreibungeübte (junge) Erwachsene auf den Niveaustufen A1 und A2 des Gemeinsamen Europäischen Referenzrahmens (GER), die in einem deutschsprachigen Land leben oder arbeiten möchten. Ziel ist es, den Lernenden die Integration in Alltag und Beruf zu erleichtern und alltägliche Situationen sprachlich zu bewältigen.
Schritt für Schritt in Alltag und Beruf geht bei der Stoffauswahl von den Vorgaben des GER aus und deckt (zusammen mit *Schritt für Schritt zum DTZ A2 und B1*) die Lernziele des Rahmencurriculums für Integrationskurse des Bundesamts für Migration und Flüchtlinge sowie die Prüfungsvorgaben der Prüfungen *Start Deutsch 1* und *2*, des *Deutsch-Tests für Zuwanderer (DTZ)* und des *Zertifikats Deutsch* ab.

2 Aufbau *Schritt für Schritt in Alltag und Beruf*

2.1 *Schritt für Schritt in Alltag und Beruf* in vier Bänden

Schritt für Schritt in Alltag und Beruf liegt in einer vierbändigen Ausgabe (Arbeitsbuch integriert) zu den Niveaustufen A1 und A2 vor. Für die Niveaustufe B1 schließt sich ein fünfter Band an: *Schritt für Schritt zum DTZ A2 und B1*. Durch die konzeptuelle Nähe zu *Schritte plus Neu* ist ein Wechsel jederzeit möglich.

Schritt für Schritt in Alltag und Beruf 1 *Schritt für Schritt in Alltag und Beruf 2* oder *Schritte plus Neu 1* *Schritte plus Neu 2*	A1 / *Start Deutsch 1*
Schritt für Schritt in Alltag und Beruf 3 *Schritt für Schritt in Alltag und Beruf 4* oder *Schritte plus Neu 3* *Schritte plus Neu 4*	A2 / *Start Deutsch 2*, *Goethe-Zertifikat A2*
Schritt für Schritt zum DTZ A2 und B1 oder *Schritte plus Neu 5* *Schritte plus Neu 6*	B1 / *Deutsch-Test* *für Zuwanderer,* *Zertifikat Deutsch,* *Goethe-Zertifikat B1*

2.2 Die Bestandteile von *Schritt für Schritt in Alltag und Beruf*

Schritt für Schritt in Alltag und Beruf bietet ein umfangreiches Angebot an Materialien und Medien, die aufeinander abgestimmt und eng miteinander verzahnt sind:
* ein Kursbuch
* ein Arbeitsbuch
* ein Medienpaket mit den Audio-CDs zum Kurs- und Arbeitsbuch und einer DVD mit den Filmen zum Kursbuch
* eine digitale Ausgabe von Kursbuch und Arbeitsbuch mit allen Audios und Filmen
* eine App mit allen Audios und Filmen zu Kurs- und Arbeitsbuch
* ein Lehrerhandbuch
* eine Übungsgrammatik

Schritt für Schritt in Alltag und Beruf kann darüber hinaus mit vielfältigen, weiteren Kranzprodukten von *Schritte plus Neu* ergänzt werden, beispielsweise dem Intensivtrainer, dem Testtrainer oder dem Berufstrainer.

Der Lehrwerkservice im Internet unter www.hueber.de/schritt-fuer-schritt enthält u. a.:
* ausführliche Unterrichtspläne zu Kurs- und Arbeitsbuch
* zahlreiche Kopiervorlagen, z. B. zu den Transferaufgaben / Aktivitäten im Kurs und den Filmen
* interaktive Zusatzübungen für die Lernenden zu den Selbsttests im Arbeitsbuch

Der Lehrwerkservice wird sukzessive immer wieder mit aktuellen Informationen und zusätzlichen Angeboten für den Unterricht ergänzt.

2.3 Medienüberblick: Die Verfügbarkeit von Filmen, Hörtexten, interaktiven Übungen und Kopiervorlagen

Material	Medienpaket	Lehrwerkservice www.hueber.de/ schritt-fuer-schritt	App*	LHB
Hörtexte Kursbuch	x	x	x	
Hörtexte Arbeitsbuch	x	x	x	
Audio-Dateien zur Foto-Hörgeschichte	x	x	x	
Foto-Hörgeschichte als Slide-Show	x		x	
„Tims Film"	x		x	
Kopiervorlagen zu „Tims Film"		x		
Filme zu „Zwischen-durch mal ..."	x		x	
Audiotraining	x	x	x	
Videotraining	x		x	
Lektionstests				x
Kopiervorlagen zu den Lernschritten				x
Kopiervorlagen zu den Aktivitäten im Kurs		x		
Interaktive Übungen zu den Selbsttests im AB		x		

* Mit der neuen, kostenlosen *Schritt für Schritt in Alltag und Beruf*-App können alle Filme und Hörtexte ganz einfach per Smartphone oder Tablet direkt aus dem Buch heraus abgerufen werden. Sie sind jederzeit verfügbar und somit ideal einsetzbar für das individuelle Lernen und Wiederholen. Die App ist im App Store oder Google Play Store verfügbar.

3 Das Kursbuch

Jeder Band von *Schritt für Schritt in Alltag und Beruf* 1–4 enthält sieben Lektionen. Diese folgen einem klaren und einheitlichen Aufbau. (Der Band *Schritt für Schritt zum DTZ A2 und B1* hat einen anderen Aufbau.)

Aufbau einer Lektion

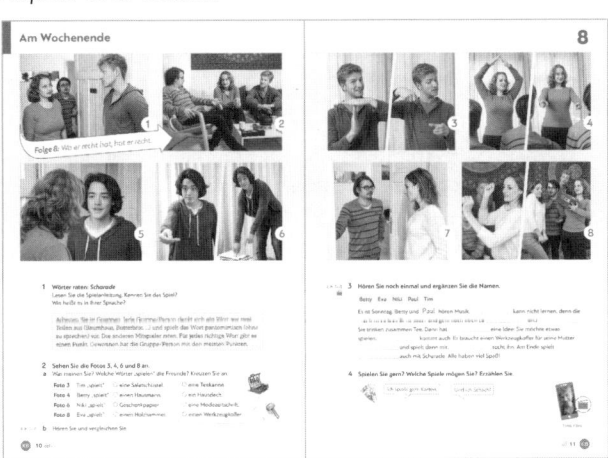

Die Foto-Hörgeschichte
Motivierender Einstieg über eine Foto-Hörgeschichte mit hoher Identifikationsmöglichkeit für die Lernenden

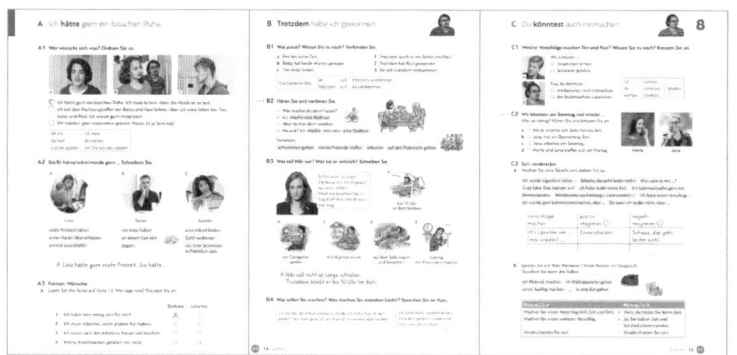

Die Seiten A bis C
Einführung und Einübung des neuen
Lernstoffs in abgeschlossenen Einheiten

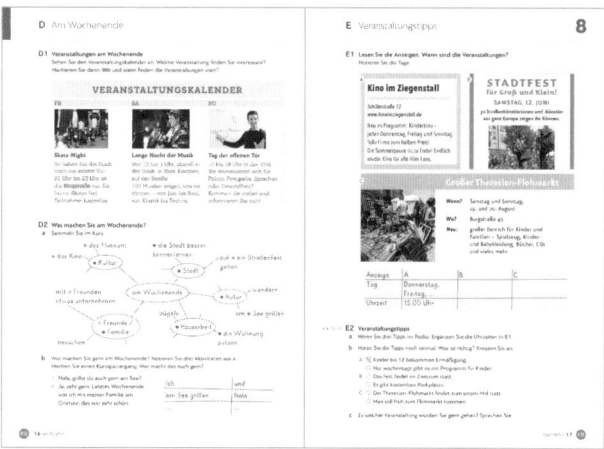

Die Seiten D und E
Training und Erweiterung der rezeptiven
und produktiven Fertigkeiten

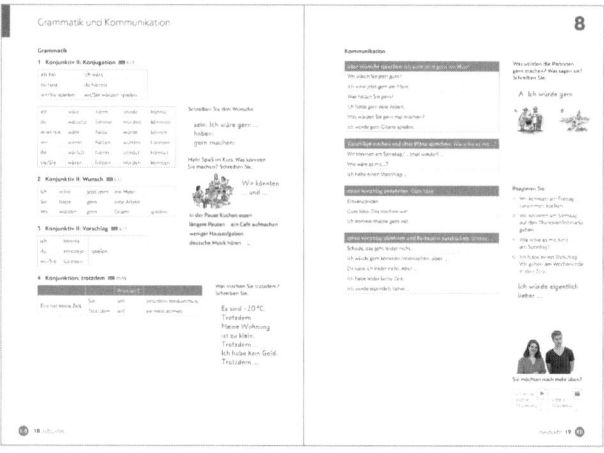

Die Seiten „Grammatik" und „Kommunikation"
- Übersicht über Grammatikstrukturen und Redemittel, dazu Übungen, Tipps, Visualisierungen und Merkhilfen
- Verweis auf Videotraining und Audiotraining

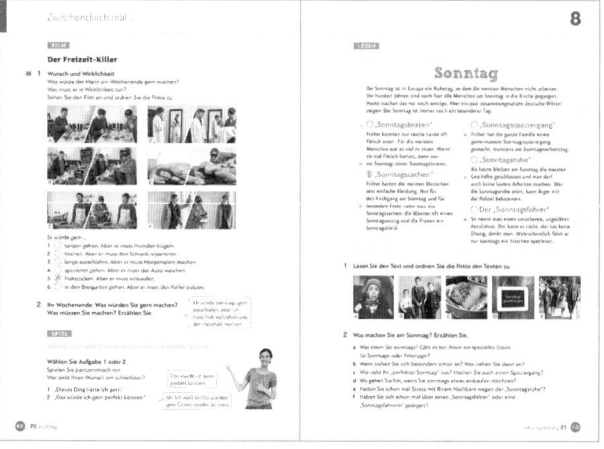

Die Seiten „Zwischendurch mal ..."
Fakultatives Angebot mit Filmen, Projekten
etc. zum variablen Einsatz im Unterricht

3.1. Die Foto-Hörgeschichte

Jede Lektion beginnt mit einer Foto-Hörgeschichte. Die Lernenden begleiten den jungen Deutschlerner Tim in seinem Alltag. Dadurch wird ein motivierender Einstieg geschaffen, der nah an der Lebenssituation der Lernenden ist und durch die emotional ansprechenden Inhalte zu größeren Lernerfolgen führt.

Die Foto-Hörgeschichte bildet den sprachlichen und thematischen Rahmen der Lektion: Sie führt die Kommunikationsmittel und den grammatischen Stoff in einer zusammenhängenden Episode ein und entlastet damit den Lernstoff. Zugleich trainiert sie das globale Hörverstehen.

Die Geschichte kann über die Audios ▶ gehört werden, während die Lernenden parallel die Fotos im Kursbuch ansehen. Sie steht aber auch als Slide-Show 🎞 zur Verfügung und kann im Unterricht am interaktiven Whiteboard gezeigt werden (→ siehe „2.3 Medienüberblick" auf S. 5).

„Tims Film"
Ergänzt wird die Foto-Hörgeschichte jeweils durch einen kleinen Film („Tims Film") 🎬.

Tims Film

Diese Filmsequenzen erzählen kurze Alltagsszenen aus der Perspektive der Hauptfigur Tim und lassen diesen dadurch noch lebendiger werden. Darüber hinaus wird das Hör-Sehverstehen geschult. Diese Filme sind fakultativ einsetzbar und können gemeinsam im Unterricht angesehen werden, eignen sich aber auch gut zum selbstständigen Nachbereiten und Ansehen zu Hause. Eine Kurzbeschreibung des Filminhalts sowie konkrete Vorschläge, an welchen Stellen die Filme im Unterrichtsablauf der Lektion eingesetzt werden können, finden Sie in diesem Lehrerhandbuch am Ende der Hinweise zu den Foto-Hörgeschichten. Tipps, Hinweise zum Einsatz im Unterricht sowie Kopiervorlagen zu den Filmen finden Sie im Lehrwerkservice unter www.hueber.de/schritt-fuer-schritt (→ siehe „2.3 Medienüberblick" auf S. 5).

3.2 Die Seiten A bis C

Die **Kopfzeile** enthält ein Zitat aus der Foto-Hörgeschichte und repräsentiert den Lernstoff der Seite. Die neue Struktur ist fett hervorgehoben. So können Sie und die TN sich rasch orientieren.

Kopfzeile

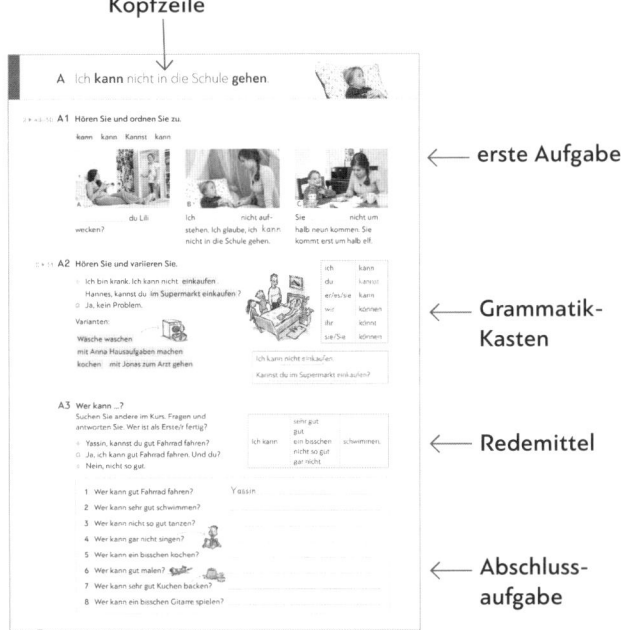

← erste Aufgabe

← Grammatik-Kasten

← Redemittel

← Abschlussaufgabe

Die **erste Aufgabe** dient der Einführung des neuen Stoffs. Sie bezieht sich ebenfalls im weiteren Sinne auf die Foto-Hörgeschichte und schafft damit den inhaltlichen und sprachlichen Kontext für die neu zu erlernenden Strukturen.

Der **Grammatik-Kasten** fasst den Lernstoff übersichtlich zusammen und macht ihn bewusst. In der **folgenden Aufgabe** üben die TN den Lernstoff.

Die **Abschlussaufgabe** dient dem Transfer des Gelernten in den persönlichen Anwendungsbereich (z. B. über sich selbst sprechen oder schreiben, seine Meinung sagen) oder bietet die Möglichkeiten, den Lernstoff auf spielerische Art und Weise aktiv und interaktiv anzuwenden. Manche Aufgaben sind mit dem Piktogramm ☐ versehen. Dieses weist darauf hin, dass die TN bei dieser Aufgabe ihr Smartphone oder Tablet nutzen können. Hinweise dazu finden Sie in diesem Lehrerhandbuch jeweils bei den didaktischen Vorschlägen zu den entsprechenden Aufgaben. Der Einsatz dieser Medien ist jedoch fakultativ!
Hinweis: Zur Vereinfachung und Unterstützung Ihrer Unterrichtsvorbereitung finden Sie zu vielen der Abschlussaufgaben Kopiervorlagen im Lehrwerkservice unter www.hueber.de/schritt-fuer-schritt.

3.3 Die Seiten D und E

Die Seiten D und E dienen der Vertiefung und Erweiterung der vier Fertigkeiten Lesen – Hören – Schreiben – Sprechen. Die Textsorten zu den Fertigkeiten Lesen und Hören entsprechen ebenso den Anforderungen der Niveaustufe A2 wie die Sprech- und Schreibanlässe (→ siehe „5.2 Fertigkeitstraining" auf S. 11).

3.4 Übersicht: „Grammatik" und „Kommunikation"

Diese Doppelseite gibt einen Überblick über die neue Grammatik und die wichtigen Wendungen der Lektion. Mithilfe der Übersicht kann der Stoff der Lektion selbstständig wiederholt und nachgeschlagen werden. Die Übersicht enthält zudem Verweise auf die *Schritte Neu Grammatik*.

Darüber hinaus soll auf dieser Seite mit kleinen Aufgaben, Tipps, Merkhilfen und Visualisierungen auch wiederholend und vertiefend gearbeitet werden. Diese sind den Grammatiktabellen oder den Redemittelkästen jeweils am rechten Rand direkt zugeordnet. Auf dieses Zusatzangebot kann entweder im Unterricht eingegangen werden oder Sie weisen Ihre Lerner darauf hin, wie sie mit diesen Seiten sinnvoll eigenständig arbeiten und sie zum Nachschlagen nutzen können. Entsprechende Hinweise finden Sie in diesem Lehrerhandbuch auf den Seiten 16/17 und in den didaktischen Hinweisen direkt bei den Aufgaben mit den jeweiligen Grammatikthemen bzw. Wendungen. Sollten mehrere Verweise zu einem Grammatik-Teil vorkommen, dann steht die kurze Anleitung an der „Hauptstelle" und von den „Nebenstellen" wird auf die Hauptstelle verwiesen.

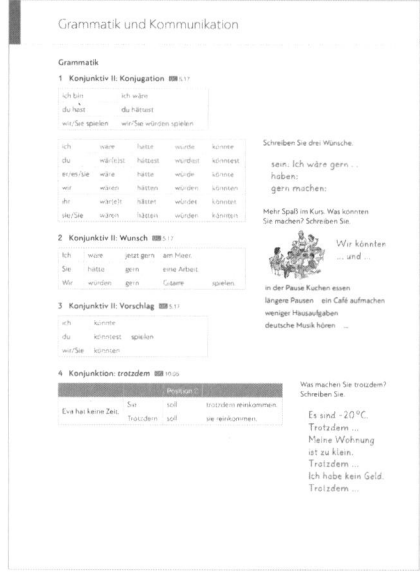

Die Rubriken „Videotraining" und „Audiotraining" verweisen auf ein umfangreiches fakultatives Trainingsangebot, das Lernende und Lehrende im Medienpaket, im Internet und über Smartphone /Tablet abrufen können (→ siehe „2.3 Medienüberblick" auf S. 5).

Eine Kurzbeschreibung des Inhalts und mögliche Vorgehensweisen finden Sie in diesem Lehrerhandbuch unter → „5.12 Arbeit mit den Übersichtsseiten ‚Grammatik' und ‚Kommunikation'" auf den Seiten 16/17 und direkt in den didaktischen Hinweisen zur jeweiligen Lektion.

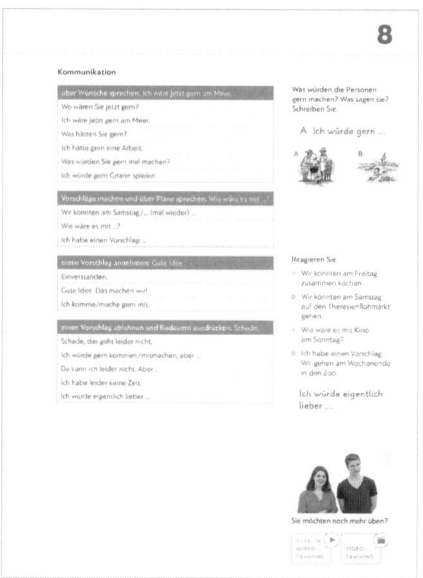

Audiotraining

Das Audiotraining umfasst jeweils drei Übungen zum Wiederholen, Üben und mündlichen Einschleifen der wichtigen Wendungen der Lektion.

Sie können die Übungen zum Videotraining und Audiotraining anfangs in den Unterricht integrieren, um Ihre TN mit diesen Übungsformen vertraut zu machen, und sie später zur selbstständigen Beschäftigung mit diesem Zusatzangebot anregen.

Videotraining

Kleine Filmsequenzen mit den Hauptdarstellern der Foto-Hörgeschichte zeigen wichtige Redemittel und Strukturen der Lektion in kleinen Spielszenen und bieten ein aktives Übungsangebot für die Lernenden. Zu jeder Lektion gibt es einen Film, in dem wichtige Wendungen der Lektion präsentiert werden, sowie einen weiteren Film, in dem die Lernenden aktiv einbezogen werden und durch Nachsprechen oder Variieren von Redemitteln das Gelernte festigen können.

3.5 Zwischendurch mal …

Auf diesen Doppelseiten finden Sie zwei bis vier kleine Angebote, die Sie fakultativ im Kurs einsetzen oder zur Binnendifferenzierung nutzen können.
Die Rubriken sind:

Der Schwerpunkt dieser Aufgaben und Projekte liegt nicht mehr auf dem Erwerb und Einüben von Strukturen, sondern die Lernenden können hier das in der Lektion erworbene Wissen aktiv und oft spielerisch anwenden und erweitern. Diese Zusatzangebote sind völlig unabhängig voneinander und an verschiedenen Stellen der Lektion einsetzbar. Eine Beschreibung der Einsatzmöglichkeiten finden Sie in diesem Lehrerhandbuch unter „Zwischendurch mal …" in der jeweiligen Lektion. Die Stellen im Unterrichtsablauf, an denen ein Angebot aus „Zwischendurch mal …" eingesetzt werden könnte, sind außerdem angegeben.

4 Das Arbeitsbuch

Im Arbeitsbuch finden Sie vielfältige Übungen und Aufgaben zu den Lernschritten A bis E für die Still- und Partnerarbeit im Kurs oder als Hausaufgabe. Auch hier erscheinen – wie auf der entsprechenden Kursbuchseite – in der Kopfzeile ein Zitat und ein Foto aus der Foto-Hörgeschichte als Strukturierungs- und Memorierungshilfe.

4.1 Die Rubriken
Neben einem vielfältigen und umfassenden Übungsapparat finden Sie im Arbeitsbuch folgende Aufgaben:
- **Richtig schreiben:** Schreibaufgaben mit Fokus auf korrekte Rechtschreibung und/oder Zeichensetzung
- **Prüfung:** Aufgaben, die in ihrem Aufbau genau den gängigen Prüfungsformaten der Prüfungen *Start Deutsch 2* sowie des *Deutsch-Tests für Zuwanderer (DTZ)* und des *Zertifikats Deutsch* folgen und zur Prüfungsvorbereitung eingesetzt werden können, die Verweise auf die konkreten Prüfungsteile sind ebenso angegeben.
- **Phonetik:** Ein systematisches Aussprachetraining mit Übungen passend zur Lektion, das sich je nach Bedarf der TN gut in den Unterrichtsablauf integrieren lässt.

4.2 Der Selbsttest
Den Abschluss jeder Arbeitsbuchlektion bildet ein Lernertest zur Selbstevaluation.

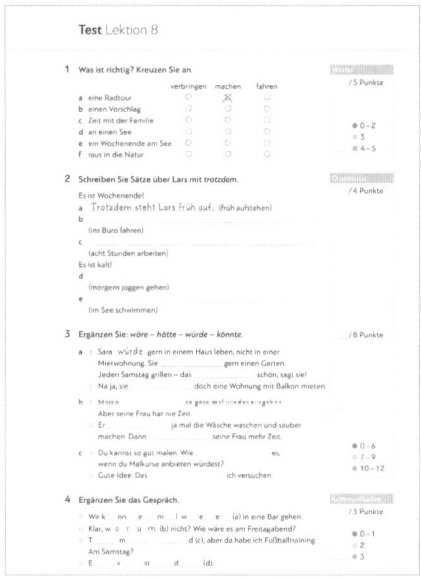

- drei Rubriken: Wörter – Grammatik – Kommunikation
- Punkteauswertung mit „Ampelsystem"
- Vertiefungs- und Erweiterungsübungen im Lehrwerkservice unter www.hueber.de/schritt-fuer-schritt/lernen/uebungen

4.3 Der Lernwortschatz
Am Ende des Arbeitsbuchs gibt es auf den Seiten 174–193 ein integriertes „Wörterlernheft" in Form einer Liste mit dem Lernwortschatz und Visualisierungen zu Kernthemen der Lektion. Der Lernwortschatz ist chronologisch nach Lektionen sortiert und innerhalb der Lektion den Aufgaben zur Foto-Hörgeschichte sowie den Lernschritten A–E zugeordnet. Die TN können eigene Übersetzungen in ihrer Muttersprache ergänzen. Es gibt mehrere Memorierungshilfen für die TN: Zu jedem Wort gibt es einen Kontextsatz, der das Lernen des Wortes unterstützt. Zudem sind die Nomen mit farbigen Genuspunkten und Artikeln versehen. Am Ende des Lernwortschatzes jeder Lektion finden die TN eine bebilderte Darstellung eines Wortfeldes sowie einen Lerntipp zum Wörterlernen.

4.4 Die Grammatikübersicht
Am Ende des Buches befindet sich eine Übersicht über den gesamten Grammatikstoff des Bands zum Nachschlagen. Die Übersicht enthält Verweise auf das Vorkommen in den Lektionen sowie auf die *Schritte Neu Grammatik*.

5 Methodisch-didaktische Grundlagen und praktische Tipps

5.1 Arbeit mit der Foto-Hörgeschichte
Der Einstieg in jede Lektion erfolgt über eine Foto-Hörgeschichte. Diese …
- ist authentisch: Die Sprache wird im Kontext vorgestellt. Die Lernenden können sich intensiv mit einer Geschichte auseinandersetzen, wodurch das Memorieren von Wörtern und Strukturen erleichtert und verbessert wird.
- ist motivierend: Die Fotos erleichtern eine situative und lokale Einordnung der Geschichte und aktivieren das Vorwissen. Durch die Kombination von Foto und Hörtext/Geräuschen verstehen die Lernenden eine zusammenhängende Episode. Sie erkennen, dass sie am Ende der Lektion in der Lage sein werden, eine ähnliche Situation sprachlich zu meistern.
- macht neugierig: Die Geschichten sind so amüsant, dass sie das Interesse der Lernenden wecken und zur Identifikation einladen.
- vermittelt implizit Landeskunde und regt zu interkulturellen Betrachtungen an.

Neben den Audio-Dateien steht Ihnen die Foto-Hörgeschichte auch als „Slide-Show" zur Verfügung. Diese können Sie im Unterricht am interaktiven Whiteboard abspielen und haben damit eine direkte Verknüpfung von Bild und Ton. Alternativ können die TN die Slide-Show zur Nachbereitung auf dem Smartphone oder Tablet ansehen (→ siehe „2.3 Medienüberblick" auf S. 5).

....

„Tims Film"
Die Foto-Hörgeschichte wird ergänzt durch kleine Filme. Jede Filmsequenz passt zur Foto-Hörgeschichte und erweitert das Thema der Foto-Hörgeschichte um einen Aspekt aus der Perspektive der Hauptfigur Tim. Die Hauptfigur erzählt in kleinen „Handyfilmen" ergänzende Geschichten aus ihrem Alltag. Dies lässt Geschichte und Figur lebendiger werden, vermittelt darüber hinaus vertiefende landeskundliche Inhalte und bietet motivierende Sprechanlässe.

Praktische Tipps:
Arbeit mit der Foto-Hörgeschichte
Beginnen Sie den Unterricht nicht direkt mit dem Hören der Geschichte. Die TN lösen zu jeder Episode Aufgaben vor dem Hören, während des Hörens und nach dem Hören. Generell sollten Sie die Geschichte so oft wie nötig vorspielen und ggf. an entscheidenden Passagen stoppen. Achten Sie darauf, jede Episode mindestens einmal durchgehend vorzuspielen.
Hören Sie am Ende jeder Lektion die Geschichte mit den TN noch einmal. Das ermutigt sie, denn sie können erleben, wie viel sie im Vergleich zum allerersten Hören nun schon verstehen, und das fördert die Motivation.

Aufgaben vor dem Hören
Die Aufgaben vor dem Hören machen eine situative Einordnung der Geschichte möglich. Sie führen neue, für das Verständnis wichtige Wörter der Geschichte ein und lenken die Aufmerksamkeit auf die im Text wichtigen Passagen und Schlüsselwörter. Für die Vorentlastung bieten sich außerdem viele weitere Möglichkeiten:

Fotosalat und Satzsalat
Kopieren Sie die Fotos und schneiden Sie die einzelnen Fotos aus. Achten Sie darauf, die Nummerierung auf den Fotos wegzuschneiden. Die Bücher bleiben geschlossen. Verteilen Sie je ein Fotoset an Kleingruppen mit 3 bis 4 TN. Die TN legen die Fotos in eine mögliche Reihenfolge, hören die Geschichte mit geschlossenen Büchern und vergleichen die Foto-Hörgeschichte mit ihrer Reihenfolge. Sie korrigieren ggf. ihre Reihenfolge.
Diese Übung kann um Satzkarten erweitert werden: Schreiben Sie zu den Fotos einfache Sätze oder Zitate aus der Geschichte auf Kärtchen, die die TN dann den Fotos zuordnen. Sie können hier auch zwischen geübteren und ungeübteren TN differenzieren, indem Sie geübteren TN weniger Vorgaben und Hilfen an die Hand geben als den ungeübteren.
Auf fortgeschrittenerem Niveau können sich die TN zu ihrer Reihenfolge der Fotos eine kleine Geschichte ausdenken oder Minidialoge schreiben. Ihre Geschichte können sie dann beim Hören mit dem Hörtext vergleichen.

Hypothesen bilden
Verraten Sie den TN nur die Überschrift der Lektion und zeigen Sie ggf. noch eines der Fotos auf Folie. Die TN spekulieren, soweit es die Sprachkenntnisse zulassen, worum es in der Geschichte gehen könnte (Wo? Wer? Was? Wie viele? Wie? Warum?). Oder die TN sehen sich die Fotos im Buch an und stellen Vermutungen über den Verlauf der Handlung an. Das motiviert und macht auf die Geschichte neugierig. Zudem wird das spätere Hören in der Fremdsprache erleichtert, weil eine bestimmte Hör-Erwartung aufgebaut wird. Fortgeschrittenere Anfänger können sich

im Vorfeld Minigespräche zu den Fotos überlegen und ein kleines Rollenspiel machen. Nach dem Hören vergleichen sie dann ihren Text mit dem Hörtext.

Situationsverwandte Bilder/Texte
Vielleicht finden Sie einen passenden Text oder ein Bild / einen Comic, den Sie verwenden können, um in das Thema einzuführen und unbekannten Wortschatz zu klären. Diese Übungsform eignet sich, wenn Sie erst ganz allgemein auf ein Thema hinführen wollen, ohne die Fotos aus der Foto-Hörgeschichte schon zu zeigen. Zeigen Sie z. B. beim Thema „Einkauf" das Bild eines gefüllten Einkaufskorbs. Die TN nennen die ihnen bekannten Lebensmittel. Dadurch wird das Vorwissen der TN aktiviert.

Aufgaben während des Hörens
Die TN sollten die Geschichte mindestens einmal durchgehend hören, damit der vollständige Zusammenhang gegeben ist. Dabei ist es nicht wichtig, dass die TN sofort alles erfassen. Sie haben verschiedene Möglichkeiten, den TN das Verstehen zu erleichtern:

Mitzeigen
Beim Wechsel von einem Foto zum nächsten ist ein „Klick" zu hören, der es den TN erleichtert, dem Hörtext zu folgen. Bei jedem Klick können die TN wieder in die Geschichte einsteigen und mithören, falls sie den Faden einmal verloren haben sollten. Als weitere Hilfestellung können Sie zumindest in den ersten Stunden einen TN bitten, auf den vergrößerten Fotos der Foto-Hörgeschichte mitzuzeigen. Die übrigen TN zeigen in ihrem Buch mit, sodass Sie kontrollieren können, ob alle der Geschichte folgen können.

Wort-/Bildkärtchen
Stellen Sie im Vorfeld Kärtchen mit Informationen aus der Foto-Hörgeschichte her (z. B. Lektion 5: Bild- oder Verbkärtchen mit den Tätigkeiten der Familie). Die TN hören die Geschichte mit geschlossenen Büchern und legen die Kärtchen während des Hörens in die Reihenfolge, in der die Informationen in der Geschichte vorkommen.

Antizipation
Wenn die TN wenig Verständnisschwierigkeiten beim Hören haben bzw. wenn die TN schon geübter sind, können Sie die Foto-Hörgeschichte natürlich auch während des Hörens immer wieder stoppen und die TN ermuntern, über den Fort- und Ausgang der Geschichte zu spekulieren. Allerdings sollten Sie die Geschichte im Anschluss auch einmal durchgehend vorspielen.

Aufgaben nach dem Hören
Die Aufgaben nach dem Hören dienen dem Heraushören von Kernaussagen. Sie überprüfen, ob die Handlung global verstanden wurde. Lesen Sie die Aufgaben gemeinsam mit den TN, geben Sie Gelegenheit zu Wortschatzfragen und spielen Sie die Geschichte noch weitere Male vor, um den TN das Lösen der Aufgaben zu erleichtern. Stoppen Sie die Geschichte ggf. an den entscheidenden Passagen, um den TN Zeit für die Eintragung ihrer Lösung zu geben. Darüber hinaus können Sie die Foto-Hörgeschichte für weitere spielerische Aktivitäten im Unterricht nutzen und so den Wortschatz festigen und erweitern:

Rollenspiele

Vor allem schon geübtere TN können kleine Gespräche zu einem oder mehreren Fotos schreiben. Diese Gespräche werden dann vor dem Plenum als kleine Rollenspiele nachgespielt oder mit dem Smartphone aufgenommen und dann gezeigt. Regen Sie die TN auch dazu an, die Geschichte weiterzuentwickeln und eine Fortsetzung zu erfinden.

Pantomime

Stoppen Sie das Audio beim zweiten oder wiederholten Hören jeweils nach der Rede einer Person. Bitten Sie die TN, in die jeweilige Rolle zu schlüpfen. Lassen Sie die TN pantomimisch darstellen, was sie soeben gehört haben. Fahren Sie dann mit der Foto-Hörgeschichte fort. Wenn die TN schon geübter sind, können die TN die Geschichte pantomimisch mitspielen, während Sie diese noch einmal vorspielen.

Kursteilnehmerdiktat

Die TN betrachten die Fotos. Ermuntern Sie einen TN, einen beliebigen Satz zu einem der Fotos zu sagen, z. B. „Heute ist das Wetter gut." Alle TN schreiben diesen Satz auf. Ein anderer TN setzt die Aktivität fort, z. B. „Wir machen heute ein Picknick." etc. So entsteht eine kleine Geschichte oder ein Dialog. Die TN sollten auch eine Überschrift für ihren gemeinsam erarbeiteten Text finden. Schreiben Sie oder einer der TN auf der Rückseite der Tafel oder auf Folie mit, damit die TN abschließend eine Möglichkeit zur Korrektur ihrer Sätze haben. Diese Übung trainiert nicht nur eine korrekte Orthografie, sondern dient auch der Wiederholung und Festigung von Wortschatz und Redemitteln.

Situationsverwandte Bilder/Texte

Auch nach dem Hören können Sie situationsverwandte Bilder oder Texte zur Vertiefung des Themas der Foto-Hörgeschichte nutzen. Die TN können die Unterschiede zwischen der Foto-Hörgeschichte und dem Text oder der Situation herausarbeiten. So könnte z. B. in Lektion 6 mithilfe einer Statistik über das Freizeitverhalten der Deutschen dargestellt werden, welchen Freizeitaktivitäten die Deutschen nachgehen.

Texte oder Bilder können auch in eine andere Situation überleiten und nach dem Hören der Foto-Hörgeschichte zur Erweiterung eingesetzt werden (z. B. Lektion 3: Einkaufen auf dem Markt; weiterführend: Einkäufe in der Bäckerei, in der Fleischerei, im Schreibwarengeschäft). Damit werden Wörter und Redemittel in einen anderen Zusammenhang transferiert und erweitert. Sie können so individuell auf die Interessen Ihres Kurses eingehen.

Phonetik

Die Foto-Hörgeschichte bietet sich sehr gut für das Aussprachetraining an, denn sie enthält viele für den Alltag wichtige Redemittel, die sich gut als Formeln merken lassen. Greifen Sie wesentliche Zitate/Passagen aus der Geschichte heraus, spielen Sie diese isoliert vor und lassen Sie die TN diese Sätze nachsprechen. Der Hörspielcharakter und der situative Bezug innerhalb der Foto-Hörgeschichte erleichtern den TN das Memorieren solcher Redemittel. Außerdem lernen die TN, auch emotionale Aspekte (Empörung, Freude, Trauer, Wut, Mitgefühl ...) auszudrücken. Schließlich kommt es nicht nur darauf an, was man sagt, sondern vor allem darauf, wie man es sagt. In jeder Sprache werden ganz unterschiedliche Mittel benutzt, um solche emotionalen Aspekte auszudrücken.

Nicht zuletzt können auch Modalpartikeln wie „doch", „aber", „eben" unbewusst eingeschliffen werden. Die Bedeutung von Modalpartikeln zu erklären ist im Anfängerunterricht schwierig und daher oft wenig sinnvoll. Mithilfe der Zitate aus der Foto-Hörgeschichte können die TN diese aber verinnerlichen und automatisch anwenden, ohne dass Erklärungen erforderlich sind.

Praktische Tipps:
Arbeit mit „Tims Film"

Es gibt mehrere Möglichkeiten für den Einsatz im Kurs:

* Sie können die Filme im Unterricht zeigen, nachdem Sie die Foto-Hörgeschichte durchgearbeitet haben. In diesem Lehrerhandbuch finden Sie Hinweise dazu, wie und wann Sie die Filme im Unterricht einsetzen können. Darüber hinaus gibt es im Lehrwerkservice unter www.hueber.de/schritt-fuer-schritt Arbeitsblätter zu jedem Film, die Sie im Kurs bearbeiten können (→ siehe „2.3 Medienüberblick" auf S. 5).
* Sie können die Filme im Unterricht auch als motivierenden Abschluss der Lektion zeigen.
* Die TN können die Filme nutzen, um ihr eigenes Verständnis des Lektionsstoffs zu überprüfen.
* Die Filme bieten neben der Foto-Hörgeschichte eine situative und authentische Einbindung des Lernstoffs, sodass die TN sehen, wo und wie sie das Gelernte umsetzen können.
* Die TN nutzen die Filmvorlage für entsprechende eigene kleine Handyfilme, z. B. im Rahmen eines kleinen Projekts. Anschließend zeigen die TN ihre Filme im Kurs oder stellen sie auf die Lernplattform.
* Alternativ können sich die TN analog zu den Handyfilmen weitere Situationen ausdenken, eigene Rollenspiele entwickeln und diese im Kurs präsentieren.
* Wenn Sie keine Möglichkeit haben, Filme im Unterricht zu zeigen, sollten Sie Ihre TN auf jeden Fall auf das Filmsymbol hinweisen. Sie können die Filme dann im Internet über ihre Smartphones/Tablets abrufen und haben damit eine motivierende Möglichkeit, den Lernstoff zu wiederholen (→ siehe „2.3 Medienüberblick" auf S. 5).

5.2 Fertigkeitstraining: Lesen – Hören – Schreiben – Sprechen

Das gezielte Fertigkeitstraining spielt in *Schritt für Schritt in Alltag und Beruf* eine tragende Rolle. Sowohl die rezeptiven Fertigkeiten (Lesen und Hören) als auch die produktiven Fertigkeiten (Schreiben und Sprechen) werden systematisch geübt.

Lesen

Besonders für lese- und schreibungeübte Lernende ist es wichtig, das Lesen anhand einfacher authentischer Textsorten zu üben. Dazu gehören auf dem Niveau A2 Diagramme, Prospekte, Kataloge, Anzeigen, E-Mails und Mitteilungen/Nachrichten. Kurze Zeitungsartikel, Blogeinträge und Reportagen runden das Programm ab.

Hören

Die TN lernen, Kernaussagen und wichtige Informationen aus alltagsrelevanten Textsorten zu entnehmen. Dazu gehören z. B. Lautsprecherdurchsagen, automatische Telefonansagen, Meldungen im Radio etc.

Schreiben

Die TN lernen, einfache formelhafte Notizen zu machen sowie persönliche E-Mails, Kurznachrichten und Mitteilungen zu schreiben. Um die Schreibfertigkeit der TN aufzubauen, enthält das Arbeitsbuch viele Schreibaufgaben sowie ausreichend Platz für die Lernenden, um zu schreiben.

Sprechen

Die TN werden zur sprachlichen Bewältigung einfacher Alltagssituationen hingeführt. Dazu gehören z. B. das Bitten um Informationen, Terminabsprachen, Entschuldigungen und Einladungen. Sprechen auf der Niveaustufe A2 heißt: Fragen stellen und Antworten geben. In *Schritt für Schritt in Alltag und Beruf 3* und *4* üben die TN daher häufig kurze Frage-Antwort-Gespräche oder offene Gespräche über für sie relevante Themen.

5.3 Grammatikvermittlung

Die Grammatikprogression in *Schritt für Schritt in Alltag und Beruf* orientiert sich an den Lernzielen des Rahmencurriculums für Integrationskurse und den Vorgaben der Prüfung *DTZ*. In übersichtlichen kurzen Lernschritten werden die Strukturen in kleinen „Portionen" eingeführt und intensiv geübt. Häufige Wiederholungsschleifen festigen das Gelernte und bereiten auf die Erweiterung einer grammatischen Struktur vor. Dort, wo es sich anbietet, wird der neue Stoff auch induktiv eingeführt, d. h. die TN erarbeiten und entdecken neue Strukturen/Paradigmen mithilfe der Aufgaben selbst. Deshalb werden ab *Schritt für Schritt in Alltag und Beruf 1* manche Grammatik-Kästen von den TN selbst ausgefüllt.

Von Anfang an gibt es im Arbeitsbuch Übungen, die den TN neue Grammatikphänomene durch die Art der Aufgabenstellung bewusst machen und zum eigenen Entdecken des neuen Stoffs einladen.

Grammatik-Kasten

Der Grammatik-Kasten fasst den neuen Stoff anhand von Beispielen einfach und verständlich zusammen. Farbsignale ersetzen Regelerklärungen, die die TN im Anfängerunterricht noch gar nicht verstehen würden.

Das Erlernen des Artikelsystems wird durch eine besondere Farbkennzeichnung unterstützt:

(blau) • der Fernseher, -
(grün) • das Bett, -en
(rot) • die Dusche, -n
(gelb) • die Möbel (Pl.)

Diese Farbkodierung, die sich durch alle Bestandteile des Lehrwerks zieht, unterstützt als Memorierungshilfe den Lernprozess (→ siehe „4.3 Lernwortschatz" auf S. 9).

Praktische Tipps: Arbeit mit den Grammatik-Kästen

- Schreiben Sie die Beispiele aus den Grammatik-Kästen an die Tafel / ans IWB und heben Sie die neuen Strukturen – wie im Grammatik-Kasten – visuell hervor. Verweisen Sie auf die erste Aufgabe auf den A-C-Seiten und zeigen Sie die dahinterstehende Struktur auf.
- Die TN sollten immer das Gefühl haben, Grammatik als Hilfsmittel für das Sprechen und Schreiben zu lernen und nicht als Selbstzweck. Zeigen Sie deshalb immer den konkreten kommunikativen Nutzen der erlernten Grammatik auf und arbeiten Sie mit Beispielen.

- Sollten Ihre TN die Grammatik-Kästen selbst ausfüllen, ist es wichtig, dass Sie immer im Anschluss die richtige Lösung an der Tafel / am IWB präsentieren.
- Verweisen Sie im Verlauf der Unterrichtsstunde immer wieder auf den Grammatik-Kasten. Er soll den TN auch bei den anschließenden Anwendungsaufgaben als Gedächtnisstütze und Orientierungshilfe dienen.
- Der Grammatik-Kasten kann auch als Vorlage für Plakate dienen, die im Kursraum aufgehängt werden. Sie zeigen kurz und knapp das Wichtigste. Vor allem zu Beginn eines Kurses und bei lernungewohnten TN ist es sehr nützlich, wichtige Strukturen immer „im Blick" zu haben und schnell darauf verweisen zu können.
- Verweisen Sie auch immer wieder auf die Tabellen auf der Übersichtsseite „Grammatik" sowie die dort angebotenen Zusatzaufgaben und Memorierungshilfen.
- Achten Sie von Anfang an darauf, dass die TN neue Nomen mit dem Genuspunkt und der Pluralmarkierung (analog zum Lernwortschatz) und ab Band 2 auch die Verben immer mit dem Partizip Perfekt und dem entsprechenden Hilfsverb notieren.

5.4 Wortschatzvermittlung

Die Wortschatzprogression orientiert sich ebenfalls an den Lernzielen des Rahmencurriculums für Integrationskurse und den Vorgaben der Prüfung *DTZ*. Der Wortschatzarbeit liegen folgende Überlegungen zugrunde:

- Neuer Wortschatz wird mit bekannten Strukturen eingeführt, damit die TN sich auf die neuen Wörter konzentrieren können.
- Nach Möglichkeit werden Wortfelder eingeführt.
- Im Lernwortschatz am Ende des Arbeitsbuchs wird jedes neue Wort mit einem Kontextsatz aus der Lektion und einer Schreiblinie ergänzt, auf der die TN die Übersetzung in ihre Muttersprache eintragen können. Sie können sich damit selbst abfragen und den neuen Wortschatz im Kontext lernen. Zahlreiche Wörter und Wortfelder sind im Lernwortschatz visualisiert. Auch dies erleichtert das Vokabellernen.
- Kleine Lerntipps zum Vokabellernen im Lernwortschatz helfen den TN beim Spracherwerb (→ siehe „4.3 Lernwortschatz" auf S. 9).

Praktische Tipps

- Achten Sie darauf, dass die TN von Anfang an gezielt ein Wörterbuch (oder eine Wörterbuch-App) benutzen. Das fördert das autonome Lernen.
- Nutzen Sie auch die Foto-Hörgeschichten für die Wortschatzarbeit. Die TN suchen im Wörterbuch passende Wörter zu den Fotos.
- Achten Sie auf regelmäßige Wiederholung der Lernwörter.
- Geben Sie regelmäßig die Lernwörter der jeweiligen Kursbuchseiten als Hausaufgabe und fragen Sie diese in der nächsten Stunde ab. Erstellen Sie zum Abfragen einen kleinen Lückentext mit Lücken für die neuen Wörter.
- Lassen Sie neue Wörter pantomimisch darstellen: Die anderen raten.
- Lassen Sie neue Wörter zeichnen: Die anderen raten.
- Umschreiben Sie die Wörter. Die TN raten das passende Wort.

- Erstellen Sie Bildkarten oder ein Bilder-Bingo, um den Wortschatz spielerisch zu wiederholen.
- Die TN bilden Wortketten im Rahmen eines „Ich packe meinen Koffer"-Spiels.
- Die TN erstellen Wortschatzübungen füreinander (Kreuzworträtsel, Buchstabensalat etc.).
- Die TN bilden zwei Gruppen, laufen abwechselnd zur Tafel und notieren neue Wörter.
- Die TN laufen im Kursraum herum und murmeln die neuen Wörter. Das hilft beim Einprägen.
- Fragen Sie auch immer wieder Wörter aus vorhergegangenen Lektionen als Wiederholung ab, indem Sie z. B. ausgewählte Wörter auf Kärtchen schreiben und nach Wortarten, Artikeln oder Wortfeldern sortieren lassen.
- Weisen Sie die TN auf die Lerntipps zum Wörterlernen auf den Lernwortschatz-Seiten hin.

5.5 Automatisierung

Für einen erfolgreichen Spracherwerb ist es wichtig, neue Strukturen nicht nur kognitiv zu erfassen, sondern sie auch immer wieder einzuschleifen. Durch diese Automatisierung bekommen die TN ein Gespür für die neuen Strukturen. Durch das aktive Verwenden und Memorieren werden diese zu beherrschbarem Sprachmaterial. Die TN gewinnen Vertrauen in die Erlernbarkeit des Neuen. Dafür bietet *Schritt für Schritt in Alltag und Beruf* mehrere Möglichkeiten an:

- Variationsaufgaben: Kurze, alltagsbezogene Modellgespräche, die die TN variieren sollen.
- Audiotraining: Einschleifübungen zu Grammatik und Redemitteln der Lektion
- Videotraining: Präsentation und Einschleifübungen zu den Redemitteln der Lektion

Praktische Tipps zum Audio- und Videotraining finden Sie unter → „5.12 Arbeit mit den Übersichtsseiten ‚Grammatik' und ‚Kommunikation'" auf den Seiten 16/17 und direkt in den didaktischen Hinweisen zur jeweiligen Lektion.

Praktische Tipps: Arbeit mit den Variationsaufgaben

- Die TN decken den Modelldialog zu und hören ihn zunächst nur. Falls vorhanden, sehen Sie dazu das Bild/Foto an und konzentrieren sich auf die Situation. Wenn Sie die Bilder/Fotos auf Folie kopieren / am IWB zeigen, können die TN die Bücher geschlossen lassen.
- Stoppen Sie das Modellgespräch beim zweiten Hören nach jedem einzelnen Sprechpart. Die TN sprechen im Chor nach. Dabei sollen Sie den Text nicht mitlesen, sondern sich auf das Hören und Nachsprechen konzentrieren.
- Die TN hören das Gespräch noch einmal und lesen mit.
- Die TN lesen und sprechen das Gespräch in Partnerarbeit.
- Die TN lesen die Varianten und sprechen das Gespräch in Partnerarbeit mit den Varianten. Die farbigen Unterlegungen helfen den TN zu erkennen, welche Teile des Gesprächs variiert werden sollen.
- Die TN wechseln regelmäßig die Rollen.
- Die TN sollten manche Gespräche auch auswendig lernen und vor dem Kurs vorspielen.
- Die TN können oder sollen auch eigene Varianten bilden.

5.6 Aktivitäten im Kurs

In den Abschlussaufgaben auf jeder Kursbuchseite wird der Lernstoff in den persönlichen Bereich der TN übertragen. Sie befragen sich auf ganz unterschiedliche Art gegenseitig zu verschiedenen Themen oder üben den Lernstoff durch eine spielerische Aktivität in Kleingruppen.

Achten Sie darauf, dass die TN sich bei diesen Aktivitäten möglichst oft im Kursraum bewegen. Das fördert das Memorieren von Wörtern und Strukturen. Bewegung ist für viele TN auch konzentrationsfördernd und trägt zur Aktivierung beider Gehirnhälften bei. Dadurch wird neuer Wortschatz im Gedächtnis besser verankert.

Bei dieser Art von Aufgaben geht es häufig darum, dass die TN selbst Kärtchen, Plakate oder Fragebögen erstellen, was nicht nur ein gutes Schreibtraining ist, sondern sich auch positiv auf das Kursklima auswirkt. Wenn Sie im Kurs nicht genug Zeit für Bastelarbeiten haben, können Sie zu den entsprechenden Aufgaben Kopiervorlagen aus dem Lehrwerkservice unter www.hueber.de/schritt-fuer-schritt nutzen (→ siehe „2.3 Medienüberblick" auf S. 5).

Praktische Tipps

- Vermeiden Sie in diesen Phasen zu viele Korrekturen. Die TN sollen Gelegenheit haben, sich frei auszudrücken.
- Achten Sie auf den Wechsel von Sozialformen.
- Nutzen Sie einen Ball für Frage-Antwort-Gespräche.
- Rollenspiele sollten nicht nur gesprochen, sondern auch gespielt werden. Wenn Ihre TN im Besitz von Smartphones sind, können Sie sie auch anregen, kleine Videos von den Rollenspielen aufzunehmen.
- „Kugellager": Die TN stehen sich in einem Außenkreis und einem Innenkreis gegenüber. Der Außenkreis stellt Fragen, der Innenkreis antwortet. Nach jedem Mini-Gespräch bewegt sich der Innenkreis im Uhrzeigersinn, damit stehen sich zwei neue Partner gegenüber. Alternativ können Sie die TN sich auch zu Musik im Kreis bewegen lassen. Wenn die Musik stoppt, sprechen sie mit der Partnerin / dem Partner, die/der ihnen gerade gegenübersteht. Auf diese Weise können Sie Bewegung und Musik in den Unterricht integrieren.
- Texte, Plakate etc. werden im Kursraum aufgehängt. Die TN gehen herum und sprechen darüber.
- Die TN suchen andere TN mit möglichst vielen Gemeinsamkeiten oder Unterschieden.
- Die TN sprechen mit wechselnden Partnern (WPA), um so möglichst oft die Dialoge oder Aufgaben zu wiederholen und zu variieren.
- Sie können hier gezielt geübtere und ungeübte TN zusammenarbeiten lassen und so eine Differenzierung vornehmen, ohne dass sie den TN sofort bewusst wird.

Praktische Tipps zur Paar- und Gruppenbildung
Paare:
- Verteilen Sie Kärtchen, auf denen z. B. Frage und Antwort stehen. TN mit einer Frage suchen den TN mit der passenden Antwort. Dies können Sie später auch mit Verbformen (Infinitiv und Partizip), Gegensatzpaaren, Komposita oder mehrsilbigen Wörtern usw. durchführen.
- Kleben Sie vor dem Unterricht unter oder hinter die Stühle der TN Zettelchen, von denen je zwei die gleiche Farbe haben. Das geht auch mit Bonbons. So können Sie die Partnerfindung steuern.

- Nehmen Sie ein Bündel Schnüre, Anzahl: die Hälfte Ihrer TN. Die TN fassen je ein Ende einer Schnur, am anderen Ende der Schnur finden sie ihre Partnerin / ihren Partner.
- Das „Atomspiel": Die TN stehen auf und bewegen sich frei im Raum, evtl. können Sie Musik dazu vorspielen. Als Stoppzeichen rufen Sie „Atom 2" (alternativ: 3/4/5/...). Die TN finden sich paarweise (bzw. zu Dreier-, Vierer-, Fünfergruppen ...) zusammen.

Gruppen:

- Zerschneiden Sie einen Satz in seine Bestandteile: Die TN müssen den Satz zusammenfügen (z. B. „Und wie heißen Sie?") und bilden eine Gruppe.
- Lassen Sie die TN abzählen (bei einer Gruppe von 21 TN von 1 bis 7, alle Einser gehen zusammen, alle Zweier etc.).
- Zerschneiden Sie Postkarten (Bilderpuzzle) oder Spielkarten und verteilen Sie sie: Die TN suchen die fehlenden Puzzleteile und finden so gleichzeitig ihre Partner.
- Definieren Sie bestimmte Merkmale: Alle mit Brille, alle mit blauen Augen, ... bilden eine Gruppe.

5.7 Binnendifferenzierung

Ein (Integrations-)Kurs setzt sich aus TN mit unterschiedlichen Muttersprachen sowie unterschiedlichen Lernerfahrungen und Lernzielen zusammen. Binnendifferenzierung ist eine Möglichkeit, den Unterricht für alle TN interessant zu gestalten, auf die unterschiedlichen Bedürfnisse der TN einzugehen und jeden Einzelnen so gut wie möglich zu fördern. Binnendifferenzierung bedeutet Gruppenarbeit: Innerhalb des Kurses werden (zeitweise) mehrere Gruppen gebildet, die unterschiedliche Lerninhalte bearbeiten. Das kann beispielsweise heißen, dass leistungsstärkere Gruppen mehr oder schwierigere oder freiere Aufgaben erhalten oder dass für einzelne Gruppen verschiedene Lernziele gesetzt werden. *Schritt für Schritt in Alltag und Beruf* bietet vielfache Unterstützung für einen binnendifferenzierenden Unterricht:

- in den Unterrichtsplänen durch praktische Hinweise zum binnendifferenzierenden Arbeiten
- explizit im Lehrerhandbuch durch Zusatzaufgaben für schnellere TN
- implizit im Kursbuch durch Lesetexte oder Rollenspiele in unterschiedlichen Schwierigkeitsgraden
- implizit im Kursbuch durch die „Zwischendurch mal ..."-Seiten: Die Aufgaben auf diesen Seiten können in Einzelarbeit, in Gruppenarbeit oder auch im Kurs bearbeitet werden. In den Unterrichtsplänen finden Sie jeweils Verweise dazu, wie und wann schnelle oder interessierte TN die Aufgaben auf diesen Seiten bearbeiten können.
- implizit im Kursbuch durch die Extra-Aufgaben auf den Übersichtsseiten „Grammatik" und „Kommunikation"
- implizit im Arbeitsbuch durch die Selbsttests: Das „Ampelsystem" in der Auswertung ermöglicht den TN, im Internet unter www.hueber.de/schritt-fuer-schritt/lernen/uebungen die passenden Anschlussübungen zu finden. Die TN können mit diesen Übungen den Stoff der Lektion selbstständig wiederholen und sich ggf. auch auf den Test vorbereiten. (→ siehe „4.2 Der Selbsttest" auf S. 9).

Praktische Tipps

Wichtig: Es ist nicht nötig, dass immer alle alles machen! Teilen Sie die Gruppen nach Kenntnisstand und/oder Neigung ein. Die einzelnen Gruppen können ihre Ergebnisse dem Plenum präsentieren. So lernen die TN miteinander und voneinander.

Binnendifferenzierung / Kursbuch

- Verweisen Sie schnellere TN immer wieder auf die passenden Aufgaben auf den „Zwischendurch mal ..."-Seiten und den Übersichtsseiten. Gehen Sie herum und helfen Sie individuell.
- Lassen Sie nach Abschluss von Lektion 1 alle TN den Selbsttest im Arbeitsbuch machen. Erläutern Sie das „Ampelsystem" und zeigen Sie – wenn möglich – exemplarisch im Internet, wie die TN mit den zusätzlichen Übungen umgehen sollen.
- Wenn Sie einen Computerraum zur Verfügung haben, bieten Sie für die erste Lektion an, die Übungen gemeinsam im Kurs durchzugehen. So können Sie helfen, wenn die TN mit den Übungsformen noch nicht vertraut sind.
- Ermuntern Sie die TN, das Audio- und Videotraining und die Handyfilme aktiv zu nutzen. Schnellere TN können diese Aufgaben mithilfe von Smartphone/Tablet und Kopfhörer auch nutzen, während andere TN noch Aufgaben aus Kurs- oder Arbeitsbuch lösen.
- Stellen Sie Mindestanforderungen, die von allen TN gelöst werden sollen. Besonders schnelle TN bekommen zusätzliche Aufgaben. Reduzieren Sie die Vorgaben und Hilfestellungen für lerngewohntere TN. Entfernen Sie z. B. Vorgaben oder Schüttelkästen in den Aufgaben.
- Binden Sie schnellere TN als Co-Lehrer mit ein: Wenn diese eine Aufgabe beendet haben, können sie die Lösung schon an die Tafel oder ans IWB schreiben.
- Stellen Sie die Gruppen nach Neigung oder Lerntypen zusammen. Haben Sie beispielsweise visuell orientierte TN, können Sie neue Grammatikstrukturen mit Beispielen und Farben an der Tafel oder dem IWB präsentieren. Kognitiv orientierte TN erhalten Tabellen, in denen sie neue Formen eintragen – für diese TN sind die selbstauszufüllenden Grammatiktabellen besonders gut geeignet.
- Lassen Sie bei unterschiedlich schwierigen Aufgaben die TN selbst wählen, welche sie lösen möchten und wie viel sie sich zutrauen. Damit vermeiden Sie eine feste Rollenzuweisung, denn ein TN kann sich einmal für die einfachere Aufgabe entscheiden, weil er sich selbst noch unsicher fühlt, ein anderes Mal aber für die schwierigere, weil er sich in diesem Fall schon sicher fühlt.
- Aufgaben zum Lesen: Nicht alle TN müssen alle Aufgaben lösen. Langsamere TN können sich auf die Aufgaben zum globalen Lesen konzentrieren oder nur weniger Absätze lesen und den restlichen Text als Hausaufgabe bearbeiten. Schnellere TN finden eine Reihe von weiteren Lesetexten auf den „Zwischendurch mal ..."-Seiten.
- Aufgaben zum Hören: Sie können die TN in Gruppen aufteilen: Jede Gruppe achtet beim Hören auf einen bestimmten Sprecher und beantwortet die entsprechenden Fragen.
- Aufgaben zum Sprechen: TN, die noch Hilfestellung benötigen, können bei Sprechaufgaben auf die

Redemittel auf den Kursbuchseiten und auf der Übersichtsseite zurückgreifen. Geübtere TN sollten das Buch schließen.

- Aufgaben zum Schreiben: Achten Sie auf die Vorlieben der TN. Nicht alle haben Freude am kreativen Erfinden von kurzen Texten. Bieten Sie auch Diktate an oder unterstützen Sie TN, die noch Schwierigkeiten beim Schreiben haben, indem Sie ihnen Beispieltexte mit Lücken zum Ausfüllen geben.
- Die Kopiervorlagen (S. 105ff.) sind mit * versehen. Diese verweisen auf den Schwierigkeitsgrad und unterstützen dabei die Möglichkeiten der Binnendifferenzierung. * bedeutet: unterstützt den Spracherwerb, ** bedeutet: leicht anspruchsvollere Aufgabe und *** bedeutet: anspruchsvolle Aufgabe für lerngewohntere TN.

5.8 Wiederholung

Damit sprachliche Strukturen und Wörter gefestigt werden können, müssen sie immer wieder aktiviert werden. *Schritt für Schritt in Alltag und Beruf* setzt daher auf häufige Wiederholungssequenzen:

- Im Lehrwerkservice finden sich interaktive vertiefende und erweiternde Übungen zum selbstständigen Weiterüben. Sie sind mit den Selbsttests am Ende jeder Arbeitslektion verknüpft.
- Mit dem Audio- und dem Videotraining auf den Übersichtsseiten können die TN wichtige Wendungen aus der Lektion selbstständig üben.
- Im vorliegenden Lehrerhandbuch gibt es zu jeder Lektion eine Kopiervorlage zur Wiederholung.

Praktische Tipps

- regelmäßige Wortschatzwiederholung am Anfang jeder UE, z. B. durch spielerische Aktivitäten zum Einstieg (→ siehe „5.4 Wortschatzvermittlung" aus S. 12)
- Greifen Sie bereits bekannte Hör- und Lesetexte nochmals wiederholend auf und erstellen Sie kleine Wiederholungsübungen dazu (z. B. Lückentexte).
- Nutzen Sie die Wortfeld-Abbildungen auf den Lernwortschatz-Seiten zur Wortschatzwiederholung und -erweiterung. Kopieren Sie dazu die Abbildungen (z. B. ohne Artikel oder ohne Wörter) auf Folie, zeigen Sie sie am IWB und lassen Sie sie von den TN ergänzen.
- Wiederholen Sie Wortschatz, besonders Verben durch pantomimische Darstellung. Verteilen Sie dazu Wortkarten an die TN. Diese spielen das jeweilige Wort pantomimisch vor, die anderen raten.
- Die TN erstellen zu Beginn der Kursstunde kleine Plakate zu einem bestimmten Wortfeld der letzten Kursstunde. Achten Sie darauf, dass alle Nomen immer mit dem richtigen Artikel (und Genuspunkt) präsentiert werden. Lerngewohntere TN können in dieser Phase selbstständig mit dem Wörterbuch arbeiten und das Wortfeld um weitere Wörter ergänzen.
- Erstellen Sie zusammen mit den TN eine „Schatzkiste", indem Sie die TN in regelmäßigen Abständen bitten, die neuen Wörter auf Kärtchen zu schreiben und zu visualisieren. Die „Schatzkiste" kann dann bei Bedarf zur Binnendifferenzierung oder Wiederholung genutzt werden.

5.9 Lernstrategien/Lernerautonomie

Viele Lernende verfügen aufgrund ihrer Lernbiografie nicht über die Mittel, ihren Lernprozess eigenständig zu strukturieren und zu steuern. Deshalb gibt es in *Schritt für Schritt in Alltag und Beruf* dazu einige Hilfestellungen:

- Durch die Übungen im Arbeitsbuch lernen die TN in der praktischen Anwendung verschiedene Lerntechniken kennen (z. B. selbstauszufüllende Grammatik-Kästen).
- Auf den Übersichtsseiten „Grammatik" und „Kommunikation" und auf den „Lernwortschatzseiten" finden die TN kleine Tipps zu verschiedenen Lerntechniken.

Merke:

Ich heiße ~~Frau~~ Baumann.

Mein Name ist ~~Frau~~ Baumann.

TiPP

Lernen Sie Fragen und Antworten immer zusammen.

- Auf den Übersichtsseiten „Grammatik" und „Kommunikation" finden Sie die Lernziele der jeweiligen Lektion. (→ siehe „3.4 Übersicht: ‚Grammatik' und ‚Kommunikation'" und „5.12 Arbeit mit den Übersichtsseiten ‚Grammatik' und ‚Kommunikation'" auf S. 8 und 16).

Praktische Tipps

- Verweisen Sie regelmäßig auf die Lerntipps auf den Übersichtsseiten „Grammatik" und „Kommunikation" und den Lernwortschatzseiten.
- Achten Sie darauf, dass die TN die Lerntipps ausprobieren, und tauschen Sie sich darüber im Unterricht aus, z. B. indem Sie Kärtchen mit Smileys an Ihre TN verteilen, damit sie die Lerntipps bewerten, und erstellen Sie ein Plakat mit den hilfreichsten Tipps für Ihren Kurs.
- Nehmen Sie sich eine feste Zeit in der Unterrichtswoche vor, in der sich die TN mit dem Thema Sprachenlernen beschäftigen.

5.10 Landeskunde

Die Vermittlung von Landeskunde ist für Migrantinnen und Migranten, die den Alltag in Deutschland meistern wollen und müssen, besonders wichtig. In *Schritt für Schritt in Alltag und Beruf* werden landeskundliche Inhalte gezielt angeboten:

- durch die Foto-Hörgeschichte, die den deutschen Alltag authentisch abbildet und dabei implizit landeskundliches Wissen vermittelt sowie interkulturelle Diskussionsanlässe bietet
- durch die Handyfilme zu den Foto-Hörgeschichten, die ebenfalls den Alltag in Deutschland zeigen
- durch landeskundlich relevante Lese- und Hörtexte auf den D- und E-Seiten sowie auf den „Zwischendurch mal ..."-Seiten
- durch Projekt-Vorschläge auf den „Zwischendurch mal ..."-Seiten, die die TN anregen, sich mit ihrem Wohnort, ihrem unmittelbaren Umfeld und ihrem Alltag zu beschäftigen

Landeskundliche Informationen, über die die TN nach dem Rahmencurriculum für Integrationskurse verfügen sollten und die für das Leben in Deutschland wichtig sind, finden Sie in diesem Lehrerhandbuch.

Praktische Tipps

- Führen Sie mit Ihren TN ein Kurs-Tagebuch, in dem sie wichtige landeskundliche Informationen, Ergebnisse von Projektarbeit etc. dokumentieren.

....

- Regen Sie an, dass die TN Dinge und Gewohnheiten, die ihnen im deutschen Alltag auffallen, im Kurs thematisieren.
- Ermuntern Sie die TN, Gegenstände, Dokumente etc. aus ihrem Lebens- und Berufsalltag in den Unterricht mitzubringen.
- Lassen Sie die TN landeskundliche Informationen mit ihren Heimatländern vergleichen.

5.11 Phonetik

Häufig erwerben Lernende gute Kenntnisse in Wortschatz und Grammatik. Damit haben sie einen wichtigen Schritt für die Kommunikation mit Muttersprachlern der Zielsprache gemacht. Aber selbst wenn die Wörter von ihrer Semantik her richtig verwendet werden, kann es durch eine falsche Aussprache oder Betonung zu Missverständnissen bis hin zum völligen Scheitern der Kommunikation kommen. Deshalb wird in *Schritt für Schritt in Alltag und Beruf* von Anfang an Wert auf eine gründliche Ausspracheschulung gelegt: In *Schritt für Schritt in Alltag und Beruf* stehen neben der Schulung einzelner Laute und Lautkombinationen vor allem Wortakzent, Satzakzent und Satzmelodie im Vordergrund. Bei der Lautartikulation wird der Schwerpunkt auf die Vokale gelegt, die als Akzentträger des Wortes für die Verständlichkeit von besonderer Bedeutung sind.
Die Ausspracheschulung in *Schritt für Schritt in Alltag und Beruf* hält sich an folgende Prinzipien:
- Sie erfolgt in einem Wechselspiel aus imitativem und kognitivem Lernen, z. B. durch Hören, Erkennen und Nachsprechen oder Hören, Erkennen und Markieren oder Hören und Nachsprechen.
- Die Laute werden zunächst im Wort und darauf aufbauend im ganzen Satz geübt.
- Die Beispiele ergeben sich aus der Lektion. Dadurch steht die Phonetik in einem für die TN relevanten und nachvollziehbaren Kontext. Zudem ergibt es wenig Sinn, Wörter nachzusprechen, die man nicht versteht.

Praktische Tipps

- Regen Sie die TN dazu an, phonetische Phänomene zunächst zu übertreiben, um die Lautbildung/Betonung zu üben und dadurch sicherer zu werden.
- Einzelne Sätze und Sequenzen aus der Foto-Hörgeschichte eignen sich sehr gut, um gesprochene Sprache zu hören und zu üben, z. B. wenn emotionale Ausdrücke und Aussagen dabei sind.
- Lassen Sie die TN Wortschatz zu einem bestimmten Laut sammeln und anschließend nach Schreibweise ordnen.
- Die TN oder Sie können aus Wörtern zu einem bestimmten Phänomen auch kleine Texte schreiben, in denen möglichst viele Laute einer bestimmten Sorte vorkommen, z. B. „Ist Iris im Iran?" – „Ich bin nicht sicher." / „Wo? Rot?" – „Da! Das Fahrrad!"
- Sprechen Sie mit den TN Wörter/Sätze laut, leise, geflüstert, gebrummt etc. Variieren Sie in der Stimmung und lassen Sie die TN mit ihrer Stimme spielen.

5.12 Arbeit mit den Übersichtsseiten *Grammatik* und *Kommunikation*

Die Übersichten über den Grammatikstoff und die wichtigen Wendungen der Lektion dienen den Lernenden zur Wiederholung direkt im Anschluss an die Lektion oder auch später.

Bei den Grammatik-Kästen sind jeweils Verweise zu den entsprechenden Abschnitten der *Schritte Neu Grammatik* zu finden. Hier können die Lerner den Grammatikstoff weiterführend nachschlagen und trainieren (→ siehe „3.4 Übersicht: ‚Grammatik' und ‚Kommunikation'" auf S. 8).

Aufgaben / Tipps / Visualisierungen
Zu den einzelnen Grammatikphänomenen und den systematisch gruppierten Wendungen werden über die Übersicht hinaus am rechten Rand die folgenden Möglichkeiten angeboten:

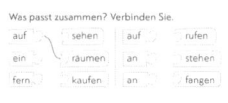

In kleinen freien Aufgaben wenden die Lernenden den Lernstoff noch einmal an – meist in Bezug auf ihre eigene Lebenswelt.

Tipps zu Lernstrategien unterstützen den Lernprozess.

Visualisierungen helfen beim Memorieren der neuen Strukturen.

Kleine Suchaufgaben oder Rätsel wiederholen den gelernten Stoff spielerisch.

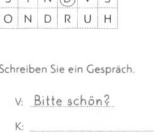

Illustrationen von Situationen verdeutlichen den Kontext des Gelernten.

Praktische Tipps

- Erstellen Sie Lückentexte aus den Übersichten. Die TN ergänzen die Lücken in Partnerarbeit und vergleichen anschließend mit dem Buch.
- Die TN ergänzen die Grammatikübersichten um eigene Beispiele.
- Verweisen Sie im Unterricht immer wieder auf diese Seiten, damit sich Ihre TN an den Umgang mit den Übersichten gewöhnen. Tipps zur Einbindung der Übersichten in den Unterrichtsablauf finden Sie auch hier in diesem Lehrerhandbuch.
- Aufgaben: Diese Aufgaben können zur Wiederholung im Unterricht bearbeitet werden, als Hausaufgabe gegeben werden oder zur Binnendifferenzierung genutzt werden.
- Tipps: Lesen Sie die Tipps – wenn möglich – gemeinsam mit Ihren TN und lassen Sie sie – wenn möglich – auch direkt praktisch anwenden.
- Lassen Sie die TN aus den Übersichten Plakate erstellen, die im Kursraum aufgehängt werden und so immer einen schnellen „Zugriff" zum neuen Stoff bieten.
- Achten Sie darauf, dass Sie die Grammatikübersichten aktiv in den Unterricht einbinden, damit die TN die

Scheu vor diesen verlieren und lernen, sie als Hilfsmittel zu nutzen.
- Erläutern Sie den TN, dass diese Übersichten die wichtigen Strukturen zeigen, die zum Gebrauch der Sprache wichtig sind und kein Selbstzweck.

Audiotraining und Videotraining

Die Automatisierung spielt im Sprachlernprozess eine wichtige Rolle. Deshalb bietet *Schritt für Schritt in Alltag und Beruf* ein umfassendes Programm zum Einschleifen der wichtigsten Strukturen und Redemittel an (→ siehe „5.5 Automatisierung" auf S. 13).

Dieses Angebot können die TN zum selbstständigen Üben und Festigen von Strukturen und wichtigen Wendungen nutzen. Sie können die Übungen zum Audio- und Videotraining anfangs in den Unterricht integrieren, um Ihre TN mit diesen Übungsformen vertraut zu machen und die selbstständige Beschäftigung mit diesem Zusatzangebot anzuregen.
In den Unterrichtsplänen finden Sie Hinweise dazu, wie Sie diese Lerneinheiten konkret im Unterricht nutzen können.

Audiotraining

Zu jeder Lektion gibt es drei Übungen, die die wichtigen Wendungen und Strategien in kleinen Sätzen / Gesprächen aufgreifen. Die Übungen sind selbsterklärend und ausschließlich über die Informationen in den Audios zu lösen. Jede Aufgabe beginnt mit einem Beispiel, das die Aufgabenstellung transparent macht. Das Trainingsprogramm besteht aus Übungen zum Nachsprechen und Variieren der gelernten Wendungen nach einfachem Muster. Mithilfe dieses Trainings schleifen die Lernenden diese noch einmal ein und automatisieren so ihre Verwendung.

Praktische Tipps

- Weisen Sie Ihre TN auf diese Trainingsmöglichkeit und das Potenzial der Automatisierungsübungen hin. Spielen Sie zwei oder drei Sequenzen im Unterricht vor und zeigen Sie, wie Ihre TN selbstständig mit diesen Aufgaben arbeiten können.
- Spielen Sie das Audiotraining im Unterricht vor, die TN laufen im Kursraum herum und sprechen die Aufgaben mit.
- Spielen Sie das Audiotraining im Kurs vor und lassen Sie die TN die Lösungen im Chor sprechen.
- Die TN nutzen das Audiotraining der vorhergehenden Lektionen zur Wiederholung und Festigung.

Videotraining

Zu jeder Lektion gibt es eine Filmsequenz, die in zwei Teile geteilt ist:
Im ersten Teil sehen die Lernenden eine kleine Szene (gespielt von den Hauptdarstellern der Foto-Hörgeschichte), in der wichtige Wendungen der Lektion aufgegriffen werden. Im zweiten Teil werden die Lernenden direkt angesprochen und müssen Aufgaben zum Lernstoff lösen.
Die TN können das Videotraining selbstständig zur Wiederholung und Festigung nutzen. Sie sollten jedoch zu Beginn des Kurses einige dieser Videotrainings mit den TN zusammen ansehen und die TN zum Mitmachen auffordern,

damit sie das Prinzip kennenlernen und es später selbstständig nach Bedarf nutzen können.

Praktische Tipps

Zeigen Sie die Filme im Unterricht als motivierenden Abschluss der Lektion und arbeiten Sie damit im Kurs. Hier gibt es mehrere Möglichkeiten:
- Zeigen Sie die kleinen Szenen und lassen Sie sie von den TN in kleinen Rollenspielen oder pantomimisch nachspielen.
- Zeigen Sie die Mitmachszenen und lassen Sie Ihren Kurs im „Chor" mitmachen.
- Sollten Ihre TN im Unterricht genügend Smartphones oder Tablets zur Verfügung haben, können sie die Filme auch in Partner- oder Gruppenarbeit ansehen, mitsprechen und nachspielen.
- Die TN nutzen die Filmvorlage für entsprechende eigene kleine Handyfilme. Anschließend zeigen die TN ihre Filme im Kurs oder stellen sie auf die Lernplattform.
- Sollten Sie keine Möglichkeit haben, Filme im Unterricht zu zeigen, weisen Sie Ihre TN auf jeden Fall auf das Symbol zum Videotraining hin. Die TN können die Filme dann eigenständig ansehen und haben damit eine motivierende Möglichkeit, den Lernstoff zu wiederholen (→ siehe „2.3 Medienüberblick" auf S. 5).

5.13 Arbeit mit den Seiten *Zwischendurch mal …*

Die Einheiten auf diesen Seiten können Sie während der Arbeit mit den einzelnen Lernschritten der Lektion benutzen. In den Unterrichtsplänen finden Sie Verweise auf eine optimale Verknüpfung des Lernstoffs mit den Aufgaben auf diesen Seiten. Sie können diese Einheiten aber auch zur Wiederholung und Festigung des Stoffs im Anschluss an die Lektion bearbeiten. Sie sind fakultativ und spiegeln den Stoff der Lektion – oft in spielerischer Form.
Die Aufgaben können teilweise auch in Selbstarbeit bearbeitet und gelöst werden. Damit sind sie sehr gut zur Binnendifferenzierung geeignet (→ siehe „5.7 Binnendifferenzierung" auf S. 14).
Auf diesen Seiten finden Sie folgende Rubriken, die komplett unabhängig voneinander als eigenständige Zusatzaufgaben einsetzbar sind:

PROJEKT Hier wenden die TN den Stoff noch einmal praktisch und frei an, und zwar in Teamarbeit. Die Projekte fördern auch soziale Kompetenzen, den Umgang mit Informationsmedien und das selbstständige Handeln.

FILM Zu vielen Lektionen gibt es landeskundlich interessante Filmsequenzen, die das Thema der Lektion unter einem neuen Blickwinkel aufgreifen. Die Aufgaben dazu schulen das Hör-Sehverstehen. Zusätzlich zu den Aufgaben auf den „Zwischendurch mal …"-Seiten finden Sie in diesem Lehrerhandbuch noch Kopiervorlagen mit weiteren Didaktisierungsvorschlägen zu den Filmen. (→ siehe „2.3 Medienüberblick" auf S. 5)

LESEN Ergänzende, landeskundlich interessante Lesetexte vertiefen und erweitern den Stoff und schulen das globale Leseverstehen.

HÖREN Ergänzende Hörtexte vertiefen und erweitern den Stoff und schulen das globale Hörverstehen.

SCHREIBEN Zusätzliche authentische und kreative Schreibanlässe bieten die Möglichkeit zum gezielten Schreibtraining.

LANDESKUNDE Interessante landeskundliche Zusatzinformationen und Themen schärfen den Blick für die deutschsprachige Lebenswelt der TN und bieten Anlass zum interkulturellen Vergleich.

SPIEL/RÄTSEL/COMIC Das spielerische Wiederholen des Lernstoffs soll die TN motivieren und ist besonders gut nach längeren, kognitiv orientierten Unterrichtsphasen einsetzbar.

LIED Beim Einsatz von Musik im Unterricht haben Sie vielfältige Möglichkeiten, Ihre Lernenden durch die Kombination von Text und Rhythmus anzuregen. Auch der Einsatz von Bewegung in Form von Pantomime oder Tanz trägt in vielen Lerngruppen zur zusätzlichen Motivation bei.

Praktische Tipps

PROJEKT

- Bereiten Sie die Projekte immer sprachlich so weit wie nötig vor. Wiederholen Sie erforderliche Redemittel. Das gibt den TN Sicherheit bei der Durchführung der Projekte.
- Sie können die Projekte als Hausaufgaben aufgeben, die einzeln oder im Team gelöst werden sollen. Wenn Sie genug Unterrichtszeit zur Verfügung haben, können Sie die Projekte auch für selbstständige Gruppenarbeitsphasen nutzen.
- Wichtig ist, dass die Ergebnisse der Projekte im Kurs präsentiert und/oder auf die Lernplattform gestellt werden.

FILM

- Nutzen Sie die Fotos und die Überschriften im Buch, um Erwartungen an die Filme zu wecken.
- Stellen Sie W-Fragen (wer – was – wann – wo – wie – warum) zum Film.
- Lassen Sie den Film zunächst ohne Ton laufen und ermuntern Sie die TN, Hypothesen zum Gesehenen aufzustellen.
- Lassen Sie nur die Tonspur ablaufen und lassen Sie die TN Hypothesen zum Gehörten aufstellen.
- Zeigen Sie ausgewählte Standfotos aus den Filmen und lassen Sie die TN beschreiben, was gerade passiert oder was sie sehen.
- Stoppen Sie den Film nach kurzer Zeit. Die TN äußern Vermutungen, was weiter passiert.
- Lassen Sie die TN Szenen aus dem Film nachspielen.

LESEN/HÖREN/LANDESKUNDE

- Nutzen Sie Bilder und Überschriften, um Erwartungen an den Text zu wecken und das Vorwissen der TN zu aktivieren.
- Die TN können auch eigene Aufgaben füreinander erstellen, z. B. Richtig-Falsch-Aufgaben, Fragen zum Text, Lückentexte etc.
- Wortschatzarbeit: Die TN suchen wichtige Wörter aus dem Text und sortieren sie nach Wortfeldern.
- Die TN stellen anhand der Informationen im Text interkulturelle Vergleiche an. Das kann paarweise, in Gruppenarbeit oder im Plenum geschehen.

COMIC

- Schneiden Sie die einzelnen Bilder des Comics aus, die TN setzen den Comic wieder richtig zusammen.
- Entfernen Sie Teile oder auch komplette Texte aus den Sprechblasen, die die TN dann zuordnen oder auch komplett neu schreiben. Damit können Sie entweder Leseerwartungen wecken oder die TN zu weiteren eigenen Variationen anregen.

LIED

- Arbeiten Sie mit dem ersten, ganzheitlichen Höreindruck (Melodie/Gesang), indem Sie das Lied als Ganzes vorspielen. Fragen Sie dann, wie die TN das Lied finden bzw. worum es gehen könnte.
- Nutzen Sie Bilder und Überschriften, um Erwartungen an den Text zu wecken und das Vorwissen der TN zu aktivieren.
- Spielen Sie, wenn vorhanden, zunächst nur den Refrain vor und tragen Sie im Kurs zusammen, was die TN verstanden haben.
- Die TN hören das Lied und notieren, welche Wörter sie verstanden haben. Notieren Sie diese dann auf Zuruf an der Tafel und lassen Sie Vermutungen über den Liedinhalt anstellen.
- Schreiben Sie einige Schlüsselwörter auf Kärtchen, verteilen Sie sie im Kurs und bitten Sie die TN, sie hochzuhalten, wenn das Wort im Lied vorkommt. Alternativ können Sie die TN bitten, aufzustehen und sich nach den gehörten Worten chronologisch aufzustellen.
- Schreiben Sie den Text satzweise auf Papierstreifen und bitten Sie die TN, die Sätze während des Hörens in die richtige Reihenfolge zu legen.
- Abschließend können die TN das Lied oder den Refrain auch mitsingen. Dabei können verschiedene Zeilen oder Strophen im Kurs aufgeteilt werden.

Seite/Aufgabe	Material	Aufbau
9/1		Bevor Sie mit Lektion 8 beginnen, sollten Sie, je nach Ausgangssituation Ihres Kurses, diese Seite bearbeiten.
		Situation 1: Ihr Kurs läuft weiter und alle TN kennen *Schritt für Schritt in Alltag und Beruf 3* bereits.
		Beginnen Sie mit einer kurzen Vorstellungsrunde im Plenum, in der die TN noch einmal kurz sagen, wie sie heißen, woher sie kommen und wie lange sie bereits in Deutschland leben.
		Hinweis: Auf diese Weise üben die TN noch einmal, sich mit wenigen Worten vorzustellen, denn sie werden sich auch im Alltag in unterschiedlichen Kontexten immer wieder kurz vorstellen müssen. Halten Sie die Präsentation an dieser Stelle aber kurz, denn weitere Details erzählen die TN dann in Aufgabe 3.
9/2	Kopien/Poster/Slide-Shows der Foto-Hörgeschichten aus *Schritt für Schritt in Alltag und Beruf 3*	1. Halten Sie mit den TN eine kurze Rückschau, um zu wiederholen, was sie über die Protagonisten der Foto-Hörgeschichte bereits wissen: Die TN lesen die Texte und machen sich in Kleingruppen Notizen.
		Variante: Wenn Sie mehr Zeit haben, ergänzen die TN darüber hinaus, was sie sonst noch alles über die Personen wissen. Stellen Sie dazu Fragen, wie z.B. „Wo wohnen Betty und Paul?", „Was machen Dimi und Tim zusammen?" und „Wo arbeitet Sandra?" etc. Lassen Sie auch die Ereignisse in den Foto-Hörgeschichten aus *Schritt für Schritt in Alltag und Beruf 3* Revue passieren, indem Sie fragen: „Was denkt Frau Sicinski über Energiesparlampen?", „Wer in der Familie Kaiopoulos isst kein Fleisch?", „Was möchte Tim von Dimi lernen?", „Was soll Tim im Hotel nächstes Jahr werden?" etc. Als Gedankenstütze können Sie die Foto-Hörgeschichten aus *Schritt für Schritt in Alltag und Beruf 3* aufhängen oder eine kleine Slide-Show zeigen.
		2. Jede Gruppe stellt eine Person ihrer Wahl vor. Die anderen Gruppen ergänzen ggf.
9/3		1. Fragen Sie: „Was möchten Sie uns über sich erzählen?" Die TN finden sich paarweise zusammen und ergänzen die Informationen aus der Vorstellungsrunde um weitere Details, wie z.B. Ausbildung und Beruf, Familie, Hobbys, Pläne und Wünsche etc. Fordern Sie die TN auf, sich stichpunktartig Notizen zu machen, während ihre Partnerin / ihr Partner über sich erzählt.
		2. Die TN präsentieren im Plenum, was sie über ihre Partnerin / ihren Partner erfahren haben.
		Situation 2: Ein neuer Kurs beginnt und einige TN kennen *Schritt für Schritt in Alltag und Beruf 3* bereits.
9/1		Die TN sollten zuerst Gelegenheit bekommen, sich gegenseitig kennenzulernen. Bitten Sie die TN, ein Namensschild aufzustellen und sich dann im Plenum kurz vorzustellen. Alle nennen ihren Namen und sagen, woher sie kommen und wie lange sie bereits in Deutschland leben.
		Hinweis: Halten Sie die Vorstellungsrunde an dieser Stelle kurz, die TN erhalten in Aufgabe 3 noch einmal Gelegenheit, sich näher kennenzulernen.
9/2	Kopien/Poster/Slide-Shows der Foto-Hörgeschichten aus *Schritt für Schritt in Alltag und Beruf 3*	1. Teilen Sie den Kurs in „neue" und „alte" TN. Die „neuen" TN lesen die Texte im Buch und bekommen so einen ersten Eindruck von den Protagonisten der Foto-Hörgeschichte. Helfen Sie ggf. bei unbekannten Wörtern. Die TN, die die Foto-Hörgeschichten bereits kennen, erinnern sich anhand der Fotos zu den Foto-Hörgeschichten an die wichtigsten Informationen zu den Protagonisten und machen sich in Kleingruppen Notizen. Es ist nicht notwendig, dass die TN Details sprachlich wiedergeben können. Es geht hier vielmehr darum, möglichst viele Informationen zu den Protagonisten zu sammeln. Gehen Sie herum und helfen Sie mit gezielten Fragen wie z.B. bei Situation 1.
		2. Die TN finden sich in neuen Kleingruppen zusammen, die aus „neuen" und „alten" TN bestehen. Die „neuen" TN fassen wie im Beispiel zusammen, was sie in den kurzen Texten über die Protagonisten erfahren haben. Die „alten" TN ergänzen anschließend, was sie noch alles über die Protagonisten wissen.

9/3		1. Die TN finden sich in gemischten Paaren aus „neuen" und „alten" TN zusammen und erzählen über sich selbst. Notieren Sie als Hilfe einige Stichwörter, wie z. B. Ausbildung und Beruf, Familie, Hobbys, Pläne und Wünsche an der Tafel. Fordern Sie die TN auf, sich stichpunktartig Notizen zu ihrer Partnerin / ihrem Partner zu machen.
		2. Die TN präsentieren anhand ihrer Stichpunkte, was sie über ihre Partnerin / ihren Partner erfahren haben. *Variante:* Wenn nur wenige neue TN in den Kurs gekommen sind, sammeln Sie zuerst Fragen zum Kennenlernen an der Tafel und bilden dann einen Kreis. Die TN werfen sich gegenseitig einen Ball zu und stellen sich abwechselnd Fragen. So erfahren alle TN etwas voneinander und können in Pausengesprächen ggf. daran anknüpfen.
		Situation 3: Ihr Kurs beginnt neu und die TN kennen *Schritt für Schritt in Alltag und Beruf 3* alle noch nicht.
9/1		Die TN sollten zuerst Gelegenheit bekommen, sich gegenseitig kennenzulernen. Bitten Sie die TN, ein Namensschild aufzustellen und sich dann im Plenum kurz vorzustellen. Alle nennen ihren Namen, sagen, woher sie kommen und wie lange sie bereits in Deutschland leben. *Hinweis:* Halten Sie die Vorstellungsrunde an dieser Stelle kurz. Die TN erhalten in Aufgabe 3 noch einmal Gelegenheit, sich näher kennenzulernen.
9/2		1. Die TN lesen die Texte zu den Protagonisten im Buch und machen sich, wie im Beispiel angegeben, Notizen. Anschließend vergleichen sie mit ihrer Partnerin / ihrem Partner.
		2. Bitten Sie einige Paare, eine der Personen im Plenum vorzustellen. Die anderen hören zu und ergänzen ggf.
	Kopien/Poster/ Slide-Shows der Foto-Hör- geschichten aus *Schritt für Schritt in Alltag und Beruf 3*	3. *fakultativ:* Nutzen Sie die erste Unterrichtsstunde für eine Einstimmung auf das gemeinsame Lernen. Schreiben Sie dazu pro Foto-Hörgeschichte einige Leitfragen an die Tafel. Spielen Sie den TN dann sukzessive die Foto-Hörgeschichten aus *Schritt für Schritt in Alltag und Beruf 3* vor. Stellen Sie nach jeder Foto-Hörgeschichte sicher, dass alle den Hauptinhalt verstanden haben. Dies ist nicht nur ein „gemütlicher" Einstieg in den Kurs, sondern die TN aktivieren ihre Sprachkenntnisse und können Fragen stellen. Es ist auch eine gute Möglichkeit, den Wortschatz und die Strukturen, die in *Schritt für Schritt in Alltag und Beruf 4* vorausgesetzt werden, aufzugreifen. Sie können dabei rasch feststellen, wo Wiederholungsbedarf besteht.
9/3	Musik	Die TN finden sich paarweise zusammen und sprechen mit ihrer Partnerin / ihrem Partner über sich selbst. Dabei machen sie sich Notizen zu ihrer Partnerin / ihrem Partner. Anschließend lesen die TN das Beispiel und stellen ihre Partnerin / ihren Partner (anhand ihrer Notizen) im Plenum vor. *Variante:* Wenn Sie etwas Bewegung in den Unterricht bringen oder die Stimmung etwas auflockern möchten, lassen Sie die TN zwei gleich große Kreise bilden: einen Innen- und einen Außenkreis, sodass sich jeweils zwei TN gegenüberstehen. Wenn Sie eine ungerade Teilnehmerzahl haben, machen Sie mit. Während Sie Musik spielen, laufen die TN jeweils im bzw. gegen den Uhrzeigersinn. Wenn die Musik stoppt, stellen die TN ihrer Partnerin / ihrem Partner Fragen, bis die Musik wieder einsetzt. Wiederholen Sie das einige Male, sodass die TN bereits mit einigen anderen TN in Kontakt kommen und in der Pause dann ggf. an die Gespräche anknüpfen können.
		Tipp: Geben Sie den TN gleich zu Beginn des Kurses Gelegenheit, sich besser kennenzulernen. Sie können die TN z. B. zum Abschluss der ersten Stunde auffordern, im Kursraum herumzugehen und mit möglichst vielen TN zu sprechen. Dabei versuchen sie, ein oder zwei Gemeinsamkeiten (z. B. Kinder, Beruf, Hobby etc.) herauszufinden, bevor sie zur nächsten Partnerin / zum nächsten Partner wechseln. Geben Sie eine Zeit – ca. 10–15 Minuten – für die Gespräche vor. Anschließend berichten die TN im Kurs, welche Gemeinsamkeiten mit anderen sie entdeckt haben. Das gegenseitige Kennenlernen ist eine wichtige Voraussetzung für eine entspannte und positive Lernatmosphäre im Kurs und daher von großer Bedeutung für den Lernprozess der TN.

Wortfelder: Freizeitaktivitäten; am Wochenende; Wünsche und Pläne

Grammatik: Konjunktiv II: *wäre, hätte, würde, könnte;* Konjunktion *trotzdem: Eva hat keine Zeit. Trotzdem soll sie reinkommen.*

AM WOCHENENDE
Folge 8: Wo er recht hat, hat er recht.

Seite/Aufgabe	Material	Aufbau
10/1		**Vor dem Hören: Das Ratespiel „Scharade"**
		1. Fragen Sie die TN: „Welche Spiele kennen Sie?" Halten Sie die Spiele, die die TN nennen, an der Tafel fest. Diese Liste können Sie zur Anregung in Aufgabe 4 weiterbenutzen.
		2. Die TN lesen die Spielanleitung. Fragen Sie: „Kennen Sie das Spiel?", „Wie heißt das in Ihrer Sprache?" Sammeln Sie die unterschiedlichen Bezeichnungen des Spiels im Plenum und stellen Sie sicher, dass alle die Spielregeln verstanden haben. Machen Sie ggf. weitere Beispiele.
		3. Die TN finden sich in Kleingruppen zusammen und denken sich gemeinsam zwei bis drei zweiteilige Komposita aus, die sie den anderen im Plenum in zwei Teilen pantomimisch vorspielen. Für jedes erratene Wort gibt es einen Punkt. Die Gruppe, die zuerst fünf Komposita erraten hat, gewinnt.
		Variante: Wenn sich die TN noch nicht so gut kennen, sollten Sie ihnen etwas Zeit zum Warmwerden geben und das Spiel statt im Plenum in Kleingruppen spielen. Jeder TN denkt sich zu dem Zweck zwei bis drei Komposita aus und spielt die Wortbestandteile den anderen in seiner Gruppe vor.
10/2		**Vor dem ersten Hören: Vermutungen anstellen**
a		1. Fragen Sie: „Was stellen Tim und seine Freunde pantomimisch dar?" Die TN sehen sich mit ihrer Partnerin / ihrem Partner die Fotos 3, 4, 6 und 8 genau an. Sie überlegen und kreuzen an.
b	CD 4/1–8	2. Die TN hören die Foto-Hörgeschichte und vergleichen mit ihren Lösungen. Abschlusskontrolle im Plenum. *Lösung:* Foto 3: eine Teekanne, Foto 4: einen Hausmann, Foto 6: Geschenkpapier, Foto 8: einen Werkzeugkoffer
		3. Gehen Sie anschließend kurz auf die Kompositabildung ein. Schreiben Sie dazu einige Beispiele, z.B. Teekanne, an die Tafel und fragen Sie: „Aus welchen Wörtern besteht das Wort ‚Teekanne'?" Notieren Sie die Wörter auf Zuruf an der Tafel. Fragen Sie dann nach den bestimmten Artikeln der einzelnen Wörter sowie des Kompositums, um zu verdeutlichen, dass das Grundwort den Artikel bestimmt.
		Teekanne: der Tee, die Kanne → die Teekanne Salatschüssel: der Salat, die Schüssel → die Salatschüssel
	KV L8/FHG	4. *fakultativ:* Wenn Sie die Komposita aus dem Lernwortschatz von *Schritt für Schritt in Alltag und Beruf 1–3* auf spielerische Weise wiederholen und die bestimmten Artikel festigen möchten, können Sie hierzu die Kopiervorlage einsetzen. Kopieren Sie die Kopiervorlage und schneiden Sie die Kärtchen aus. Jede Kleingruppe erhält ein Kartenset. Die Karten werden mit dem Gesicht nach unten auf einen Stapel gelegt. Die TN ziehen reihum eine Karte und lesen jeweils ihrer linken Nachbarin / ihrem linken Nachbarn ihr Wort ohne den bestimmten Artikel vor. Nennt dieser den richtigen bestimmten Artikel, bekommt er die Karte. Nennt er einen falschen Artikel, wird der richtige Artikel vorgelesen, die Karte aber wieder unter den Stapel gelegt, sodass die TN den richtigen Artikel später aus dem Gedächtnis nennen können. Gewonnen hat, wer am Schluss die meisten Karten hat.
		Binnendifferenzierung: Wenn Sie einen sehr heterogenen Kurs haben, können Sie die TN auch nacheinander mit den verschiedenen Kartensets zu *Schritt für Schritt in Alltag und Beruf 1–3* arbeiten lassen, sodass alle mit mindestens einem Kartenset arbeiten, geübtere TN ggf. aber auch mit zwei oder drei.

		Variante: Wenn Sie der Wortbildung besondere Aufmerksamkeit widmen oder geübtere TN besonders herausfordern wollen, können die TN die bestimmten Artikel auch nach folgendem Muster nennen: „der Name → der Familienname"; „das Bad → das Schwimmbad" etc.
11/3		**Beim zweiten Hören: Details der Geschichte verstehen**
	CD 4/1–8	Die TN sehen sich die Fotos noch einmal an und versuchen, den Lückentext zu ergänzen. Die TN hören dann noch einmal und vergleichen. Wenn nötig, spielen Sie die Foto-Hörgeschichte mehrmals vor. Geübtere TN lösen die Aufgabe in Stillarbeit, ungeübtere TN arbeiten paarweise zusammen. Abschlusskontrolle im Plenum. Klären Sie dabei auch die Wendung: „Wo er recht hat, hat er recht." *Lösung:* Tim, Betty und Paul, Betty, Niki, Eva, Eva, Eva
11/4		**Aktivität im Kurs: Über eigene Spielvorlieben berichten**
		Fragen Sie: „Welche Spiele spielen Sie gern?" Die TN lesen das Beispiel und tauschen sich über ihre Spielvorlieben aus. *Hinweis:* Hier können Sie die Liste aus Aufgabe 1 noch einmal zeigen, damit die TN einen „Ideenpool" haben.
	„Tims Film" Lektion 8	In „Tims Film" fragt Tim seine Nachbarn und Freunde nach ihren Wünschen. Sie können den Film als Einstieg in den Konjunktiv II vor A1 oder nach A3 zur Übung des Konjunktiv II („wäre", „hätte", „würde") einsetzen. Fragen Sie die TN vor dem Sehen: „Was wünschen sich Tims Nachbarn/Freunde?" Die TN sehen sich „Tims Film" an und machen Notizen. Zeigen Sie den Film bei Bedarf mehrmals. Abschlusskontrolle im Plenum.

SCHRITT A: ICH HÄTTE GERN EIN BISSCHEN RUHE.

Der Konjunktiv II: *wäre, hätte, würde*

Lernziel: Die TN können über Wünsche sprechen.

Seite/Aufgabe	Material	Aufbau
12/A1		**Präsentation des Konjunktiv II: *wäre, hätte* und *würde* zum Ausdrücken von Wünschen**
	Folie/IWB	1. Fragen Sie: „Wer wünscht sich was?" Die TN sehen sich die Fotos und das Beispiel an, dann ordnen sie zu. Geübtere TN lösen die Aufgabe in Stillarbeit, ungeübtere arbeiten paarweise zusammen. Abschlusskontrolle im Plenum. *Lösung:* (von oben nach unten) A, B
		2. Deuten Sie auf die Sätze, die Tim sagt, und fragen Sie: „Was ist Realität und was möchte er lieber?" Die TN sehen sich die Sätze noch einmal an und identifizieren Tims Wunsch (Ich hätte gern ein bisschen Ruhe.). Verfahren Sie mit den anderen Personen und Sätzen ebenso. Erklären Sie dann, dass Wünsche sagen, was (noch) nicht Wirklichkeit ist, und dass die Verben im Deutschen dafür eine besondere Form haben: „Sein" wird zu „wäre", „haben" zu „hätte", für alle anderen Verben wird in der Alltagssprache üblicherweise „würde" und Infinitiv benutzt. Die Formen „könnte" und „würde" sind den TN als Höflichkeitsform schon in *Schritt für Schritt in Alltag und Beruf 2*, Lektion 12 begegnet. Markieren Sie alle Konjunktiv-II-Formen in den Beispielen. Machen Sie die TN hierbei auf die Ähnlichkeit von „wäre" und „hätte" mit dem Präteritum dieser Verben aufmerksam: Aus „a" wird „ä". Schreiben Sie einmal die komplette Konjugation für „wäre", „hätte" und „würde" an die Tafel. Die Endungen in der 1. und 3. Person Singular sind gleich. Weisen Sie auch auf die Formen von „du wär(e)st" und „ihr wär(e)t" hin. Hier kann man das „e" hinzufügen oder weglassen. In der gesprochenen Sprache wird es weggelassen.

		Präteritum Ich <u>war</u> gestern bei den Nachbarn. Er <u>war</u> gestern krank.	**Konjunktiv II** Ich <u>wäre</u> jetzt lieber bei den Nachbarn, aber ich muss zu Hause lernen. Er <u>wäre</u> lieber gesund, aber er ist krank und muss um Bett bleiben.

		Verweisen Sie dann auf den Grammatik-Kasten sowie die Grammatikübersichten 1 und 2 (Kursbuch, S. 18). Fordern Sie die TN auf, die kleine Schreibaufgabe in Stillarbeit zu lösen. Die TN finden sich dann in Kleingruppen zusammen und tauschen sich über ihre Wünsche aus. *Musterlösung:* Ich wäre gern im Urlaub. Ich hätte gern einen Hund. Ich würde gern spazieren gehen. *Variante:* Wenn Sie die kleine Schreibübung mit einer Wiederholung der „weil"-Sätze (*Schritt für Schritt in Alltag und Beruf 3* / Lektion 1) verbinden wollen, fordern Sie die TN auf, ihre Wünsche zu begründen. Weisen Sie in diesem Zusammenhang auch auf die Redemittel „Über Wünsche sprechen: Ich wäre jetzt gern am Meer." (Kursbuch, S. 19) hin und fordern Sie die TN auf, mit ihrer Partnerin / ihrem Partner die nebenstehende Kommunikationsübung zu machen. *Musterlösung:* A Heute ist so ein schöner Sommertag. Ich würde gern eine Grill-Party machen.; B Mir ist warm. Ich würde gern schwimmen gehen.
	AB 1	im Kurs: Die TN verbinden die Sätze und ergänzen dann die Tabelle. Auf diese Weise machen sie sich noch einmal den Unterschied zwischen Realität und Wunsch bewusst und wie dieser sprachlich ausgedrückt wird. Geübtere TN lösen die Übung in Stillarbeit, ungeübtere arbeiten paarweise zusammen.
12/A2		**Anwendungsaufgabe zum Konjunktiv II**
		1. Die TN sehen sich Bild A an. Fragen Sie: „Wo sind die Personen?", „Was macht Lina?" und „Was wünscht sie sich?" Die TN lesen das Beispiel und ergänzen anhand der Stichpunkte weitere Sätze zunächst mündlich.
		2. Die übrigen Beispiele besprechen die TN in Partnerarbeit und schreiben sie dann in Stillarbeit. Geübtere TN können sich auch darüber unterhalten, warum die Person auf dem Foto diesen Wunsch hat, was vorher passiert ist und was danach passiert. Abschlusskontrolle im Plenum. *Lösung:* A Sie hätte gern einen freien Abend. Sie würde gern einmal ausschlafen.; B Xaver hätte gern ein Auto. Er wäre gern an einem See. Er würde gern joggen.; C Amelie würde gern eine Arbeit finden. Sie würde gern Geld verdienen. Sie wäre gern bei ihrer Schwester in Frankfurt. *Hinweis:* An dieser Stelle bietet es sich an, mit dem Film „Der Freizeit-Killer" aus der Rubrik „Zwischendurch mal ..." (Kursbuch, S. 20) zu arbeiten, um weiter über die eigenen Wünsche und die anderer zu sprechen.
	AB 2–3	Die TN machen die Übungen in Einzelarbeit im Kurs oder als Hausaufgabe.
12/A3		**Leseverstehen: Wesentliche Inhalte verstehen**
a	Folie/IWB, ggf. vergrößerte Kopien der Texte, Klebeband	1. Deuten Sie auf die zwei Fotos auf Seite 13 und fragen Sie: „Das sind Barbara Schmidt und Lorenzo Martelli. Was wünschen sie sich?" Die TN überfliegen die Texte auf S. 13 und beantworten die Frage. *Variante:* Damit die TN die Texte wirklich schnell lesen müssen, kopieren Sie die beiden Texte und vergrößern Sie sie. Hängen Sie für je vier TN eine Kopie des ersten Textes an die Wand, also bei 16 TN vier Kopien. Die TN lesen die Texte, dazu können Sie auch eine Zeit vorgeben, die sie durch Händeklatschen beenden. Dann kommen die TN in die Mitte des Kursraums und sprechen über die Wünsche von Barbara Schmidt. Dann hängen Sie den zweiten Text auf und verfahren ebenso. Wichtig ist dabei, dass Sie den TN ganz klar den Leseauftrag geben, zunächst nur auf die Wünsche der Personen zu achten.
		2. Fragen Sie: „Wer sagt was?" Die TN lesen die Aufgabe im Buch und die Texte noch einmal und kreuzen an. Geübtere TN lösen die Aufgabe in Stillarbeit, ungeübtere arbeiten paarweise zusammen. Abschlusskontrolle im Plenum. *Lösung:* 2 Lorenzo, 3 Barbara, 4 Lorenzo

b		3. Die TN arbeiten zu zweit. Jeder TN liest einen der beiden Texte noch einmal und notiert, wie im Beispiel angegeben, was die Person machen muss und was sie sich wünscht. Gehen Sie herum und helfen Sie bei Schwierigkeiten. Ungeübtere TN können auch zu zweit einen Text bearbeiten, aber jede TN / jeder TN muss sich Notizen machen.
c		4. Zwei TN lesen die Sprechblasen vor. Anschließend sprechen die TN mit ihrer Partnerin / ihrem Partner wie im Beispiel über die Personen. Dabei machen sie vollständige Sätze. Gehen Sie herum und helfen Sie bei Schwierigkeiten. Wenn Sie sicher sein wollen, dass alle die Texte verstanden haben, lassen Sie die TN noch einmal kurz im Plenum über Barbara und Lorenzo sprechen.
		5. *fakultativ:* Sprechen Sie mit den TN über die Wünsche von Barbara und Lorenzo. Welche Wünsche haben die TN auch? Können sie Barbaras und Lorenzos Wünsche verstehen?
	AB 4	Die TN machen die Übung in Einzelarbeit im Kurs oder als Hausaufgabe.
	AB 5, AB-CD 2/1	im Kurs: Die TN hören das Telefongespräch und kreuzen an. Anschließend Abschlusskontrolle im Plenum.
13/A4		**Aktivität im Kurs: Eigene Wünsche formulieren und Wünsche der anderen erraten**
a	kleine Zettel, Pappbox o. Ä.	1. Fragen Sie: „Wo wären Sie jetzt gern?", „Was hätten Sie gern?", „Was würden Sie gern machen?" und besprechen Sie das Beispiel aus dem Buch. Verteilen Sie kleine Zettel an die TN. Jeder TN notiert darauf individuell eine Antwort zu jeder Frage und notiert in Klammern seinen Namen. Sammeln Sie die Zettel ein, z. B. in einer Pappbox o. Ä.
b		2. Mischen Sie die Zettel und lassen Sie jeden TN einen der Zettel ziehen. Wer zufällig seinen eigenen zieht, wirft ihn wieder zurück und zieht einen neuen. Die TN lesen die Wünsche vor, ohne den Namen zu nennen. Die anderen TN raten, wer diese Wünsche hat. *Hinweis:* An dieser Stelle passt thematisch das Spiel „Wenn ich mir etwas wünschen könnte, dann …" aus der Rubrik „Zwischendurch mal …" (Kursbuch, S. 20). *Hinweis:* TN, die noch mehr üben möchten, können an dieser Stelle mit dem Audiotraining 2 arbeiten.
	KV L8/A4	3. *fakultativ:* Verteilen Sie an jeden TN eine Kopie der Kopiervorlage. Die TN gehen herum und befragen sich gegenseitig. Sobald sie eine Antwort auf eine der Fragen bekommen haben, notieren sie die Antwort und den Namen der befragten Person. Anschließend wechseln sie die Partnerin / den Partner. Ziel ist es, mit möglichst vielen TN zu sprechen und auf jede Frage eine Antwort zu bekommen. Das Spiel wird abwechslungsreicher, wenn die TN die Fragen nicht der Reihe nach stellen, sondern auf der Kopie hin- und herspringen. Wenn der erste TN auf alle Fragen eine Antwort hat, ruft er „Stopp". Die TN bilden einen Kreis. Ein TN stellt sich in die Mitte, die anderen sehen auf ihren Kopien nach, was sie über diesen TN erfahren haben, und berichten darüber. Dann geht ein anderer TN in die Mitte. Auf diese Weise sind alle beteiligt und erfahren über jede/n etwas Neues.
	Zeitungen, Zeitschriften	4. *fakultativ:* Bringen Sie Zeitungen und Zeitschriften mit und verteilen Sie sie an die Kleingruppen. Die TN sehen die Materialien durch und schneiden einige Fotos von Menschen mit fröhlichen, traurigen, empörten, erschreckten Gesichtern etc. aus und stellen Vermutungen an, wie die Situation der Menschen sein könnte und was sie sich wünschen könnten. Wenn Sie mehr Zeit haben, können die TN auch gruppenweise eine Geschichte schreiben, in der sie eine oder mehrere der Personen mit ihren Wünschen auftreten lassen. Gehen Sie herum und helfen Sie bei Schwierigkeiten. Achten Sie dabei insbesondere auf die Konjunktivformen, damit diese richtig eingeübt werden. Abschließend werden die Geschichten im Kursraum aufgehängt. *Hinweis:* Diese Aktivität können Sie auch zu einem späteren Zeitpunkt zur Wiederholung einsetzen.

	Plakate, dicke Filzstifte	5. *fakultativ*: Teilen Sie die TN in Sechsergruppen ein. Jede Gruppe erhält ein Plakat und einen dicken Filzstift. Die Gruppen notieren ihre Wünsche für den Unterricht. Anschließend werden die Plakate aufgehängt. Gruppen, die die Aufgabe beendet haben, können zusätzlich eine Liste von Lernaktivitäten erstellen, die sie nicht so gern machen würden. Wenn Sie genug Zeit haben, können Sie anschließend mit den TN darüber diskutieren, was für sie am wichtigsten ist und warum. Bereiten Sie dann aufgrund der geäußerten Wünsche für eine der folgenden Unterrichtsstunden entsprechende Übungen vor. Die TN finden sich dann je nach Interessen in Gruppen zusammen. So kann es z. B. einige TN geben, die den Wunsch geäußert haben, das Lesen zu trainieren, das Schreiben zu üben oder die Grammatik zu üben oder zu wiederholen.
		Tipp: Sie können eine feste Zeit, z. B. eine Unterrichtsstunde, dafür vorsehen oder öfter zwischendurch solche Übungseinheiten anbieten. Dabei sollten die TN die Gelegenheit haben, die Gruppen zu wechseln und andere Schwerpunkte zu setzen. Vielleicht haben die TN auch Lust, selbst Übungen zu erstellen?
	AB 6, AB-CD 2/2–3	*Phonetik*: im Kurs: Der Wortakzent und der Satzakzent wurden in *Schritt für Schritt in Alltag und Beruf 1–3* immer wieder geübt. Die TN sollten daher in Übung 6 problemlos das am stärksten betonte Wort heraushören und markieren können. Machen Sie deutlich, dass das Wort im Satz, das die (neue) Information an den Hörer enthält, am stärksten betont wird. Verweisen Sie auch auf den Lerntipp. a Die TN hören die Sätze jeweils zweimal und markieren, welches Wort besonders betont wird. Abschlusskontrolle im Plenum. b Die TN hören die Sätze noch einmal und sprechen sie erst leise, dann laut nach. c Die TN schreiben analog zu den Beispielen in a eigene Wünsche auf und markieren, welches Wort am wichtigsten ist und daher am stärksten betont wird. Die TN lesen ihren Satz zuerst leise, dann laut für sich selbst. Lassen Sie abschließend mehrere TN ihre Beispiele vorlesen.

SCHRITT B: TROTZDEM HABE ICH GEWONNEN.

Die Konjunktion *trotzdem*

Lernziel: Die TN können Gegensätze ausdrücken.

Seite/Aufgabe	Material	Aufbau
14/B1		**Präsentation der Konjunktion *trotzdem***
	Folie/IWB	1. Die TN lassen die Foto-Hörgeschichte noch einmal Revue passieren und verbinden die Sätze. Geübtere TN lösen die Aufgabe in Stillarbeit, ungeübtere arbeiten paarweise zusammen. Abschlusskontrolle im Plenum. *Lösung:* a 3, b 2, c 1
		2. Schreiben Sie den ersten Satz aus Beispiel a an die Tafel. Fragen Sie die TN: „Geht man normalerweise zu den Nachbarn in die Wohnung, wenn man keine Zeit hat?", „Was erwartet man?" Notieren Sie dann Satz 3 und markieren Sie die Konjunktion „trotzdem". Erklären Sie den TN, dass man die Konjunktion „trotzdem" benutzt, wenn eine Handlung den Erwartungen widerspricht. Markieren Sie dann, wie im Tafelbild unten vorgegeben, die Positionen 1 und 3 und machen Sie deutlich, dass das Subjekt und die Konjunktion „trotzdem" die Position tauschen können, das konjugierte Verb im Hauptsatz aber immer an zweiter Position steht.

		Verweisen Sie dann auf den Grammatik-Kasten und die Grammatikübersicht 4 (Kursbuch, S. 18). Die kleine Schreibaufgabe lösen die TN als Hausaufgabe. *Musterlösung:* Trotzdem fahre ich mit dem Rad zur Arbeit., Trotzdem gefällt sie mir gut., Trotzdem fahre ich in den Urlaub. *Hinweis:* Um die neue Satzstruktur einzuüben, können die TN mit dem Audiotraining 1 arbeiten. In Kursen mit überwiegend ungeübteren TN können Sie das Audiotraining auch im Plenum einsetzen, dann sprechen die TN in den Pausen im Chor.
	AB 7–9	Die TN machen die Übungen in Einzelarbeit im Kurs oder als Hausaufgabe.
14/B2		**Anwendungsaufgabe zu *trotzdem***
	Folie/IWB	1. Die TN sehen sich das Bild an. Die TN beschreiben das Bild im Plenum. Stellen Sie ggf. Fragen: „Was sind das für Personen?", „Wie alt sind sie?", „Wo sind sie?", Was machen sie?", „Warum hat die Frau rechts einen Schal um den Hals?" etc. Bitten Sie zum Abschluss eine geübtere TN / einen geübteren TN, die Beschreibung noch einmal „an einem Stück" zu wiederholen.
	CD 4/9	2. Die TN hören das Gespräch und lesen mit. Dann spielen sie zu zweit das Mini-Gespräch. Anschließend spielen sie mit ihrer Partnerin / ihrem Partner mithilfe der Stichwörter weitere Gespräche. Gehen Sie herum und helfen Sie bei Schwierigkeiten. *Binnendifferenzierung:* Geübtere TN überlegen sich weitere Varianten und schreiben sie ggf. in Stichworten an die Tafel, sodass alle damit weiterüben können.
14/B3		**Anwendungsaufgabe zu *trotzdem***
	Folie/IWB	1. Fragen Sie: „Was soll Niki tun und was tut er wirklich?" Die TN lesen die Sprechblase und sehen sich die Zeichnungen an. In Partnerarbeit formulieren sie Sätze mit „trotzdem", wie im Beispiel vorgegeben, und schreiben sie ins Heft. Ungeübtere TN markieren zuerst mit Pfeilen, welches Bild zu welchem Ratschlag der Mutter gehört, bevor sie die Sätze formulieren. Abschlusskontrolle im Plenum. *Lösung:* B Niki soll mit Tim Englisch üben. Trotzdem spielt er am Computer. C Er soll nichts Süßes essen. Trotzdem isst er viel Kuchen. D Er soll ein bisschen Sport machen. Trotzdem liegt er auf dem Sofa und sieht fern. E Er soll sein Handy auch mal weglegen. Trotzdem chattet er ständig mit Freunden.
	KV L8/B3	2. *fakultativ:* Wenn Sie die Sätze mit „trotzdem" noch weiter üben wollen, können Sie auch auf die Kopiervorlage zurückgreifen. Bilden Sie Kleingruppen, jede Gruppe erhält ein Kartenset. Die TN nehmen reihum ein Kärtchen und sagen, was sie eigentlich tun sollten und was sie stattdessen machen, z. B. „Ich sollte mit dem Fahrrad zur Arbeit fahren. Trotzdem fahre ich mit dem Auto." *Binnendifferenzierung:* Geübtere TN können noch eine Begründung mit „weil" hinzufügen: „Trotzdem fahre ich mit dem Auto, weil ich dann zehn Minuten länger schlafen kann."
14/B4		**Aktivität im Kurs: Über Gegensätze im eigenen Leben sprechen**
		1. Die TN lesen die Aufgabenstellung und sprechen in Kleingruppen zu dritt über Gegensätze in ihrem Leben wie im Beispiel. Nach zwei Minuten finden die TN sich in neuen Gruppen zu dritt zusammen und sprechen erneut. Gehen Sie herum und helfen Sie bei Schwierigkeiten.
		2. *fakultativ:* Im Anschluss an diese Übung können geübtere TN auch einen Blogbeitrag oder Brief über ihr Leben in Deutschland schreiben. Dabei sollen sie versuchen, so viele Sätze mit „trotzdem" wie möglich einzubauen. Wer möchte kann seinen Text im Plenum vorlesen.

SCHRITT C: DU KÖNNTEST AUCH MITMACHEN.

Der Konjunktiv II: *könnte*

Lernziel: Die TN können Vorschläge machen und auf Vorschläge reagieren.

Seite/Aufgabe	Material	Aufbau
15/C1		**Präsentation des Konjunktiv II: *könnte***
		1. Fragen Sie: „Welche Vorschläge machen Tim und Paul? Wissen Sie es noch?" Die TN lassen die Foto-Hörgeschichte Revue passieren und kreuzen an. *Lösung:* A Scharade spielen. B reinkommen und mitmachen.
		2. Erklären Sie den TN, dass es hier nicht um Wünsche geht, sondern um Vorschläge und dass man diese häufig mit „könnte" formuliert. In *Schritt für Schritt in Alltag und Beruf 2* / Lektion 9 hatten die TN den Imperativ mit „doch (mal)" kennengelernt, mit dem man auch Vorschläge ausdrücken kann. Notieren Sie zur Verdeutlichung Folgendes an der Tafel:
		Wirklichkeit — Wir können Scharade spielen. Du kannst reinkommen. **Vorschlag (mit Konjunktiv II)** — Wir könnten Scharade spielen. Du könntest reinkommen. **Aufforderung/Vorschlag (mit Imperativ)** — Spielen wir doch Scharade! Komm doch rein!
		3. Erweitern Sie das Tafelbild dann um das Präteritum von „können" (*Schritt für Schritt in Alltag und Beruf 3* / Lektion 6) und machen Sie die TN auf die Ähnlichkeit der beiden Formen aufmerksam. Die Endungen sind gleich, aber „o" wird zu „ö".
		Vorschlag (mit Konjunktiv II) — Wir könnten (jetzt) Scharade spielen. Du könntest (jetzt) reinkommen. **Vergangenheitsform (Präteritum)** — Wir konnten (gestern) Scharade spielen. Du konntest (gestern) reinkommen.
		Weisen Sie dann auf den Grammatik-Kasten sowie die Grammatikübersichten 1 und 3 (Kursbuch, S. 18) hin. Die kleine Schreibaufgabe lösen die TN als Hausaufgabe. *Musterlösung:* Wir könnten längere Pausen machen. Wir könnten weniger Hausaufgaben bekommen. Wir könnten ein Café aufmachen. Wir könnten deutsche Musik hören. *Hinweis:* Wenn Sie eine reale Diskussion über Verbesserungsvorschläge für den Kurs initiieren wollen, bitten Sie die TN, sich eigene Vorschläge zu überlegen, und diskutieren Sie diese am nächsten Tag gemeinsam im Kurs.
	AB 10	Die TN machen die Übung in Einzelarbeit im Kurs oder als Hausaufgabe.
15/C2		**Hörverstehen: Sich telefonisch verabreden**
	ggf. Plakate, Stifte	1. Die Bücher sind geschlossen. Fragen Sie: „Was könnte man am Sonntag mit Freunden unternehmen?" Die TN sollen in einer Art Stafette Stichpunkte, wie z. B. „ins Kino gehen", aufschreiben. Dazu teilen sich die TN in zwei Gruppen auf und stellen sich vor jeweils einer der Tafelhälften oder jeweils einem Plakat hintereinander auf. Der erste TN jeder Gruppe läuft zur Tafel / zum Plakat und notiert eine Aktivität. Dann läuft er zurück, gibt den Stift an die nächste TN / den nächsten TN in der Reihe weiter und stellt sich wieder hinten an etc. Wenn Sie merken, dass den TN die Ideen ausgehen, brechen Sie die Übung ab. Gehen Sie dann die Stichpunkte beider Gruppen gemeinsam durch. Die Gruppe, die am meisten Aktivitäten gefunden hat, hat gewonnen. *Hinweis:* Diese Stichpunkte können Sie in C3 noch einmal als Ideenpool verwenden.
		Tipp: Lassen Sie während der Stafette ein schnelles Musikstück laufen. Das erhöht das Übungstempo.
	CD 4/10	2. Die TN öffnen die Bücher und lesen die Aufgabe. Dann hören sie das Telefongespräch und kreuzen an. Abschlusskontrolle im Plenum. *Lösung:* (richtig) a, d
	AB 11	Die TN machen die Übung in Einzelarbeit im Kurs oder als Hausaufgabe.

15/C3		Aktivität im Kurs: Vorschläge fürs Wochenende machen
a	CD 4/10	1. Die TN lesen zunächst nur die Wendungen. Dann hören sie das Telefongespräch aus C2 noch einmal und markieren die Wendungen, die sie in diesem Gespräch hören. Machen Sie eine kurze Abschlusskontrolle (Schade, das geht leider nicht., Wie wäre es mit …, Wir könnten am Samstag (hier Sonntag) … (mal wieder) …).
		2. Die TN sehen sich zu zweit die Tabelle an und ordnen zu. In Kursen mit überwiegend ungeübteren TN schreiben Sie die Tabelle an die Tafel und besprechen mit den TN gemeinsam die ersten Wendungen. Abschlusskontrolle im Plenum. *Lösung:* Vorschläge machen: Wie wäre es mit …?, Ich habe einen Vorschlag: … positiv reagieren: Gute Idee. Das machen wir!, Ich komme/mache gern mit. negativ reagieren: Ich würde eigentlich lieber …, Ich habe leider keine Zeit., Ich würde gern kommen/mitmachen, aber …, Da kann ich leider nicht. Aber … Verweisen Sie in diesem Zusammenhang dann auch auf die Redemittel „Vorschläge machen und über Pläne sprechen: Wie wäre es mit …?", „Einen Vorschlag annehmen: Gute Idee." und „Einen Vorschlag ablehnen und Bedauern ausdrücken: Schade, …" und die kleine Kommunikationsübung (Kursbuch, S. 19), die die TN im Anschluss an die Aufgabe C3 in Partnerarbeit bearbeiten können. *Hinweis:* In Kursen mit überwiegend ungeübteren TN können Sie das Audiotraining 3 hier vorschalten, in dem die TN die Wendungen nachsprechen und so Sicherheit gewinnen für die eigenen Gespräche in b.
b	KV L8/C3 im Lehrwerkservice	*Hinweis:* Zur Vorbereitung dieser Aufgabe können Sie das Videotraining einsetzen, das den TN noch einmal die Wendungen verdeutlicht und kleine Gespräche zeigt. 3. Die TN sehen sich die Aufgabe an und spielen Gespräche. Wenn ungeübteren TN nicht klar wird, was sie tun sollen, bitten Sie zwei geübtere TN ein Beispiel vorzuspielen. Anschließend spielen die TN weitere Gespräche. Dabei können sie sich an den Aktivitäten orientieren, die vorher in C2 an der Tafel / auf Plakaten gesammelt worden sind. Gehen Sie herum und helfen Sie bei Schwierigkeiten. *fakultativ:* Zur Unterstützung der Aktivität können Sie auch auf die Kopiervorlage im Lehrwerkservice unter www.hueber.de/schritt-fuer-schritt zurückgreifen.
		4. *Variante:* Wenn die TN etwas Sicherheit beim Sprechen gewonnen haben, verteilen Sie kleine Zettel. Jeder TN notiert eine Aktivität, die man am Wochenende machen kann. Zusätzlich notiert jeder TN noch einen Wochentag und eine Uhrzeit. Die TN gehen herum und versuchen, sich mit verschiedenen TN für diesen „Termin" zu verabreden.
	AB 12	Die TN machen die Übung in Einzelarbeit im Kurs oder als Hausaufgabe.
	AB 13, AB-CD 2/4	im Kurs: Die TN hören das Gespräch und kreuzen an. Anschließend ordnen sie das Gespräch. Zum Abschluss hören sie das Gespräch noch einmal und kontrollieren.
	AB 14–15	Die TN machen die Übungen in Einzelarbeit im Kurs oder als Hausaufgabe.

SCHRITT D: AM WOCHENENDE

Lernziel: Die TN können einen Veranstaltungskalender verstehen.

Seite/Aufgabe	Material	Aufbau
16/D1		Leseverstehen: Einen Veranstaltungskalender verstehen
		1. Die TN sehen sich den Veranstaltungskalender an und überfliegen ihn. In Kleingruppen zu dritt sprechen sie darüber, welche Veranstaltung sie interessant finden und warum.

	Folie/IBW	2. Deuten Sie auf den Veranstaltungskalender und fragen Sie: „Wann und wo findet die Skate-Night statt?" Die TN lesen die Texte noch einmal gründlich und markieren, wie im Buch angegeben. Geübtere TN lösen die Aufgabe in Stillarbeit, ungeübtere arbeiten paarweise zusammen. Abschlusskontrolle im Plenum. Klären Sie bei Bedarf neuen Wortschatz, wie z. B. „Tag der offenen Tür" etc. *Lösung:* **Lange Nacht der Musik: Wo?** überall in der Stadt: in Bars, Kneipen, auf der Straße, **Wann?** Von 20 bis 3 Uhr; **Tag der offenen Tür: Wo?** In der VHS, **Wann?** 10 bis 18 Uhr
		3. Fragen Sie im Plenum, wer schon einmal an einer ähnlichen Veranstaltung in Deutschland teilgenommen hat und wie das war.
16/D2		**Vorwissen aktivieren: Wortfeld „Freizeitaktivitäten"**
a		1. Deuten Sie auf den Wortigel im Buch und fragen Sie: „Was kann man am Wochenende machen?" Die TN sehen sich den Wortigel an. Die verschiedenen Wochenendaktivitäten sind hier nach Oberbegriffen geordnet. Die TN ergänzen die Kategorien in Partnerarbeit um weitere Aktivitäten. Bitten Sie sie auch, weitere Details zu den einzelnen Aktivitäten und Veranstaltungsorten zu ergänzen. Erstellen Sie zum Abschluss einen gemeinsamen Wortigel an der Tafel. Gehen Sie ggf. auf Wortschatzfragen ein.
b		2. Fragen Sie: „Was machen Sie gern am Wochenende?" Zwei TN lesen das Beispiel im Buch vor. Dann wählen alle TN aus ihren eigenen Ideen zu a drei Aktivitäten aus und machen einen Kursspaziergang. Dabei sprechen sie mit verschiedenen TN anhand der vorgegebenen Fragen. Die TN machen eine Liste wie im Buch und notieren, wer das auch gern macht. *Hinweis:* An dieser Stelle bietet es sich an, mit dem Lesetext „Sonntag" aus der Rubrik „Zwischendurch mal …" (Kursbuch, S. 21) zu arbeiten, um über deutsche Sonntagsbräuche und idiomatische Ausdrücke rund um den „Sonntag" zu sprechen.
		3. *fakultativ:* Sprechen Sie mit den TN darüber, was man in Deutschland oft am Wochenende macht. Fragen Sie die TN, was sie beobachtet haben oder von ihren Bekannten und Freunden gehört haben. Anschließend tauschen sich die TN in Kleingruppen darüber aus, was man in ihrer Heimat gewöhnlich am Wochenende macht. Gruppen, die schneller fertig sind, können auch zu der Frage Stellung nehmen, was man in ihrem Land am Wochenende normalerweise nicht macht und warum.
		4. *fakultativ:* Wenn Sie den Konjunktiv II noch weiter üben möchten, können die TN einen Text mit dem Titel „Mein Traumwochenende" schreiben. Für ungeübtere TN können Sie eine Kopie mit Satzanfängen vorbereiten. Geübtere TN schreiben einen freien Text. Sammeln Sie die Texte zur Korrektur ein.
	AB 16, 18	Die TN machen die Übungen in Einzelarbeit im Kurs oder als Hausaufgabe.
	AB 17	*Prüfung:* im Kurs: Diese Übung bereitet auf den Prüfungsteil Sprechen, Teil 3 des *Deutsch-Tests für Zuwanderer* vor. Hier müssen die TN zu zweit etwas aushandeln oder planen, wobei sie auch Vor- und Nachteile benennen sollen. Wichtig ist, dass die TN zu einem gemeinsamen Ergebnis kommen. Lassen Sie die Gespräche im Kurs vorspielen, da das am ehesten der Prüfungssituation entspricht.
	AB 19, AB-CD 2/5	*Phonetik:* im Kurs: In Schritt A wurden bereits der Wort- und Satzakzent geübt. In dieser Übung liegt der Fokus auf der Satzmelodie und den Sprechpausen, denn nicht nur die Betonung strukturiert eine Information für den Hörer, sondern auch die Länge der Sprechpausen gibt Hinweise darüber, ob eine Information noch ergänzt wird oder ob sie abgeschlossen ist. Spielen Sie das Audio zweimal vor. Beim ersten Hören lesen die TN im Buch mit und achten dabei auf die kurzen und langen Sprechpausen. Beim zweiten Hören markieren sie, wie im Beispiel angegeben, die Satzmelodie mit Pfeilen. Sprechen Sie anschließend mit den TN darüber, dass die Stimme bei langen Sprechpausen nach unten geht und damit das Satzende markiert. Bei kurzen Pausen bleibt die Stimmhöhe dagegen gleich, was darauf hinweist, dass der Gedanke noch weiter ausgeführt wird. Anschließend lesen die TN den Text in Partnerarbeit laut. Gehen Sie herum und achten Sie darauf, dass die TN Betonungen und Pausen einhalten.

	AB 20	im Kurs: Die TN lesen die E-Mail in Stillarbeit und markieren die Fehler. Dann vergleichen sie mit dem Partner.
		Hinweis: Da die Fehler sehr versteckt sind, können Sie als Hilfe die zu ergänzenden/ ändernden Buchstaben an der Tafel vorgeben: „ie, S, n, s, ß, ü". Eine größere Hilfe geben Sie, wenn Sie die Buchstaben in der richtigen Reihenfolge der Fehler angeben: „ie, s, n, ü, S, ß".

SCHRITT E: VERANSTALTUNGSTIPPS

Lernziel: Die TN können Veranstaltungstipps in Anzeigen und im Radio verstehen.

Seite/Aufgabe	Material	Aufbau
17/E1		**Leseverstehen: Veranstaltungshinweise verstehen**
	Folie/IWB	1. Deuten Sie auf den Veranstaltungshinweis A und fragen Sie: „An welchen Wochentagen findet hier Kinderkino statt?" Die TN lesen den Text und beantworten die Frage. Die TN lesen die Texte B und C und ergänzen die Tabelle. Geübtere TN lösen die Aufgabe in Stillarbeit, ungeübtere arbeiten paarweise zusammen. Abschlusskontrolle im Plenum. Gehen Sie ggf. auf Wortschatzfragen ein. *Lösung:* A Sonntag; B Samstag, 12. Juni; C Samstag und Sonntag, 19. und 20. August
	Plakate, Zeitungen, Stadtmagazine, Veranstaltungskalender	2. *fakultativ:* Sammeln Sie gemeinsam mit den TN an der Tafel, wo man Informationen über Veranstaltungen in der Stadt oder Region bekommt. Weisen Sie ggf. auch auf den lokalen Veranstaltungskalender online sowie auf alternative Zeitschriften hin. Eine Gruppe kann sich den Veranstaltungskalender online genauer ansehen, die anderen Gruppen wählen aus, welches Informationsmaterial sie besorgen wollen. Besprechen Sie mit den TN im Unterricht, wie man danach fragt etc. Das gibt auch ungeübteren TN Sicherheit und Mut, Gespräche außerhalb des Deutschkurses zu führen. Wenn es in Ihrem Ort einen lokalen Radiosender gibt, kann sich eine Gruppe im Internet über Frequenzen und Programme informieren und ein kleines Info-Plakat erstellen. Die TN bringen die Informationen mit in den Kurs und sichten gemeinsam das Material. Jede Gruppe wählt 2–3 Veranstaltungen aus, die sie interessant findet, und notiert diese auf einem Plakat, anschließend stellt jede Gruppe ihre Favoriten vor und begründet ihre Auswahl. Vielleicht findet sich ja auch eine Veranstaltung, die Sie zusammen mit dem Kurs besuchen können, z. B. ein Stadtfest oder ein Konzert. Manchmal ist so etwas auch kostenlos.
		Landeskunde: Sprechen Sie im Kurs auch über Ermäßigungen für Senioren, Arbeitslose, Schwerbehinderte, Jugendliche oder Schüler/Studenten und klären Sie die Frage, was man braucht, um diese Ermäßigungen zu bekommen. Oft wissen die TN nicht, dass sie unter bestimmten Umständen eine Ermäßigung erhalten. Weisen Sie die TN auch darauf hin, wo man einfach hingehen kann und wo man vorher besser reservieren oder Karten bestellen sollte. Fragen Sie die TN auch nach den Gepflogenheiten in ihren Ländern, um sie für kulturelle Unterschiede zu sensibilisieren und Enttäuschungen vorzubeugen / zu vermeiden.
17/E2		**Hörverstehen: Veranstaltungstipps im Radio verstehen**
a	CD 4/11–13	1. Ergänzend zu den Anzeigen in E1 werden einige Uhrzeiten in einer Radiosendung genannt. Spielen Sie das Audio ggf. mehrmals vor. Die TN notieren in Stillarbeit die fehlenden Uhrzeiten in der Tabelle in E1. Abschlusskontrolle im Plenum. *Lösung:* B 10 bis 20 Uhr, C 6 Uhr morgens bis 19 Uhr
b	CD 4/11–13	2. Die TN lesen die Aussagen. Dann hören sie die Radiosendung noch einmal und kreuzen an. Abschlusskontrolle im Plenum. *Lösung:* B Das Fest findet im Zentrum statt., C Man soll früh zum Flohmarkt kommen.

c		3. Die TN sprechen in Kleingruppen über die Veranstaltungen und überlegen, zu welcher sie gern gehen würden. Die TN sollten ihre Wahl begründen.
		Binnendifferenzierung: Geübtere TN versuchen, in ihrer Gruppe eine Einigung auf eine Veranstaltung herbeizuführen, indem sie das Gespräch entsprechend lenken. Hilfe finden die TN auf der Kommunikationsseite in den Rubriken „Vorschläge machen und über Pläne sprechen: Wie wäre es mit …?", „Einen Vorschlag annehmen: Gute Idee." und „Einen Vorschlag ablehnen und Bedauern ausdrücken: Schade, …" (Kursbuch, S. 19).
	AB 21	Die TN machen die Übung in Einzelarbeit im Kurs oder als Hausaufgabe.
	AB 22	*Prüfung:* im Kurs: Diese Übung bereitet auf den Prüfungsteil *Schreiben, Teil 1 des Goethe-Zertifikats A2* vor. Hier müssen die TN unter anderem eine SMS mit konkreten Inhaltspunkten schreiben.
	KV L8/Wiederholung	*fakultativ:* Wenn Sie noch Zeit haben, können Sie hier die Wiederholung zu Lektion 8 anschließen.
	KV L8/Test	Einen Test zu Lektion 8 finden Sie hier im LHB auf Seite 143. Weisen Sie die TN auf den Selbsttest im Arbeitsbuch auf Seite 109 hin.

AUDIO- UND VIDEOTRAINING

Seite/Aufgabe	Material	Aufbau
		Audiotraining 1: Ich mache das trotzdem!
	CD 4/14	Die TN hören eine Frage, z. B. „Bist du krank?" und ein Stichwort, z. B. „arbeiten". Sie antworten mit: „Ja. Trotzdem (arbeite ich)." Nach der Sprechpause hören die TN die korrekte Antwort.
		Audiotraining 2: Wünsche!
	CD 4/15	Die TN hören eine Aussage, z. B. „Ich will zwei Monate Urlaub." und formulieren höflicher mit: „Ich hätte gern zwei Monate Urlaub." Nach der Sprechpause hören die TN die korrekte Antwort.
		Audiotraining 3: Wir könnten am Freitag …
	CD 4/16	Die TN hören einen Vorschlag, z. B. „Wir könnten am Freitag mal wieder etwas unternehmen." und wiederholen diesen. Nach der Sprechpause hören die TN den Vorschlag noch einmal. Hier kommt es vor allem auf die Satzmelodie an.
		Videotraining: Hast du Lust?
	Film „Hast du Lust?"	Die TN sehen mehrere kurze Gespräche, in denen sich Lara und Tim gegenseitig Freizeitvorschläge machen. Anschließend wird das Gespräch schriftlich eingeblendet. Die TN sollen dann entscheiden, mit welchem der Sätze man einen Vorschlag machen, annehmen oder ablehnen kann. Zur Kontrolle werden die Sätze farbig markiert: blau für „einen Vorschlag machen", grün für „einen Vorschlag annehmen" und rot für „einen Vorschlag ablehnen".

....

ZWISCHENDURCH MAL ...

Seite/Aufgabe	Material	Aufbau
20		**Film: Der Freizeit-Killer (passt z. B. zu A2)**
20/1		1. Die Bücher bleiben noch geschlossen. Schreiben Sie „Der Freizeit-Killer" an die Tafel und klären Sie die Wortbedeutung. Aktivieren Sie dann das Vorwissen der TN, indem Sie fragen: „Was oder wer könnte ein ‚Freizeit-Killer' sein?" Erstellen Sie mit den TN ein Assoziogramm an der Tafel.
		2. Die TN öffnen die Bücher. Deuten Sie auf Foto A und fragen Sie: „Was würde der Mann am Wochenende gern machen?" und „Was muss er in Wirklichkeit tun?" Ein TN liest die Lösung vor. Die TN sehen sich die anderen Fotos an und ordnen zu. Geübtere TN lösen die Aufgabe in Stillarbeit, ungeübtere TN arbeiten zu zweit.
	Film „Der Freizeit-Killer"	3. Die TN sehen sich den Film an und vergleichen mit ihren Lösungen. Geübtere TN arbeiten in Stillarbeit, ungeübtere TN arbeiten zu zweit. Bei Bedarf können Sie den Film mehrmals zeigen. Abschlusskontrolle im Plenum. *Lösung:* 1 D, 2 C, 3 E, 4 B, 6 F
20/2		Die TN lesen die Aufgabenstellung und das Beispiel im Buch und tauschen sich mit ihrer Partnerin / ihrem Partner aus.
20		**Spiel: Wenn ich mir etwas wünschen könnte, dann ... (passt z. B. zu A4)**
		1. Sagen Sie: „Dieses Ding hätte ich gern." und stellen Sie z. B. ein Auto, ein Fahrrad etc. pantomimisch dar. Die TN raten, was Sie gern hätten. Dann lesen die TN die Aufgabenstellung im Buch und sehen sich das Beispiel an.
		2. Die TN einigen sich auf eine der zwei Aufgaben, bevor sie reihum einen Gegenstand oder eine Aktivität pantomimisch darstellen. Die anderen raten. Wer die Lösung errät, darf das nächste Rätsel machen. Wenn die TN Spaß daran haben, Pantomime zu spielen, können sie noch eine weitere Aufgabe auswählen und ihre Wünsche pantomimisch darstellen. *Variante:* Die Gruppen können auch zwischen den einzelnen Aufgaben hin und her wechseln.
		Tipp: Dieses Spiel können Sie auch zu einem späteren Zeitpunkt mit Ihren TN zur Wiederholung des Konjunktiv II bzw. zum besseren Kennenlernen der TN untereinander spielen.
21		**Lesen: Sonntag (passt z. B. zu D2)**
21/1		1. Sprechen Sie mit den TN kurz darüber, wie sie den Sonntag in ihrem Land empfinden: „Ist der Sonntag ein besonderer Wochentag?", „Wie haben die Menschen den Sonntag früher verbracht?" und „Wie verbringen sie ihn heute?"
		2. Die TN lesen das Glossar zu den „Sonntags-Wörtern", sehen sich die Bilder an und ordnen zu. Geübtere TN lösen die Aufgabe in Stillarbeit, ungeübtere arbeiten paarweise zusammen. Abschlusskontrolle im Plenum. *Lösung:* A Der „Sonntagsfahrer", C „Sonntagsbraten", D „Sonntagsruhe", E „Sonntagsspaziergang"
21/2		1. Fragen Sie dann: „Was machen Sie am Sonntag?" Die TN lesen die Fragen und tauschen sich in Kleingruppen darüber aus, wie sie den Sonntag verbringen. *Variante:* Wenn Sie etwas Bewegung in den Unterricht bringen wollen, schreiben Sie die Fragen a–f auf Kärtchen und kopieren Sie sie so oft, dass jeder TN eine Karte erhält. Die TN befragen sich gegenseitig, tauschen die Karten und wechseln zur nächsten Partnerin / zum nächsten Partner.
		2. *fakultativ:* Die TN sammeln in den Gruppen weitere Sonntags-Wörter, ggf. mithilfe von Wörterbüchern. Sie schreiben zu jedem Wort eine kurze Definition auf und stellen ihre Sonntags-Wörter im Plenum vor.

Wortfelder: Gegenstände und Materialien; Kaufen; Vorlieben und Wichtigkeit

Grammatik: Adjektivdeklination indefiniter Artikel: *einen tollen Kerzenständer, ...*; Komparation: *schön – schöner – am schönsten*; Vergleichspartikel *als, wie: schöner als, genauso praktisch wie, ...*; Wortbildung Adjektive: *-los →
arbeitslos*

MEINE SACHEN
Folge 9: Schauen wir mal ...

Seite/Aufgabe	Material	Aufbau
22/1		**Vor dem ersten Hören / Beim ersten Hören: Wesentliche Inhalte verstehen, Vermutungen äußern und vergleichen**
a		1. Die Bücher sind geschlossen. Stellen Sie den TN folgende Frage: „Sie wollen Ihre Wohnung verschönern, wohin könnten Sie gehen?" Die TN werden vermutlich die Namen von Geschäften am Kursort nennen. Notieren Sie diese Namen an der Tafel. Fragen Sie anschließend, um was für ein Geschäft es sich handelt. Beginnen Sie mit den leichten Begriffen, die die TN wahrscheinlich kennen: „Kaufhaus", „Supermarkt". Notieren Sie auch diese Begriffe. Eventuell fällt auch der Begriff „Flohmarkt". Erklären Sie ggf. die Begriffe „Fachgeschäft" und „Einzelhandelsgeschäft".
		2. *fakultativ:* Die TN diskutieren in Kleingruppen zu viert die Vorteile und die Nachteile der Geschäfte. Die Ergebnisse halten die TN in einer Tabelle fest. Gehen Sie herum und helfen Sie bei Schwierigkeiten. Begriffe wie „Garantie", „Umtausch" etc. sind den TN aus ihrer Erfahrung als Kunden in ihrer deutschsprachigen Umgebung häufig schon bekannt. Die Gruppen stellen ihre Ergebnisse im Plenum vor. Damit es nicht zu lange dauert, stellt jede Gruppe nur eine Geschäftsform vor. Die anderen ergänzen, wenn nötig.
	Folie/IWB	3. Die TN schlagen die Bücher auf und sehen sich die Foto-Hörgeschichte an. Sie überlegen mit ihrer Partnerin / ihrem Partner und notieren, wo Sandra und Tim jeweils sind. Anschließend kurzer Austausch im Plenum darüber. Die Abschlusskontrolle machen Sie erst nach dem Hören in b. *Lösung:* Foto 2: bei Sandra zu Hause; Foto 3–6: im Einrichtungshaus; Foto 7, 8: bei Tim zu Hause
		4. *fakultativ:* Sprechen Sie mit den TN darüber, in was für einer Art Geschäft Sandra und Tim sind (in einem Möbelladen: ein Einzelhandel, eher kein Fachgeschäft, wahrscheinlich ein sogenannter „Billigladen" oder eine Kette).
b		5. Geben Sie an der Tafel die Redemittel zum Ausdruck von Vermutungen vor: „Ich denke, ...", „Ich meine, dass ...", „Ich glaube, ...", „Vielleicht ...". Dann spekulieren die TN in Partnerarbeit, wer die Wohnung neu einrichten möchte und wer wen beraten soll. In Kursen mit überwiegend ungeübten TN besprechen Sie die Fragen im Plenum.
	CD 4/17–24	6. Die TN hören so oft wie nötig und vergleichen mit ihren Vermutungen. Abschlusskontrolle im Plenum. *Lösung:* Sandra möchte die Wohnung neu einrichten. Tim soll Sandra beraten.
22/2		**Nach dem Hören: Neuen Wortschatz sichern**
a	Folie/IWB	1. Die TN sehen sich die Fotos 3–6 an und zeigen auf die genannten Gegenstände. Anschließend zeigen und benennen die TN die Gegenstände für alle im Plenum.
		Tipp: In Kursen mit überwiegend ungeübten TN können Sie zur Festigung des neuen Wortschatzes für jeden Gegenstand eine passende Geste einführen, z. B. für „Saftgläser": ein imaginäres Glas in der Hand zum Mund führen, für „Kerze": eine Kerze mit einem Streichholz anzünden etc. Die TN stehen im Kreis, sagen Sie ein Wort und machen Sie die Geste, die TN machen die Geste und benennen dabei den Gegenstand. Benennen Sie jeden Gegenstand mehrmals, sodass sich die Wörter mit ihrer Bedeutung festigen können. In der nächsten Runde geben Sie nur den Gegenstand vor, die TN wiederholen selbstständig die passende Geste und sprechen nach.
b		2. Die TN lesen die Beispiele und sprechen darüber, wie ihnen Tims neue Sachen gefallen.

23/3		Nach dem Hören: Die Geschichte nacherzählen
	CD 4/17–24, KV L9/FHG	1. Die TN erzählen die Geschichte anhand der Satzanfänge in Partnerarbeit nach. Dabei wechseln sich die TN satzweise ab. Danach hören sie die Foto-Hörgeschichte noch einmal und vergleichen mit ihrer Version. *Lösung:* Tim soll sie beraten. Im Möbelgeschäft kauft Tim ein Poster, einen Wandteppich, Saftgläser, einen Kerzenständer, eine Kerze und eine Plastiktischdecke. Er findet die Sachen toll/schön und sehr billig. Er sagt: „Heute ist ein richtig guter Einkaufstag." Sandra gefallen die Sachen nicht besonders. Nach dem Einkauf gehen Tim und Sandra zu Tim und trinken einen Saft. Da fällt Tim ein: Er muss los zur Arbeit und sich schnell umziehen. Aber nächste Woche will er mit Sandra nur für sie einkaufen gehen. *Variante:* Die TN decken die Aufgabe mit einem Heft ab. Jede TN / Jeder TN erhält einen Satz Karten der Kopiervorlage. Die TN ordnen zunächst die Stichwörter (graue Karten) den Satzanfängen (weiße Karten) zu. Danach bringen die TN die Sätze in die richtige Reihenfolge und vergleichen mit der Partnerin / dem Partner. *Binnendifferenzierung:* Geübtere TN erhalten nur die weißen Karten und bringen sie gleich in die richtige Reihenfolge. Anschließend erzählen alle TN die Geschichte anhand der Satzanfänge nach.
		2. *fakultativ:* In Stillarbeit oder als Hausaufgabe schreiben die TN ihre Geschichte anhand der Satzanfänge. Gehen Sie herum und helfen Sie bei Schwierigkeiten. Sammeln Sie die Texte zur Korrektur ein.
	„Tims Film" Lektion 9	Tim beschreibt die Sachen, die er mit Sandra gekauft hat. Sie können den Film als Wiederholung und Festigung nach B2 oder als Einführung zu C2 nutzen, da Tim viele Adjektive in seinen Beschreibungen benutzt. Als Nachbereitung können die TN eigene kleine Filme mit ihrem Smartphone aufnehmen, in denen sie ihre neuen Sachen nach einem Einkaufsbummel beschreiben. Einige Filme können im Unterricht gezeigt werden.

SCHRITT A: DAS IST JA EINE TOLLE WOHNUNG!

Adjektivdeklination bei indefinitem Artikel im Nominativ und Akkusativ

Lernziel: Die TN können die eigene Meinung ausdrücken und Gegenstände beschreiben.

Seite/Aufgabe	Material	Aufbau
24/A1		**Präsentation der Adjektivdeklination bei indefinitem Artikel im Nominativ**
a	Ball	1. Bevor Sie mit der Einführung der Adjektivendungen beim attributiven Gebrauch beginnen, sollten Sie eine Wiederholung vorschalten. Die TN stellen sich im Kreis auf. Werfen Sie einem TN den Ball zu und sagen Sie dabei ein Adjektiv. Der TN nennt das Gegenteil, wirft dann seinerseits den Ball und sagt ein Adjektiv. Achten Sie darauf, dass nur möglichst gängige und allen bekannte Adjektive verwendet werden! Das Spiel sollte zügig gespielt werden. *Variante:* Der werfende TN sagt ein Nomen, der fangende TN antwortet mit einem dazu passenden Adjektiv, z. B. Kaffee – heiß, Fahrrad – langsam.
	AB 1–2	im Kurs: Wiederholungsübungen zu den Adjektiven.
		2. Die TN lesen die Mini-Gespräche in Partnerarbeit mit Flüsterstimme.
b	Folie/IWB	3. Die TN markieren in a wie im Beispiel und ergänzen dann die Tabelle. Geübtere TN arbeiten in Stillarbeit, ungeübtere TN arbeiten zu zweit. Abschlusskontrolle im Plenum. *Lösung:* (von oben nach unten) toller, interessantes; tolle
		4. Bitten Sie je zwei TN, die Mini-Gespräche vorzulesen, damit sich die neue Form einschleift. Wiederholen Sie das Lesen ruhig mehrmals, berücksichtigen Sie dabei besonders ungeübte TN.

		5. Erstellen Sie anhand der Mini-Gespräche folgendes Tafelbild:
		Zeigen Sie den TN mithilfe des Tafelbildes, dass sich die Endungen des bestimmten Artikels in den Endungen der Adjektive wiederfinden. Die Adjektivendungen beim Negativartikel entsprechen denen des unbestimmten Artikels. Ergänzen Sie ihn im Tafelbild. Weisen Sie eindringlich auf die Ausnahme im Plural hin. Weisen Sie die TN auch auf die linke Spalte der Grammatikübersicht 1 (Kursbuch, S. 32) und auf die veranschaulichende Zeichnung rechts hin.
	Zettel, Klebeband	6. *fakultativ:* Eine schöne Einstiegsübung in das schwierige Thema der Adjektivdeklination ist folgende: Bereiten Sie zu Hause ca. zwölf Zettel vor, die Sie durchnummerieren und mit einem Adjektiv versehen. Im Unterricht kleben Sie diese Zettel an je einen Gegenstand, z. B. den Zettel „5 – modern" an den CD-Spieler. Wenn Sie alle Zettel verteilt haben, bitten Sie die TN, mit Stift und Heft herumzugehen und zu jeder Nummer einen kleinen Satz zu notieren: „Nummer 5 ist ein moderner CD-Spieler." Bei dieser Übung wenden die TN die Adjektivendungen zum ersten Mal selbstständig an, jedoch anhand von Wörtern, die ihnen bekannt sind. Wenn Sie die Zettel gut im Raum verteilt haben, hat das Suchen und Herumlaufen auch eine auflockernde und motivierende Wirkung.
	AB 3–4	Die TN machen die Übungen in Einzelarbeit im Kurs oder als Hausaufgabe.
24/A2		**Anwendungsaufgabe zur Adjektivdeklination: Die eigene Meinung über einen Gegenstand ausdrücken**
a		1. Die TN sehen sich in Stillarbeit die Zeichnungen an und ordnen zu. Ungeübtere TN arbeiten zu zweit. Abschlusskontrolle im Plenum. *Lösung:* 2 die Schuhe, 3 die Kamera, 4 das Handtuch, 5 der Bildschirm, 6 der Fernseher, 7 das Feuerzeug
b	Folie/IWB	2. Zeigen Sie das Foto. Fragen Sie die TN: „Wo ist das?", „Wer sind die Frauen?", „Was machen sie?"
		3. Zwei TN lesen das Mini-Gespräch vor. Achten Sie dabei auf die passende Betonung. Sprechen Sie ggf. vor.
	Folie/IWB	4. Fragen Sie die TN, wie die zweite Frau (blauer Kringel) noch antworten könnte, um ihre Skepsis deutlich zu machen. Vielleicht erinnern sich die TN noch an Wendungen aus der Foto-Hörgeschichte oder kennen andere aus Gesprächen auf der Straße. Halten Sie passende an der Tafel fest. Da sie alle eine nicht begeisterte Reaktion ausdrücken, ist die Betonung ähnlich. Lassen Sie das Mini-Gespräch zur Festigung trotzdem von einigen TN mit jeweils einer anderen Antwortmöglichkeit vorsprechen. Bleiben Sie dabei zunächst bei dem Beispiel „Tasche".
		5. Die TN spielen mit ihrer Partnerin / ihrem Partner weitere Mini-Gespräche. *Binnendifferenzierung:* Geübtere TN können die Antworten mit den Wendungen an der Tafel variieren. Ungeübtere bleiben bei dem Beispiel, wie im Kursbuch vorgegeben. Gehen Sie herum und helfen Sie bei Schwierigkeiten. *Hinweis:* Wenn Sie mit einer leichten Übung die Verwendung von Adjektiven bei indefinitem Artikel noch weiter im Kurs trainieren wollen, können Sie mit dem Audiotraining arbeiten. Die TN antworten dann im Chor. Wenn Sie wenig Zeit haben, können die TN mit dem Audiotraining 1 zu Hause üben. *Hinweis:* Hierzu passt das Gedicht „Keine Asche in der Tasche?" aus der Rubrik „Zwischendurch mal ..." (Kursbuch, S. 35).
		6. Machen Sie ggf. eine Abschlussrunde im Plenum.
	AB 5–6	Die TN machen die Übungen in Einzelarbeit im Kurs oder als Hausaufgabe.

	AB 7	im Kurs: Die TN ergänzen in Stillarbeit die fehlenden Buchstaben. Gehen Sie herum und helfen Sie bei Schwierigkeiten. Lesen Sie oder ein geübterer TN zur Kontrolle den Text laut und deutlich vor. Die anderen TN vergleichen und korrigieren. Anschließend lesen alle TN den Text im Chor.
25/A3		**Aktivität im Kurs: Sagen, was einem wichtig ist**
a	Folie/IWB	1. Die TN lesen die Ausdrücke in der linken Tabellenspalte und ergänzen zunächst nur die Endungen in Stillarbeit, ungeübtere TN arbeiten zu zweit. Sie vergleichen mit einem anderen TN / einem anderen Paar. Anschließend Kontrolle im Plenum. *Lösung:* zuverlässige, leckeres, hübsche, interessanter, gute, guter, lange, teures
b		2. Die TN kreuzen in a zunächst an, was ihnen wichtig / nicht so wichtig ist.
		3. Zwei TN lesen das Beispiel-Gespräch vor.
		4. Die TN sprechen mit ihrer Partnerin / ihrem Partner wie im Beispiel über die Dinge, die ihnen wichtig sind, und markieren, was die Partnerin / der Partner sagt. Gehen Sie herum und helfen Sie bei Schwierigkeiten. *Binnendifferenzierung:* Geübtere TN gehen herum und suchen TN, mit denen sie möglichst viele Gemeinsamkeiten haben.
	KV L9/A3, Spielfiguren, Würfel	5. *fakultativ:* Zur Vertiefung der Adjektivendungen kopieren Sie die Kopiervorlage in ausreichender Zahl. Die TN spielen zu viert. Sie brauchen für jeden Spieler eine Spielfigur, außerdem eine Spielfigur extra und einen Würfel. Jede Spielerin / Jeder Spieler setzt die eigene Figur auf ein beliebiges Wort im inneren Rechteck. Eine Figur steht auf dem Startfeld am Rand. Die erste Spielerin / Der erste Spieler würfelt und zieht die eigene Figur vor und auch die Figur am Rand. Nun verbindet sie/er das Wort im inneren Rechteck mit dem Wort in dem äußeren Rechteck, z. B. „teuer" und „Feuerzeug": ein teures Feuerzeug. Dann würfelt die nächste Spielerin / der nächste Spieler und zieht die eigene Figur und die Figur am Rand vor. Wenn die beiden Wörter nicht zusammenpassen, darf die Spielerin / der Spieler ein passendes neues Wort aus dem inneren Rechteck wählen. *Binnendifferenzierung:* Für ungeübtere TN können Sie den Spielplan vereinfachen, indem Sie die Nomen mit der entsprechenden Artikelfarbe wie im Kursbuch kennzeichnen. Oft ist es für ungeübtere TN schon schwierig genug, sich auf die Adjektivendungen zu konzentrieren. Dann ist es hilfreich, wenn sie mit einem Blick das Genus des Nomens erfassen können. *Hinweis:* Die Kopiervorlage können Sie zwischendurch immer wieder mal einsetzen, z. B. wenn die TN die Akkusativ- oder Dativendungen oder die Verwendung der Adjektive mit dem bestimmten Artikel kennengelernt haben. Die TN können später auch eigene Sätze bilden, sodass es bei diesem Spiel eine große Variationsbreite gibt. Damit sich die Adjektivendungen einschleifen, sind Wiederholungsübungen sehr wichtig. Als Variante können Sie die Kopiervorlage selbst abändern und neue Adjektive vorgeben oder die Nomen austauschen.
25/A4		**Präsentation der Adjektivdeklination bei indefinitem Artikel im Akkusativ**
a	CD 4/25	1. Die TN hören das Mini-Gespräch und lesen mit. Fragen Sie die TN nach dem Artikel von „Computer". Fragen Sie dann, warum es hier „einen guten Computer" und nicht wie eben „ein guter Computer" heißt. Sicher wird einer TN / einem TN auffallen, dass es hier der Akkusativ ist.
		2. Die TN empfinden die Unterscheidung von Subjekt (= Nominativ) und Objekt (= Akkusativ) im Allgemeinen als recht schwierig. Um den TN das Lernen zu erleichtern, weisen Sie ausdrücklich darauf hin, dass sich die Endungen im Akkusativ nur bei Wörtern mit dem Artikel „der" (= maskuline Nomen) ändern. Erstellen Sie dazu folgendes Tafelbild: Das ist ... / Das sind ... Ich brauche ... ein toll<u>er</u> Computer. einen toll<u>en</u> Computer. ein interessant<u>es</u> Bild. ein interessant<u>es</u> Bild. eine toll<u>e</u> Wohnung. eine toll<u>e</u> Wohnung. – toll<u>e</u> Saftgläser. – toll<u>e</u> Saftgläser. Weisen Sie die TN auf den Grammatik-Kasten unten auf der Seite hin und auf die Grammatikübersicht 1 (Kursbuch, S. 32).

		3. Erklären Sie den TN anhand eines weiteren Tafelbilds, dass die Endungen für den Negativartikel und die Possessivartikel im Akkusativ dieselben sind, nur im Plural ändern sie sich:
		einen/meinen/deinen/… /keinen toll<u>en</u> Computer ein/mein/dein/… /kein interessant<u>es</u> Bild eine/meine/deine/… /keine toll<u>e</u> Wohnung aber: meine/deine/… /keine toll<u>en</u> Saftgläser
		4. *fakultativ:* Üben Sie den Akkusativ, indem Sie die TN bitten, sich vorzustellen, sie sind auch in dem Möbelladen mit Tim und Sandra. Geben Sie ein Beispiel vor: „Ich kaufe eine schöne Tasse." Reihum machen die TN nun weitere Sätze nach dem Beispiel. *Binnendifferenzierung:* In Kursen mit überwiegend geübten TN wiederholt der TN, der an der Reihe ist, jeweils alle Sachen, die die TN vor ihm genannt haben. In gemischten Kursen können Sie auch in zwei Gruppen spielen.
		5. Zwei TN lesen noch einmal das Gespräch aus a vor. In Partnerarbeit variieren die TN weitere Gespräche. Gehen Sie herum und helfen Sie bei Schwierigkeiten.
		6. Machen Sie ggf. eine Abschlussrunde im Plenum.
b	Folie/IWB	7. Die TN lesen die Aufgabe. Besprechen Sie ggf. unbekannten Wortschatz. Weisen Sie die TN auf die Varianten zu „Wirklich?" unten auf der Seite im Redemittelkasten und auf die Rubrik „Skeptisch reagieren: Ja, wirklich?" (Kursbuch, S. 33) hin. Besprechen Sie mit den TN auch die Situation dort auf dem Foto rechts.
		8. Die TN schreiben in Stillarbeit drei Gespräche wie in a, ungeübtere TN arbeiten zu zweit. Die Partnerin / Der Partner / Ein anderes Paar korrigiert.
		9. Einige TN lesen ihre Gespräche mit dem Partner / der Partnerin im Plenum vor.
	AB 8–12	Die TN machen die Übungen in Einzelarbeit im Kurs oder als Hausaufgabe.

SCHRITT B: … ZU MEINEN BRAUNEN MÖBELN.

Adjektivdeklination bei indefinitem Artikel im Dativ
Lernziel: Die TN können Gegenstände beschreiben.

Seite/Aufgabe	Material	Aufbau
26/B1		**Präsentation der Adjektivdeklination bei indefinitem Artikel im Dativ**
	CD 4/26	1. Die TN hören das Mini-Gespräch. Die TN sehen sich dann den Grammatik-Kasten an. Bitten Sie zwei geübtere TN, das Mini-Gespräch mit der ersten Variante zu sprechen. Halten Sie den letzten Satz an der Tafel fest. Verfahren Sie mit den anderen Variationen ebenso
		Es passt nicht zu meinem neu<u>en</u> Schrank. meinem schön<u>en</u> Sofa. meiner grün<u>en</u> Lampe. meinen braun<u>en</u> Möbel<u>n</u>.
		2. Lenken Sie die Aufmerksamkeit der TN auf die Adjektivendung im Dativ. Erklären Sie den TN, dass die Adjektivendung im Dativ immer „-en" ist, genauso für den Negativartikel und die Possessivartikel. Weisen Sie auch auf den Grammatik-Kasten und die Grammatikübersicht 1 (Kursbuch, S. 32) hin.
		3. Schreiben Sie mit den TN zusammen weitere Möbel mit Artikel an die Tafel, z. B. der Stuhl, das Regal, der Tisch etc.
		4. Die TN üben mit den Nomen von der Tafel mit ihrer Partnerin / ihrem Partner weitere Dialoge wie im Beispiel. Die Adjektive können frei gewählt werden. Gehen Sie herum und helfen Sie bei Schwierigkeiten.

26/B2		**Anwendungsaufgabe: Kleinanzeigen**
		1. Bevor die TN mit der Aufgabe beginnen, wiederholen Sie noch einmal die Präpositionen, die die TN bereits kennen. Erstellen Sie dazu folgendes Tafelbild:
		 Akkusativ *einen Laden / ein Licht /* *eine Wohnung / Gläser* *Dativ* *einem Laden / einem Licht /* *einer Wohnung / Gläsern* *durch* *in* *mit* *für* *an* *bei* *...* *auf* *zu*
		Fragen Sie die TN, welche Präpositionen sie noch kennen. Ergänzen Sie sie entsprechend an der Tafel. Die Wechselpräpositionen schreiben Sie in die Mitte.
		2. Die TN lesen die Anzeigen. Klären Sie, wenn nötig, neuen Wortschatz. Die TN ergänzen in Stillarbeit, ungeübtere TN arbeiten zu zweit. Weisen Sie die TN auf die Artikelpunkte hin, die die Aufgabe erleichtern.
		3. Die TN vergleichen ihre Lösungen zunächst mit einer Partnerin / einem Partner bzw. einem anderen Paar. Anschließend Kontrolle im Plenum. Weisen Sie die TN auch auf den Info-Kasten hin. *Lösung:* A schönen, dicke, große; B buntes, kleinen, grüne; C moderne, guten; D alte, kleine; E neue, passenden *Hinweis:* Hier passt thematisch auch der Landeskunde-Text „Flohmarkt" aus der Rubrik „Zwischendurch mal ..." (Kursbuch, S. 34). *Hinweis:* Auch „Tims Film" können Sie hier einsetzen: Tim benutzt viele Adjektive zur Beschreibung seines Einkaufs.
	KV L9/B2	4. *fakultativ:* Spielen Sie Möbelhaus. Schneiden Sie die Kärtchen der Kopiervorlage aus. Hängen Sie die Kärtchen im Kursraum verteilt auf. Die TN gehen zu zweit herum und spielen kurze Gespräche zu den Gegenständen auf den Kärtchen: z. B. Lampe: rot – Glas. „Wie findest du die Lampe mit dem roten Glas?" Die Partnerin / Der Partner antwortet. Dabei können die Redemittel aus A4 noch einmal geübt werden. In Kursen mit ungeübteren TN können Sie oder die TN wie in B2 Artikelpunkte auf die Kärtchen malen.
	AB 13–17	Die TN machen die Übungen in Einzelarbeit im Kurs oder als Hausaufgabe.
26/B3		**Aktivität im Kurs: Gespräch über Dinge, die man verschenken oder verkaufen möchte**
		1. Die TN überlegen sich Sachen, die sie verkaufen möchten, und machen sich Notizen.
		2. Die TN finden sich in Kleingruppen zu viert zusammen und sprechen über die Dinge, die sie verschenken oder verkaufen möchten.
		3. *fakultativ:* Geübtere oder schnellere TN schreiben zu ihren Dingen kleine Anzeigen wie in B2. Sie können die Anzeigen einsammeln und korrigieren.
	AB 18, AB-CD 2/6–7	*Phonetik:* im Kurs: Die TN üben und wiederholen mit diesen Übungen Haupt- und Nebenakzente. Erinnern Sie die TN an die Phonetik-Übung 6 in Lektion 8: Die TN haben dort gesehen, dass das wichtigste Wort am stärksten betont wird. Spielen Sie Übung a vor, die TN sprechen nach und klatschen oder stampfen mit. Geben Sie den TN dann Zeit, die Beispiele noch einmal mit Flüsterstimme für sich allein zu üben. Genauso in Übung b. Wenn die TN Freude daran haben, können sie auch ganz neue Beispiele erfinden und der Partnerin / dem Partner vorsprechen.

SCHRITT C: AM SCHÖNSTEN FINDE ICH DEN TEPPICH.

Die Komparation; die Vergleichspartikel *wie* und *als*

Lernziel: Die TN können etwas vergleichen.

Seite/Aufgabe	Material	Aufbau
27/C1		**Präsentation von Komparativ und Superlativ**
a		1. Die TN lesen die Nachrichten und das Beispiel in der Sprechblase und sprechen zu zweit darüber, was Tim schön, schöner und am schönsten findet. Geübtere TN sprechen zusätzlich darüber, welche von Tims Sachen sie schön, schöner, am schönsten finden.
b		2. Die TN sprechen mit ihrer Partnerin / ihrem Partner darüber, wie Lara Tims Sachen findet.
c		3. In Stillarbeit markieren die TN in a alle Adjektive wie im Beispiel und ergänzen dann die Tabelle. Ungeübtere TN arbeiten paarweise. Anschließend Kontrolle im Plenum, indem Sie an der Tafel eine Tabelle analog zum Grammatik-Kasten erstellen. Beginnen Sie mit der bereits bekannten und regelmäßigen Form von „schön". Ergänzen Sie die Tabelle mit den Adjektiven aus den Texten. Machen Sie den TN deutlich, dass die Umlaute „a", „o" oder „u" zu „ä", „ö" bzw. „ü" werden. Fragen Sie die TN nach weiteren Adjektiven und ihren Steigerungen, bis die TN Sicherheit in der Anwendung gewonnen haben. *Lösung:*
		4. Erklären Sie den TN, dass es sich bei diesen Formen um die Steigerung/Komparation handelt. Machen Sie den TN deutlich, dass sich so nahezu alle Adjektive steigern lassen. Ergänzen Sie in der Tabelle auch die Adjektive „viel", „gut" und „gern", die die TN bereits aus *Schritt für Schritt in Alltag und Beruf 2* / Lektion 13 kennen. Weisen Sie die TN auch auf die Grammatikübersicht 2 mit den Sonderformen und die kleine Zeichnung rechts (Kursbuch, S. 32) hin.
	KV L9/C1, Münzen	5. *fakultativ:* Die TN arbeiten in Dreiergruppen. Jede Gruppe erhält einen Satz Karten. Zunächst ordnen die TN die Karten so, dass immer drei Sachen zusammenpassen. Dann sammeln die Gruppen zu jedem Kartendrilling Adjektive, die ihrer Meinung nach dazu passen, z. B. zu den Möbeln: bequem, schön, hart, teuer etc. In Kursen mit überwiegend ungeübten TN können Sie diese Phase auch im Plenum durchführen und die Adjektive jeweils an der Tafel sammeln. Dann mischt jede Gruppe ihre Karten und legt sie mit dem Foto nach oben auf dem Tisch aus. Jeder TN braucht vier Münzen. Der erste TN sagt: „Ich finde den Stuhl bequem.", dabei legt er eine Münze auf das entsprechende Foto. Der zweite TN sucht sich nun Sofa oder Sessel aus und steigert: „Ich finde den Sessel bequemer.", und legt eine Münze auf das Foto. Der dritte TN bildet den Superlativ: „Ich finde das Sofa am bequemsten." Dann beginnt der zweite Spieler etc. Die TN können mehrere Runden spielen, wobei Adjektive, die bereits verwendet wurden, nicht mehr benutzt werden dürfen. Geübtere TN können auch vom vorgegebenen Satzmuster abweichen und eigene Sätze bilden oder weitere Karten mit anderen Sachen erstellen.
	AB 19	im Kurs: Die TN wiederholen in dieser Übung die Komparation von „gut", „viel" und „gern", die sie schon aus *Schritt für Schritt in Alltag und Beruf 2*, Lektion 13 kennen.
	AB 20–21	Die TN machen die Übungen in Einzelarbeit im Kurs oder als Hausaufgabe.

28/C2		Anwendungsaufgabe: Das findet Tim schön.
a		1. Die TN sehen sich die Aufgabe an und schreiben die Sätze in Stillarbeit ins Heft. Gehen Sie herum und helfen Sie bei Schwierigkeiten. Abschlusskontrolle im Plenum, gehen Sie dabei noch einmal auf die Satzstellung ein. Erklären Sie den TN, dass das Verb immer auf Position II steht, aber andere Satzteile, die besonders hervorgehoben werden sollen, können auch auf die Position I rücken, dann steht das Subjekt auf Position III. Machen Sie dazu ggf. ein Tafelbild. *Lösung:* Die Tischdecke findet er schöner. Am schönsten findet er den Teppich. Volleyball findet er interessanter. Am interessantesten findet er Basketball.
b		2. Ein TN liest die Fragen und das Beispiel in der Sprechblase vor. Dann sprechen die TN in einem Kursspaziergang mit wechselnden Partnerinnen/Partnern darüber, welche von ihren Sachen sie schön finden und welchen Sport sie interessant finden. Die TN machen sich Notizen, wie im Buch angegeben.
		3. *fakultativ:* Die TN stehen im Kreis. Einzelne TN berichten über die Vorlieben anderer TN mithilfe ihrer Notizen.
28/C3		Anwendungsaufgabe zur Komparation
	Folie/IWB	1. Die TN sehen sich die Zeichnung an und beschreiben sie. Fragen Sie, wo die Frauen sind und was sie machen.
	Folie/IWB	2. Zwei TN lesen das Mini-Gespräch vor. Weisen Sie die TN darauf hin, dass man die Form „-er als" benutzt, wenn man zwei Sachen, hier Rucksack und Koffer, vergleicht. Sind zwei Dinge gleich(wertig), steht „(genau)so … wie".
		3. Um den TN die Struktur besser zu verdeutlichen, wählen Sie drei TN aus dem Kurs aus und machen Sie Sätze: „Fatma ist so groß wie Murat. Aber Said ist größer als Murat und Fatma." Schreiben Sie die Sätze an die Tafel und machen Sie ggf. weitere Beispiele aus dem Kursgeschehen, indem Sie Wörterbücher etc. vergleichen.
		4. Die TN spielen weitere Mini-Gespräche mit ihrer Partnerin / ihrem Partner nach den Vorgaben. Machen Sie die TN auch auf die Grammatikübersicht 3 (Kursbuch, S. 32) aufmerksam. *Hinweis:* Um Vergleiche weiter einzuüben, können Sie hier mit dem Audiotraining 2 und/oder dem Videotraining arbeiten oder sie den TN für zu Hause empfehlen.
	AB 22–26	Die TN machen die Übungen in Einzelarbeit im Kurs oder als Hausaufgabe.
28/C4		Aktivität im Kurs: Gespräch über „Kurs-Superlative"
a		1. Die TN sehen sich die Beispiele im Buch an und schreiben in Stillarbeit sechs Fragen. Abschlusskontrolle im Plenum. *Lösung:* Wer wohnt am weitesten entfernt? Wer kocht am häufigsten selbst? Wer ist am größten? Wer ist am jüngsten? Wer ist am längsten verheiratet?
b	KV L9/C4 im Lehrwerk-service	2. Die TN arbeiten zunächst in Gruppen zu viert und sprechen über die Fragen wie im Beispiel. Sie ermitteln den jeweiligen „Gruppenchampion". *fakultativ:* Zur Unterstützung der Aktivität können Sie auch auf die Kopiervorlage im Lehrwerkservice unter www.hueber.de/schritt-fuer-schritt zurückgreifen.
		3. Die Gruppen vergleichen ihre „Champions" im Plenum und ermitteln den jeweiligen „Kurs-Champion".
	AB 27, Folie/IWB	Die TN machen die Übung in Einzelarbeit im Kurs oder als Hausaufgabe. Besprechen Sie in beiden Fällen die Lösung im Plenum, indem Sie auf Folie / dem IWB die Buchstaben ergänzen.

SCHRITT D: INTERVIEWS IM RADIO

Lernziel: Die TN können eine Statistik ergänzen, Gespräche über das Kaufen verstehen und über das eigene Kaufen sprechen.

Seite/Aufgabe	Material	Aufbau
29/D1		**Leseverstehen/Kursgespräch: Eine Statistik über die Ausgaben der Deutschen**
		1. Die TN betrachten die Statistik und einigen sich mit ihrer Partnerin / ihrem Partner auf einen Lösungsvorschlag, indem sie die Statistik ergänzen.
	Folie/IWB	2. Die Paare vergleichen ihre Lösungsvorschläge im Plenum und begründen jeweils ihre Annahmen.
	Folie/IWB	3. Die TN vergleichen ihre Vermutungen mit der tatsächlichen Auflösung (Kursbuch, S. 33). Geben Sie Gelegenheit für ein Gespräch über die Unterschiede: „Wo haben die TN anders getippt?", „Welche Lösung verwundert die TN und warum?" *Lösung:* 1 Miete, 3 Nahrungsmittel, 5 Versicherungen, 7 Kleidung, 8 Körper und Gesundheit
		4. *fakultativ:* Bei Interesse können die TN auch erzählen, wie die Aufteilung des Einkommens in ihrem Heimatland nach ihrer Vermutung aussieht.
29/D2		**Hörverstehen: Interviews im Radio**
	Folie/IWB	1. Die TN betrachten die Fotos und stellen im Plenumsgespräch Vermutungen darüber an, was die richtige Lösung sein könnte. Lassen Sie die TN ihre Meinung begründen.
	Folie/IWB, CD 4/27–30	2. Spielen Sie jedes Interview so oft wie nötig vor und stoppen Sie nach jedem Interview, um den TN Zeit für ihre Eintragung zu geben. Abschlusskontrolle im Plenum. *Lösung:* A für Kleidung; B ein neues Fahrrad.; C Miete, Auto, Versicherung, Gas; D Ihre Enkel. *Hinweis:* An dieser Stelle passt das Audiotraining 3, in dem die TN wichtige Wendungen wiederholen können.
29/D3		**Aktivität im Kurs: Gespräch über das eigene Konsumverhalten**
		1. Die TN lesen die Aufgabe und machen sich zunächst Notizen zu ihren eigenen Wünschen, für die sie sparen.
		2. Die TN sprechen in Kleingruppen über ihre Wünsche. Weisen Sie die TN dazu auf die Redemittel unten auf der Seite und auf die Rubriken „Vorlieben ausdrücken: Ich wünsche mir ..." und „Wichtigkeit ausdrücken: Mir ist ... wichtig." (Kursbuch, S. 33) hin. Die kleine Übung rechts können die TN als Hausaufgabe bearbeiten.
		Tipp: Damit die TN die Redemittel besser behalten, können sie als Hausaufgabe einen kleinen Text über ihre Wünsche schreiben. Dabei sollten die Redemittel benutzt werden. Am nächsten Tag können Sie einige Texte vorlesen, die TN raten, von wem der Text ist.
		3. *fakultativ:* Erstellen Sie mit den TN eine Kursstatistik: „Wofür möchten wir sparen?"
	AB 28	Die TN machen die Übung in Einzelarbeit im Kurs oder als Hausaufgabe.
	AB 29	im Kurs: Diese Übung führt an den Prüfungsteil *Lesen, Teil 1,* der Prüfung *Deutsch-Test für Zuwanderer* und an *Lesen, Teil 2* der Prüfung *Goethe-Zertifikat A2* heran. Die TN haben dafür etwa 7 Minuten Zeit.

SCHRITT E: MEINE LIEBLINGSSACHEN

Lernziel: Die TN können einen Text über persönliche Gegenstände verstehen.

Seite/Aufgabe	Material	Aufbau
30/E1		**Leseverstehen 1: Einen Text über persönliche Gegenstände und ihre Geschichte global verstehen**
a		1. Die TN sehen sich den Text an und kreuzen an, um welche Textsorte es sich handelt. Abschlusskontrolle im Plenum. *Lösung:* Ein Lesetext.
b		2. Die TN lesen die Einleitung und die Zwischenüberschriften des Textes in a und äußern Vermutungen darüber, von wem die Gegenstände sind und wie Valentina die Sachen findet. Welche Erinnerungen verbindet sie möglicherweise mit diesen Dingen? Notieren Sie einige Vermutungen der TN an der Tafel, um vergleichen zu können.
c		3. Die TN lesen in Stillarbeit den kompletten Text. Gehen Sie herum und helfen Sie individuell bei Wortschatzfragen. Dann vergleichen die TN im Plenum mit ihren Vermutungen.
		4. Die TN erklären kurz im Plenum, wie ihnen die Gegenstände gefallen und ob sie sich über diesen Gegenstand als Geschenk gefreut hätten.
		5. Notieren Sie das Adjektiv „arbeitslos" an der Tafel. Erklären Sie den TN, dass die Endung „-los" die Bedeutung „ohne" hat, also hier: „ohne Arbeit". Weisen Sie die TN bei Nachfragen auf das Fugen-„s" hin, das nach manchen Wörtern, die auf „-t" oder „-d" enden, eingefügt werden muss. Fragen Sie die TN nach weiteren Wörtern mit der Endung „-los". Aus dem Text liegt „wertlos" nahe. Andere mögliche Wörter sind z. B. „kinderlos", „lustlos". Weisen Sie die TN auf die Grammatikübersicht 4 und auf die kleine Übung rechts hin (Kursbuch, S. 32), in der die TN als Hausaufgabe noch weitere Wörter mit „-los" finden.
		fakultativ: Wenn Sie noch Zeit für ein kleines Sprachspiel haben, besprechen Sie mit den TN die Wendung „ein herrenloses Damenfahrrad". Schreiben Sie die Wendung an die Tafel und fragen Sie die TN, was sie sich darunter vorstellen. Lassen Sie die TN zunächst ein paar Vermutungen anstellen, bevor Sie „herrenlos" als „ohne Besitzer" – und zwar egal, ob männlich oder weiblich – erklären.
		Tipp: Viele TN tendieren dazu, Lesetexte beim ersten Lesen zu genau zu lesen, das heißt in der Regel, dass sie versuchen, Wort für Wort zu übersetzen. Das hat nicht nur zur Folge, dass die Textrezeption sehr lange dauert, sondern auch, dass das verstehende Lesen dabei auf der Strecke bleibt und die TN womöglich sogar frustriert aufgeben, da sie an den fremden Wörtern hängen bleiben. Da die meisten dieser Wörter aber oft für das Textverständnis nicht relevant sind, sollten Sie mit den TN strukturiertes Lesen trainieren, indem Sie den TN kurze authentische Texte geben, in denen neben bekanntem Wortschatz auch immer fremde Wörter vorkommen. Die Kernaussage(n) des Textes sollten die TN aber auch mit ihren bisherigen Deutschkenntnissen erfassen können. Stellen Sie den TN vor der Textrezeption ein paar allgemeine Fragen zum Text, die verstehendes Lesen erfordern, aber keine Details abfragen. Begrenzen Sie die Lesezeit oder machen Sie eine Art Wettspiel daraus, wer als Erster die Antwort geben kann, um die TN dazu anzuhalten, den Text zunächst einmal komplett zu lesen, ohne im Wörterbuch nachzuschlagen. Die TN werden dabei feststellen, dass sie vieles aus dem Kontext verstehen bzw. herleiten können.
	AB 30	Die TN machen die Übung in Einzelarbeit im Kurs oder als Hausaufgabe.
31/E2		**Leseverstehen 2: Einen Text über persönliche Gegenstände und ihre Geschichte im Detail verstehen**
		1. Die TN lesen den Text aus E1 a in Stillarbeit noch einmal und kreuzen an. Abschlusskontrolle im Plenum. Klären Sie dabei unbekannten Wortschatz. *Lösung:* a, c, d, e, i
	KV L9/E2	2. *fakultativ:* Die TN lösen zur weiteren Verständnissicherung und Wortschatzvertiefung die Übungen der Kopiervorlage.

	AB 31, AB-CD 2/8–11	*Prüfung:* im Kurs: Diese Übung führt an den Prüfungsteil *Hören, Teil 3* der Prüfung *Goethe-Zertifikat A2* heran. In der Prüfung hören die TN die kurzen Gespräche nur einmal.
31/E3		**Aktivität im Kurs: Eine Geschichte bewerten**
		1. Die TN finden sich in Kleingruppen zusammen und lesen die Aufgabe. In der Gruppe sprechen die TN über ihre Bewertung und begründen diese.
		2. *fakultativ:* Wenn Sie noch Zeit haben, machen Sie an der Tafel eine kleine Kursstatistik: Welche Geschichte finden die meisten interessant, komisch und lustig?
31/E4		**Aktivität im Kurs: Über eigene persönliche Sachen erzählen**
		1. Bitten Sie die TN vorab, in der folgenden Unterrichtsstunde einen Gegenstand (oder ein Foto davon) mitzubringen, über den sie eine persönliche Geschichte erzählen können. Bringen Sie zum Einstieg einen eigenen Gegenstand mit, den Sie besonders schön, hässlich oder lustig finden, und erzählen Sie davon. Benutzen Sie dazu die Redemittel unten, damit die TN ein Beispiel haben.
		2. Die TN überlegen in Stillarbeit, welche Sachen sie selbst besonders schön, hässlich oder lustig finden, und machen sich Notizen. Hilfe finden die TN bei den Redemitteln in der Aufgabe und in der Rubrik „Von einem Gegenstand erzählen: Diesen … habe ich von … bekommen." (Kursbuch, S. 33).
		3. Die TN erzählen von ihren Sachen im Plenum oder, bei großen Kursen, in Kleingruppen.
		4. *fakultativ:* Die TN schreiben im Kurs oder als Hausaufgabe einen Text über „ihren" Gegenstand und erzählen seine Geschichte. *Binnendifferenzierung:* Ungeübtere TN orientieren sich bei ihrem Text an den Redemitteln im Redemittelkasten oder der Rubrik „Von einem Gegenstand erzählen: Diesen … habe ich von … bekommen." (Kursbuch, S. 33). Geübtere TN schreiben einen freien Text. Sammeln Sie die Texte ein und korrigieren Sie sie.
	KV L9/ Wiederholung	*fakultativ:* Wenn Sie noch Zeit haben, können Sie hier die Wiederholung zu Lektion 9 anschließen.
	KV L9/Test	Einen Test zu Lektion 9 finden Sie hier im LHB auf Seite 144. Weisen Sie die TN auf den Selbsttest im Arbeitsbuch auf Seite 121 hin.

AUDIO- UND VIDEOTRAINING

Seite/Aufgabe	Material	Aufbau
		Audiotraining 1: Beim Einkaufen!
	CD 4/31	Die TN hören eine Aussage „Guck mal, der Kerzenständer." und ein Adjektiv, z. B. „toll". Die TN sollen eine Antwort geben, indem sie das passende Adjektiv als Attribut benutzen: „Oh, das ist aber ein toller Kerzenständer." Nach den Sprechpausen hören die TN die korrekte Antwort.
		Audiotraining 2: Groß, größer, am größten!
	CD 4/32	Die TN hören eine komparative Aussage „Hamburg ist größer als München." und ein weiteres passendes Nomen, z. B. „Berlin". Die TN sollen damit eine Aussage im Superlativ machen: „Aber Berlin ist am größten." Nach den Sprechpausen hören die TN die korrekte Antwort.
		Audiotraining 3: Wofür gibt Tom Geld aus?
	CD 4/33	Der Sprecher gibt eine Aussage vor: „Tom gibt viel Geld für die Miete aus." Die TN sollen diese Aussage wiederholen. Am Ende werden den TN vier Fragen gestellt und sie antworten mit ihren Informationen.

		Videotraining: Wir haben Hunger.
	Film „Wir haben Hunger."	Die TN sehen in dem Film zunächst Lara und Tim, die zwei Bücher in Farbe, Größe und Dicke vergleichen. Im Anschluss daran werden den TN weitere Bücher und andere Gegenstände gezeigt, die sie mit einem vorgegebenen Adjektiv vergleichen müssen, zuerst als Attribut, dann in einem vergleichenden Satz. Die TN wiederholen und festigen attributive Adjektive im Akkusativ und die Vergleichspartikel „als" und „wie". *Hinweis:* Um diese Strukturen präsent zu halten, sollten die TN dieses Video öfter im Abstand von einem oder zwei Tagen zu Hause anschauen und damit üben.
		Tipp: Bringen Sie weitere Gegenstände mit in den Kurs und lassen Sie die TN vergleichen (z. B. verschieden große oder dicke Stifte, Radiergummis, Sonnenbrillen etc.). Man könnte vorher auch noch Adjektive sammeln, die zur Beschreibung bzw. zum Vergleich der Gegenstände gut passen, bei einer Sonnenbrille z. B. „dunkel" etc.

ZWISCHENDURCH MAL ...

Seite/Aufgabe	Material	Aufbau
34		**Landeskunde: Flohmarkt (passt z. B. zu B2)**
34/1		1. Die Bücher sind geschlossen. Klären Sie zunächst den Begriff „Flohmarkt".
		2. Die TN überlegen und notieren die Vorteile und Nachteile bei einem Kauf von gebrauchten Dingen auf dem Flohmarkt und im Internet. Geben Sie dazu eine Zeit, z. B. zehn Minuten, vor.
		3. Eine Gruppe stellt ihre Ergebnisse vor, die anderen ergänzen.
		4. Die TN lesen den Text im Buch und die Aufgabe. Sie markieren die richtigen Aussagen. Anschließend Kontrolle im Plenum. *Lösung:* richtig: a, b
34/2		Die TN recherchieren, wo der nächste Flohmarkt im Kursort stattfindet, und berichten im Plenum. Vielleicht haben einige TN Lust, dort hinzugehen.
34/3		1. Die TN lesen sich die Fragen durch und machen sich in Stillarbeit Notizen.
		2. In Kleingruppen zu dritt sprechen die TN anhand der Fragen über das Thema „Flohmarkt".
35		**Gedicht: Keine Asche in der Tasche? (passt z. B. zu A2)**
35/1		1. Die Bücher sind geschlossen. Fragen Sie die TN, ob sie andere Wörter für „Geld" kennen. Da die TN vermutlich schon länger in Deutschland leben, hat vielleicht der eine oder andere schon mal einen anderen Begriff dafür gehört. Halten Sie sie an der Tafel fest.
	CD 4/34	2. Die TN hören das Gedicht und lesen im Buch mit.
		3. Klären Sie im Plenum, was „Umgangssprache" ist.
		4. Die TN hören das Gedicht noch einmal und markieren die Wörter für „Geld" im Liedtext.
35/2		Die TN ordnen die Wörter den Fotos zu. Dazu können sie, wenn nötig, auch im Wörterbuch nachschlagen. Anschließend Kontrolle im Plenum. *Lösung:* A Asche, B Moos, D Kohle, E Mäuse, F Knete
35/3		Die TN erzählen mithilfe des Wörterbuchs, welche Wörter für „Geld" es in ihrer Sprache gibt, und vergleichen.

Wortfelder: Auf der Post; Kommunikation und Medien

Grammatik: Passiv Präsens: *Hier wird das reingeschrieben.*; Frageartikel: *Was für ein …?*; Adjektivdeklination: definiter Artikel: *den grünen Schal, dem grünen Schal, …*; Wortbildung: Nomen: *-ung: senden → Sendung;*

Wortbildung: Adjektive: *un-: interessant → uninteressant*

KOMMUNIKATION
Folge 10: Immer auf den letzten Drücker

Seite/Aufgabe	Material	Aufbau
36/1		**Vor dem ersten Hören: Vorwissen aktivieren und Vermutungen anstellen**
a	Plakate, Filzstifte	1. Die Bücher sind geschlossen. Die TN bilden Vierergruppen. Jede Gruppe erhält ein Plakat und einen Filzstift. Die TN notieren zum Thema „Post" alles, was ihnen einfällt. Bei Nomen sollte der Artikel dazugeschrieben werden. Geben Sie eine Zeit vor, z. B. fünf Minuten.
		2. Erstellen Sie anschließend ein gemeinsames Assoziogramm, zu dem alle Gruppen beitragen. Lassen Sie unbekannte Wörter zunächst von den TN erklären, die das Wort genannt haben. Stellen Sie sicher, dass alle TN die Wörter kennen, die genannt werden. *Hinweis:* Bewahren Sie das Assoziogramm auf (z. B. als Foto, Plakat oder Datei). Es wird für Schritt B noch einmal benötigt.
	KV L10/FHG	3. *fakultativ:* Wenn Sie mit Ihren TN das Wortfeld „Post" erweitern wollen, können Sie die Kopiervorlage nutzen. Geübtere TN ordnen die Wörter in Stillarbeit zu, ungeübtere TN arbeiten zu zweit. Machen Sie vorab deutlich, dass mehrere Kombinationen möglich sind. Wer fertig ist, schreibt Beispielsätze zu den einzelnen Ausdrücken. Bei Bedarf können die TN neue Wörter im Wörterbuch nachschlagen. Gehen Sie herum und helfen Sie bei Schwierigkeiten, insbesondere bei der korrekten Verwendung der Präpositionen, z. B. „sich am Schalter anstellen". Abschlusskontrolle im Plenum. Ermutigen Sie die TN, vollständige Sätze zu präsentieren, und notieren Sie diese an der Tafel mit, sodass der neue Wortschatz im Kontext gelernt wird.
	Folie/IWB	4. Die TN öffnen die Bücher und betrachten die Fotos. Geübtere TN lösen die Aufgabe in Stillarbeit, ungeübtere arbeiten zu zweit. Einige Begriffe sind wahrscheinlich in der vorangegangenen Wörtersammlung zum Thema „Post" schon gefallen. Abschlusskontrolle im Plenum: Die TN zeigen auf die jeweiligen Gegenstände.
b		5. Fragen Sie: „Was verschickt Tim?", „An wen?", „Warum?" Die TN lesen das Beispiel und stellen in Partnerarbeit oder im Plenum weitere Vermutungen an.
c	CD 4/35–42	6. Die TN hören die Foto-Hörgeschichte und vergleichen mit ihren Vermutungen.
	Paketscheine	7. *fakultativ:* Bringen Sie nach Möglichkeit für jeden TN einen Paketschein der Post mit in den Kurs und klären Sie gemeinsam mit den TN, wie dieser ausgefüllt werden muss. Gehen Sie bei der Gelegenheit auch auf den Unterschied zwischen einem Paket (versichert, Sendungsnummer, teurer etc.) und einem Päckchen ein.
37/2		**Beim zweiten Hören: Details der Geschichte verstehen**
		1. Die TN lesen die Aussagen und ordnen sie aus dem Gedächtnis den Fotos zu. Geübtere TN lösen die Aufgabe in Stillarbeit, ungeübtere TN arbeiten zu zweit.
	CD 4/35–42	2. Die TN hören die Foto-Hörgeschichte noch einmal, vergleichen mit ihren Lösungen, korrigieren und ergänzen ggf. Abschlusskontrolle im Plenum. *Lösung:* a 5, b 3, c 8, d 1, e 4, g 6, h 2
37/3		**Kursgespräch über den Titel der Foto-Hörgeschichte**
	CD 4/38	1. Spielen Sie noch einmal das Gespräch zu Foto 4 vor und fragen Sie: „Was bedeutet ‚Immer auf den letzten Drücker'?" Die TN kreuzen an. Abschlusskontrolle im Plenum. *Lösung:* etwas immer im letzten Moment machen
		2. *fakultativ:* Fragen Sie die TN, was sie „immer auf den letzten Drücker" machen. Einige TN erzählen im Kurs.

| | „Tims Film" Lektion 10 | In „Tims Film" präsentiert Tims Kollegin Sandra in einer Art Tutorial, wie man einen alkoholfreien Cocktail herstellt. Fragen Sie die TN vor dem Sehen: „Was präsentiert Sandra?", „Was braucht man dazu?" und „Wie macht man das?" Schreiben Sie die Fragen an die Tafel. Die TN sehen sich den Film „So wird das gemacht." an und machen Notizen. Zeigen Sie ihn bei Bedarf mehrmals. Abschlusskontrolle im Plenum. Sie können den Film z. B. im Anschluss an Lernschritt A3 einsetzen, um die Verwendung des Passiv Präsens bei Rezepten einzuführen. Die TN erhalten dazu im Anschluss an die Hörübung die Transkription des Videos und formulieren das Rezept vom Aktiv ins Passiv um. |

SCHRITT A: HIER WIRD DAS REINGESCHRIEBEN.

Passiv Präsens

Lernziel: Die TN können unpersönliche Sachverhalte verstehen.

Seite/Aufgabe	Material	Aufbau
38/A1		**Präsentation des Passiv Präsens**
	CD 4/43	1. Fragen Sie: „Was sagt die Postbeamtin?" Die TN hören das Audio, wenn nötig mehrfach, und ordnen zu. Geübtere TN lösen die Aufgabe in Stillarbeit, ungeübtere arbeiten zu zweit. Abschlusskontrolle im Plenum. *Lösung:* wird ... reingeschrieben, wird ... gesprochen
		2. Schreiben Sie den Satz „Hier wird das reingeschrieben." an die Tafel. Fragen Sie die TN, wer etwas in das Formular reinschreibt. Die TN werden feststellen, dass das nicht aus dem Satz hervorgeht. Das heißt, es passiert etwas, aber man kann nicht sagen, wer aktiv ist. Notieren Sie auch das zweite Beispiel an der Tafel und ergänzen Sie das Tafelbild wie folgt: Hier [wird] [das] [reingeschrieben]. In Kanada [wird] doch Englisch und Französisch [gesprochen], oder? Erklären Sie den TN, dass man diese Form benutzt, wenn man den Ausführenden/Akteur der Handlung nicht kennt oder nicht nennen will: Man weiß nur, was getan wird, nicht aber, wer es tut. Das Subjekt, hier im Beispiel „das" bzw. „Englisch und Französisch", bestimmt die Verb-Endung. Weisen Sie dann auf den Grammatik-Kasten hin und erklären Sie, dass das Subjekt im Passivsatz dem Objekt im Aktivsatz entspricht. Gehen Sie auf die Bildung des Passivs aus der konjugierten Form von „werden" und dem Partizip II ein, das die TN bereits vom Perfekt (*Schritt für Schritt in Alltag und Beruf 1* / Lektion 7) kennen. Verweisen Sie an dieser Stelle auch auf die Grammatikübersicht 1 (Kursbuch, S. 44) und fordern Sie die TN auf, die kleine Schreibübung als Hausaufgabe zu lösen. *Musterlösung:* Wann wird endlich der Fernseher geliefert?, Wann wird endlich die Rechnung geschickt?, Und wann wird endlich die Kamera repariert? *Hinweis:* Das Passiv soll von den TN vor allem rezeptiv beherrscht werden. Daher wird an dieser Stelle kein vollständiges Konjugationsschema präsentiert. In *Schritt für Schritt zum DTZ* wird es weiter vertieft.
		3. *fakultativ:* Um mit den TN die neue Form zu üben, fragen Sie die TN: „Was wird alles im Deutschkurs gemacht?" Die TN antworten: „Es wird gelesen." etc. Schreiben Sie, wenn nötig, einige Beispiele an die Tafel. Hilfe finden die TN auf der Innenseite des Umschlags hinten im Buch.
38/A2		**Anwendungsaufgabe zum Passiv: Konjugation von *werden***
	Folie/IWB	1. Die Bücher sind geschlossen. Zeigen Sie die Fotos auf Folie / dem IWB. Fragen Sie die TN, was mit Tims Paket passiert. Die TN antworten frei im Passiv.

		2. Die TN öffnen die Bücher. Deuten Sie auf Foto A und die Lücke im Satz. Ein TN liest die richtige Form von „werden" vor.
	Folie/IWB	3. Die TN ergänzen „werden" in der richtigen Form in den Sätzen B–D. Abschlusskontrolle im Plenum *Lösung:* B werden; C wird; D wird
		4. Erklären Sie den TN, dass das Objekt des Aktiv-Satzes im Passiv-Satz zum Subjekt wird und die Verbendung bestimmt, also „wird" bei Nomen im Singular und „werden" bei Nomen im Plural. Verdeutlichen Sie es an der Tafel: Das G̲e̲s̲c̲h̲e̲n̲k̲ wird zur Post gebracht. Die G̲e̲s̲c̲h̲e̲n̲k̲e̲ werden zur Post gebracht. *Hinweis:* Die TN können hier mit dem Audiotraining 3 die neue Form weiter üben. Im Kurs können Sie es als Chorübung nutzen.
	AB 1	Die TN machen die Übung in Einzelarbeit im Kurs oder als Hausaufgabe.
38/A3		**Anwendungsaufgabe zum Passiv**
	ggf. Weltkarte, Banane	1. Die Bücher sind geschlossen. Bringen Sie nach Möglichkeit eine Banane mit in den Kurs und fragen Sie: „Wo wachsen Bananen?" und „Wie lange sind sie vom Baum bis in den Supermarkt in Deutschland unterwegs?" Die TN stellen Vermutungen an. Zeigen Sie ggf. einige Anbauländer auf einer Weltkarte.
		2. Ein geübterer TN liest den Anfang vor und ergänzt das Passiv Präsens von „laden". Notieren Sie die richtige Form an der Tafel.
		3. Die TN lesen den Text und ergänzen das Passiv in Stillarbeit. Ungeübtere TN arbeiten zu zweit. *Hinweis:* Geben Sie den TN ggf. die Partizipien an der Tafel vor.
		4. Die TN vergleichen mit ihrer Partnerin / ihrem Partner / einem anderen Paar. Abschlusskontrolle im Plenum. *Lösung:* A werden ... geladen; B werden ... transportiert, werden ... gelagert; C werden ... gebracht ... verkauft *Hinweis:* An dieser Stelle können Sie Tims Film „So wird das gemacht." einsetzen, um die Verwendung des Passivs in Rezepten zu üben.
	AB 2–4	Die TN machen die Übungen in Einzelarbeit im Kurs oder als Hausaufgabe.
	AB 5–6, AB-CD 2/12–13	*Phonetik:* im Kurs: Mit diesen Übungen können Sie den phonetischen Unterschied zwischen „weichen" Plosiven „b", „d", „g" und „harten" Plosiven „p", „t", „k" verdeutlichen, der im Deutschen stärker ausfällt als in manchen anderen Sprachen. Denn „p", „t", „k" werden am Wort- und Silbenanfang aspiriert (= behaucht). Man hört ein „h". Zeigen Sie das mit einem Blatt Papier, indem Sie dieses ein Stück weit von Ihrem Mund entfernt halten: Bei korrekter Aussprache mit Aspiration sollte sich das Blatt bewegen. Die TN üben den Unterschied mit den Wörtern in Übung 5. Zeigen Sie anhand von Übung 6 das Phänomen der Auslautverhärtung: Stehen am Wort- oder Silbenende „b", „d", g" werden sie hart ausgesprochen, also eher wie „p", „t", „k" (allerdings unbehaucht). Da der Unterschied von ungeschulten Ohren nicht ohne Weiteres zu hören ist, sollten Sie nicht allzu intensiv darauf eingehen. Es genügt, wenn die TN sich das Phänomen einmal bewusst gemacht haben und ihnen der Unterschied zwischen Aussprache und Orthografie klar wird.
38/A4		**Anwendungsaufgabe: Sätze umformen**
		1. Schreiben Sie den Satz „Man bringt den Brief zur Post." an die Tafel. Fragen Sie die TN, wie der Satz im Passiv heißen muss. Notieren Sie ihn ebenfalls an der Tafel. Machen Sie ggf. noch weitere Beispielsätze, bis die TN das Prinzip verstanden haben. Wischen Sie dann die Passivsätze aus.
	KV L10/A4 im Lehrwerkservice	2. In Partnerarbeit schreiben die TN je drei Sätze mit „man". Gehen Sie herum und helfen Sie bei Schwierigkeiten. *fakultativ:* Damit die TN unterschiedliche Themenbereiche abdecken und möglichst viele unterschiedliche Beispiele benutzen, können Sie auf die Kopiervorlage aus dem Lehrwerkservice unter www.hueber.de/schritt-fuer-schritt zurückgreifen.

		3. Die TN tauschen die Sätze mit einem anderen Paar und schreiben sie um. Gehen Sie herum und helfen Sie bei Schwierigkeiten.
		4. Das „ursprüngliche" Paar korrigiert die Sätze.
		5. Abschlusskontrolle im Plenum, indem einige TN ihre Sätze vorlesen.
	KV L10/A4	6. *fakultativ:* Wenn Sie mit Ihren TN das Passiv weiter üben wollen, können Sie die Kopiervorlage einsetzen. Kopieren Sie das Kartenset so oft, dass jeder TN eine Karte erhält. Die TN suchen sich eine Partnerin / einen Partner und zeigen sich gegenseitig ihre Bilder. TN A fragt TN B: „Was passiert hier?" TN B formuliert, was an diesem Ort gemacht wird, z. B. „die Schule" – „Hier wird gelernt." Geübtere TN können auch mehrere Aktivitäten nennen und Sätze mit Präpositionen bilden: „In der Schule wird gelernt." Haben beide Partner passende Aktivitäten zu ihrem Ort genannt, tauschen sie die Karten und wechseln die Partner. *Hinweis:* Bei Bedarf sollten Sie mit Ihren TN vorher die Verwendung der lokalen Präposition „in" (*Schritt für Schritt in Alltag und Beruf 2 / Lektion 11*) noch einmal wiederholen.

SCHRITT B: WAS FÜR EIN FORMULAR ...?

Frageartikel *Was für ein ...?*; Wortbildung: Nomen auf -*ung*

Lernziel: Die TN können Informationen auf der Post verstehen und dort um Informationen bitten.

Seite/Aufgabe	Material	Aufbau
39/B1		**Präsentation des Frageartikels *Was für ein ...?***
	Assoziogramm aus der FHG	1. Die Bücher sind geschlossen. Zeigen Sie, wenn möglich, das Assoziogramm zum Thema „Post" aus der Foto-Hörgeschichte noch einmal, das den TN hier als Anregung dient. In Kleingruppen schreiben die TN Fragen, die man auf der Post stellen könnte. Machen Sie, wenn nötig, einige Beispiele an der Tafel, z. B. „Wie viel kostet ein Brief?", „Wohin muss ich die Adresse schreiben?" etc.
		2. Machen Sie eine kurze Abschlussrunde im Plenum.
	Folie/IWB	3. Die TN öffnen die Bücher und lesen das Beispiel, markieren den Frageartikel in den übrigen Sätzen und ergänzen die Tabelle. Abschlusskontrolle im Plenum. *Lösung:* einen, eine, –
		4. Erklären Sie den TN, dass man „Was für ein/einen/eine ...?" benutzt, wenn man aus mehreren Möglichkeiten wählen kann und wissen möchte, wie die Sache beschaffen sein soll. „Was für ein" fragt also nach genaueren Angaben zu Art, Farbe oder Material. Geht es z. B. um die Art der Verpackung, kann man zwischen Karton, Papier, Plastik oder einer Dose wählen: „Was für eine Verpackung soll ich nehmen?" Schreiben Sie dann Folgendes an die Tafel: Was für ein Aufkleber ist das? – (Das ist) ein Adressaufkleber. → sein + ein (maskulin/Nominativ) Was für einen Aufkleber brauche ich? – (Sie brauchen) einen Adressaufkleber. → brauchen + einen (maskulin/Akkusativ) Zeigen Sie anhand der beiden Beispiele, dass das Verb den Satz regiert, d. h. abhängig vom Verb lautet die Frage „Was für ein ...?" oder „Was für einen ...?" bei maskulinen Nomen. Verweisen Sie auch auf den Grammatik-Kasten und die Grammatikübersicht 2 (Kursbuch, S. 44). *Hinweis:* Hier können die TN auch mit dem Audiotraining 1 zu Hause arbeiten.

	ggf. kleine Zettel	5. *fakultativ:* Um die neue Form einzuüben, fragen Sie einen TN: „Was für einen Kugelschreiber haben Sie?" Der TN antwortet: „Ich habe einen roten Kugelschreiber." Ermuntern Sie die TN, sich gegenseitig Fragen zu Gegenständen aus dem Kursraum zu stellen. Um einen zügigen Ablauf zu gewährleisten, können Sie auch auf kleinen Zetteln Gegenstände vorgeben.
39/B2		**Anwendungsaufgabe zum Frageartikel *Was für ein …?***
a	Folie/IWB, Assoziogramm aus B1	1. Zeigen Sie auf das Bild und bitten Sie die TN zu beschreiben, was sie sehen. Achten Sie dabei darauf, dass die TN nicht nur Nomen nennen, sondern ermutigen Sie sie auch, die Aktivitäten zu beschreiben. Notieren Sie neuen Wortschatz an der Tafel mit bzw. ergänzen Sie das Assoziogramm zum Thema „Post" weiter.
	CD 4/44–47	2. Die TN hören die Gespräche und ordnen sie den Personen auf dem Bild zu. Geübtere TN lösen die Aufgabe in Stillarbeit. Ungeübtere TN arbeiten zu zweit. Abschlusskontrolle im Plenum. *Lösung:* (von links nach rechts) 3, 4, 2
b	CD 4/44–47	3. Die TN lesen im Buch noch einmal und ergänzen die Lücken. Dann hören sie die Gespräche noch einmal und kontrollieren. Abschlusskontrolle im Plenum. *Lösung:* 2 Was für eine …; 3 Was für …: 4 Was für eine …
		4. Gehen Sie auf neuen Wortschatz, wie „das Einschreiben", „die Zollinhaltserklärung" etc., ein und verweisen Sie auf die Redemittel „Gespräche auf der Post: Ich möchte ein Päckchen abholen." (Kursbuch, S. 45). Die zugehörige Schreibaufgabe lösen die TN als Hausaufgabe. Sammeln Sie die Gespräche zur Korrektur ein. *Musterlösung:* … Briefmarken. / + Was für Briefmarken möchten Sie – Sonderbriefmarken oder normale Briefmarken? / * Sonderbriefmarken, bitte. Mein Enkel sammelt doch Briefmarken.
	Folie/IWB	5. Fragen Sie dann die TN nach Wörtern mit der Endung „-ung" und unterstreichen Sie „Benachrichtigung" sowie „Sendung" und „Erklärung". Fragen Sie die TN, von welchen Verben die beiden Nomen abgeleitet sein könnten, und verweisen Sie dann auf den Grammatik-Kasten unten sowie auf die Grammatikübersicht 4 (Kursbuch, S. 44). Sammeln Sie mit den TN weitere Beispiele, wie „wohnen → die Wohnung" oder „sich bewerben → die Bewerbung", die die TN bereits kennen.
	KV L10/B2, Internetzugang	6. *fakultativ:* Kopieren Sie die Kopiervorlage und zerschneiden Sie sie. Jeder TN erhält eine Frage und soll diese mithilfe der Homepage der Deutschen Post beantworten und die Antwort auf der Rückseite notieren. Ungeübtere TN arbeiten mit ihrer Partnerin / ihrem Partner. Wer früher fertig ist, macht auf einem Extrazettel eine Liste, was er seiner Familie oder Freunden gern schicken würde, und begründet dies kurz. Sammeln Sie die Zettel später zur Korrektur ein. Wenn alle die Antwort auf ihre Frage gefunden und notiert haben, verteilen sich die TN im Raum. Jeder sucht sich einen Partner. TN A hält die Frage so vor sich hin, dass TN B die Frage ablesen kann. TN A antwortet mithilfe seiner Notiz auf der Rückseite. Dann tauschen die Partner die Rollen. Wenn beide Fragen geklärt sind, tauschen die TN die Karten und wechseln zum nächsten freien Partner. *Hinweis:* Wenn nicht alle TN über ein Smartphone mit Internetzugang verfügen, können Sie die Recherche auch als Hausaufgabe aufgeben. Geben Sie bei der Recherche auf der Homepage so wenig Hilfen wie möglich, um die Situation authentisch zu gestalten. Die TN sollen lernen, sich die Informationen herauszusuchen, die sie benötigen. Das ist auch eine gute Gelegenheit, Ängste vor Webseiten auf Deutsch abzubauen.
		Tipp: Zeigen Sie anhand des Assoziogramms zum Thema „Post", wie die TN Wortschatz in Wortfeldern und somit im Kontext lernen und diese sukzessive immer weiter erweitern können. Verweisen Sie an dieser Stelle auch auf den Lernwortschatz S. 182, wo das Wortfeld „Kommunikation" zusätzlich durch Bilder visualisiert wird.
	AB 7–11	Die TN machen die Übungen in Einzelarbeit im Kurs oder als Hausaufgabe.

	AB 12, Folie/IWB	im Kurs: Die TN bearbeiten zunächst nur a in Stillarbeit, ungeübtere TN arbeiten zu zweit. Dann vergleichen die TN mit ihrer Partnerin / ihrem Partner / einem anderen Paar und machen eine kleine Liste, welche Wörter bzw. wann man großschreibt. Besprechen Sie dann mit den TN diese Listen im Plenum. Korrigieren Sie dann die beiden E-Mails mit den TN im Plenum auf Folie / dem IWB. Erst dann schreiben die TN die beiden E-Mails noch einmal. Gehen Sie herum und helfen Sie bei Schwierigkeiten.
	AB 13, AB-CD 2/14	*Phonetik:* **im Kurs:** *In den Übungen 5–6 haben die TN bereits den Unterschied zwischen den weichen und harten Plosiven kennengelernt und geübt. Hier können die TN sehen, dass auch durch die Assimilation von zwei Wörtern ein weicher Laut hart werden kann.*

SCHRITT C: DIE 20 VERSCHIEDENEN BIERDECKEL HIER …

Adjektivdeklination nach definitem Artikel; Wortbildung: Adjektive mit *-un*

Lernziel: Die TN können Interviews zum Thema „Sammeln" verstehen und Gegenstände beschreiben.

Seite/Aufgabe	Material	Aufbau
40/C1		**Präsentation der Adjektivdeklination nach definitem Artikel**
	Folie/IWB	1. Deuten Sie auf die Fotos und fragen Sie: „Was hat Ben zum Geburtstag bekommen?" Notieren Sie die Gegenstände mit dem bestimmten Artikel an der Tafel.
	Folie/IWB	2. Fragen Sie weiter: „Von wem hat Ben was bekommen?" Die TN lesen den Text, markieren wie im Beispiel und ergänzen die Tabelle. Geübtere TN lösen die Aufgabe in Stillarbeit, ungeübtere TN arbeiten zu zweit. Abschlusskontrolle im Plenum. *Lösung:* grüne, tolle, großen
	Folie/IWB	3. Sehen Sie sich mit den TN zusammen die Tabelle an und fragen Sie sie, welche Adjektivendungen es nach dem bestimmten Artikel gibt. Fordern Sie sie dann auf, eine Regel zu formulieren, wann die Endung „-e" und wann „-en" lautet. Es sollte klar werden, dass die Endung im Plural und im Dativ immer „-en" ist, im Nominativ und Akkusativ dagegen beide Endungen vorkommen. Zur Veranschaulichung können Sie die Wörter mit der Endung „-e" markieren. In allen anderen Fällen lautet die Endung „-en". Verweisen Sie auch auf die Grammatikübersicht 3 (Kursbuch, S. 44). Die zwei kleinen Übungen können die TN im Kurs oder als Hausaufgabe machen. *Musterlösung:* (von oben nach unten) Akk.: -en, -e, -e, -en; Dat.: -en, -en, -en, -en Das bunte Poster gefällt mir. Ich kaufe das bunte Poster. Was machst du mit dem bunten Poster? Die rote Lampe ist schön. Ich bestelle die rote Lampe. Passt der grüne Sessel zu der roten Lampe? Der braune Teppich ist nicht so toll. Ich mag den braunen Teppich nicht. Was machen wir mit dem braunen Teppich? Die schwarzen Schuhe sind sehr bequem. Ich möchte die schwarzen Schuhe kaufen. Mein neuer Rock passt sehr gut zu den schwarzen Schuhen.
	Gegenstände	4. *fakultativ:* Jeder TN nimmt sich drei von seinen Gegenständen, die er heute zum Kurs dabei hat, z. B. das Handy, die Uhr, der Kugelschreiber etc. Idealerweise haben die Gegenstände unterschiedliche Artikel. Die TN setzen sich in Kleingruppen zusammen und legen ihre Gegenstände in die Tischmitte. Die/Der erste TN nimmt sich einen seiner Gegenstände bildet einen Satz: „Der blaue Kugelschreiber gehört mir." Dann nimmt sich die/der nächste TN seinen Gegenstand usw., bis alle ihre Gegenstände zurück haben. Gehen Sie herum und achten Sie auf den Gebrauch der korrekten Endungen.
	AB 14–19	Die TN machen die Übungen in Einzelarbeit im Kurs oder als Hausaufgabe.
40/C2		**Anwendungsaufgabe zur Adjektivdeklination nach definitem Artikel**
a	Folie/IWB	1. Zeigen Sie die Fotos auf Folie / dem IWB. Fragen Sie die TN, ob sie jemanden kennen, der etwas von den Dingen sammelt. Die TN berichten kurz darüber.

	CD 4/48–50	2. Fragen Sie: „Wer sammelt was?" Die TN hören die Interviews und kreuzen an. Sagen Sie den TN, dass nicht alle Fotos passen. Abschlusskontrolle im Plenum. *Lösung:* 2 Eisenbahnen, 3 Dosen
b	CD 4/48–50	3. Die TN lesen die Aussagen und kreuzen ggf. bereits aus der Erinnerung an. Sie hören die Interviews noch einmal und vergleichen bzw. kreuzen an. Geübtere TN lösen die Aufgabe in Stillarbeit, ungeübtere TN arbeiten zu zweit. *Binnendifferenzierung:* Geübtere oder schnellere TN korrigieren zusätzlich die falschen Aussagen. Abschlusskontrolle im Plenum. *Lösung:* richtig: 1 Die griechische Münze findet sie am schönsten. 2 Die grüne Bahn ist aus der Schweiz. 3 Die Frau kauft und verkauft Dosen.
c	Ball	4. Deuten Sie auf die Gegenstände in a und fragen Sie verschiedene TN: „Was sammeln Sie?" Die TN lesen die Beispiele vor und formulieren dann freie Antworten. Selbstverständlich können sie auch andere Gegenstände nennen, die sie sammeln. *Hinweis:* Damit die TN sich gegenseitig Fragen stellen, nutzen Sie einen Ball. Wer den Ball hat, spricht einen anderen TN mit Namen an und fragt: „(Nihal), was sammelst du?" etc.
		5. Wenn alle dran waren, gehen Sie anhand der letzten Sprechblase kurz auf die Wortbildung mit „un-" ein. Es sollte klar werden, dass durch das Präfix „un-" Gegensätze ausgedrückt werden können. Dies gilt jedoch nicht für Gegensatzpaare wie groß – klein, hell – dunkel etc. Verweisen Sie abschließend auf die Grammatikübersicht 4 (Kursbuch, S. 44). Sammeln Sie dann zusammen mit den TN weitere Beispiele für Adjektive oder Adjektivpaare mit „un-", die die TN bereits kennen.
	KV L10/C2	6. *fakultativ:* Wenn Sie diese neuen Adjektive weiter üben und festigen wollen, können Sie dazu die Kopiervorlage nutzen. *Hinweis:* An dieser Stelle bietet sich die Arbeit mit dem Lied „Weg mit dem ‚un-'!" aus „Zwischendurch mal ..." (Kursbuch, S. 46) an. Darin kommen viele Adjektive mit „un-" vor.
	AB 20	Die TN machen die Übung in Einzelarbeit im Kurs oder als Hausaufgabe.
41/C3		**Aktivität im Kurs und Anwendungsaufgabe: Wettspiel**
	blaue und grüne Karten	Die TN arbeiten mit ihrer Partnerin / ihrem Partner. Jedes Paar erhält fünf blaue und fünf grüne Karten. Die TN lesen die Aufgabenstellung und das Beispiel im Buch. Sie beschriften ihre Karten und legen sie dann offen auf den Tisch. Sie ziehen jeweils zwei zusammenpassende Karten und notieren einen Satz, wie im Beispiel angegeben. Die benutzten Karten gehen zurück in den Kartenpool und können für weitere Kombinationen benutzt werden. Nach fünf Minuten legen alle die Stifte weg und präsentieren ihre Sätze im Plenum. Wer die meisten richtigen Sätze notiert hat, gewinnt. *Hinweis:* Die Paare können dann ihre Karten mit einem anderen Paar tauschen und eine weitere Runde wird gespielt.
41/C4		**Anwendungsaufgabe: Gegenstände beschreiben**
		1. Fragen Sie einen TN: „Welche Dose gefällt Ihnen?" Der TN liest das Beispiel vor und fragt seinen Nachbar nach dem gleichen Muster. Stellen Sie sicher, dass der Wortschatz für alle klar ist.
		2. Die TN befragen ihre Partnerin / ihren Partner. Paare, die schneller fertig sind, können auch nach Gegenständen im Raum fragen. Gehen Sie herum und achten Sie darauf, dass die Adjektivendungen richtig gebildet werden. Korrigieren Sie ggf.
	AB 21–22	Die TN machen die Übungen in Einzelarbeit im Kurs oder als Hausaufgabe.

SCHRITT D: KONTAKT UND KOMMUNIKATION

Lernziel: Die TN können ein Quiz zu Gewohnheiten verstehen und eine Kursstatistik erstellen.

Seite/Aufgabe	Material	Aufbau
42/D1		**Leseverstehen: Quizfragen verstehen**
a	Plakate, Filzstifte	1. Die Bücher sind geschlossen. Die TN arbeiten in Kleingruppen zu viert. Fragen Sie: „Wie kann man heutzutage mit Familie und Freunden in Kontakt bleiben?" Jede Gruppe erhält ein Plakat und einen Filzstift und notiert Nomen mit bestimmtem Artikel und Verben zum Thema. Geben Sie eine bestimmte Zeit vor.
		Variante: Gestalten Sie die Aufgabe als Staffellauf, um Bewegung in den Kurs zu bringen. Teilen Sie den Kurs in zwei Gruppen, die sich jeweils hintereinander vor der Tafel aufstellen. Der vorderste TN jeder Gruppe läuft auf Ihr Zeichen zur Tafel und notiert ein Wort, läuft wieder zurück und übergibt die Kreide oder den Stift an den nächsten TN der Gruppe. Dieser läuft nach vorn, notiert ein Wort etc. Die Gruppe denkt sich in der Zwischenzeit ein neues Wort aus. Es geht darum, in der vorgegebenen Zeit möglichst viele Wörter (mit dem richtigen Artikel) zu notieren.
	Plakate	2. Gehen Sie die Wörter der Gruppen gemeinsam durch und lassen Sie neue Wörter von der jeweiligen Gruppe erklären. Für jedes richtige Wort gibt es einen Punkt. Ist der Artikel falsch oder fehlt er, gibt es nur einen halben Punkt. Die Gruppe mit den meisten Punkten hat gewonnen.
	Plakate	3. Die TN setzen sich wieder und notieren die Wörter von der Tafel / den Plakaten.
	Folie/IWB	4. Die TN schlagen die Bücher auf. Fragen Sie: „Wie kommunizieren die meisten Menschen in Deutschland heutzutage? Was meinen Sie?" Die TN lesen die Quizfragen und kreuzen an, was sie für wahrscheinlich halten. Geübtere TN lösen die Aufgabe in Stillarbeit, ungeübtere TN arbeiten zu zweit. Abschlusskontrolle im Plenum. Wer hatte die meisten Antworten richtig? *Lösung:* 1A, 2A, 3B, 4B, 5B, 6A *Variante:* Wenn Ihre TN gern wetteifern, können sie das Quiz auf Zeit spielen.
b		5. Sprechen Sie mit den TN darüber, was sie überrascht hat bzw. was sie so erwartet haben. Weisen Sie die TN auf die Redemittel im Buch hin. Verweisen Sie auch auf die Redemittel „Erstaunen ausdrücken: Das überrascht mich." (Kursbuch, S. 45).
	AB 23–24	Die TN machen die Übungen in Einzelarbeit im Kurs oder als Hausaufgabe.
42/D2		**Aktivität im Kurs: Eine Kursstatistik erstellen**
	KV L10/D2 im Lehrwerkservice	1. Fragen Sie: „Wie und wie oft kommunizieren Sie täglich per Telefon, Internet, sozialen Netzwerken etc.?" Die TN erstellen eine Tabelle wie im Buch und befragen sich in Kleingruppen gegenseitig nach ihren Kommunikationsgewohnheiten. *fakultativ:* Zur Unterstützung der Aktivität können Sie auch auf die Kopiervorlage im Lehrwerkservice unter www.hueber.de/schritt-fuer-schritt zurückgreifen.
		2. *fakultativ:* Die Gruppen errechnen die Gesamtzahl ihrer SMS, E-Mails etc. und vergleichen mit den anderen Gruppen.
		3. Fassen Sie die Ergebnisse aller Gruppen in einer Kursstatistik zusammen.
		4. Ermuntern Sie die TN zu einem Abschlussgespräch über das eigene Kommunikationsverhalten und das im gesamten Kurs. Wie bewerten die TN das? *Hinweis:* An dieser Stelle bietet sich die Arbeit mit dem Hörtext „Macht uns das Handy blöd?" aus der Rubrik „Zwischendurch mal …" (Kursbuch, S. 47) an.
	AB 25, AB-CD 2/15–16, ggf. Folie/IWB	*Prüfung:* im Kurs: Diese Übung bereitet auf *Hören, Teil 3* der Prüfung *Deutsch-Test für Zuwanderer* vor. Weisen Sie die TN auch auf den Lerntipp hin, verteilen Sie dazu ggf. den Text der Höraufgabe als Kopie oder zeigen ihn auf Folie / dem IWB und verdeutlichen den TN daran den Lerntipp.

SCHRITT E: SPRACHNACHRICHTEN

Lernziel: Die TN können Sprachnachrichten verstehen und sprechen

Seite/Aufgabe	Material	Aufbau
43/E1		**Hörverstehen: Sprachnachrichten auf der Mailbox verstehen**
a		1. Fragen Sie die TN, ob sie an ihrem Handy/Smartphone die Sprachbox nutzen. Fragen Sie weiter, ob die TN schon einmal auf eine Sprachbox gesprochen haben, wenn ja, bei welcher Gelegenheit und in welcher Sprache.
	CD 4/51–54	2. Die TN lesen die Aufgabenstellung im Buch. Stellen Sie sicher, dass alle die Begriffe „Absage" und „Verspätung" verstehen. Die TN hören die Sprachnachrichten und kreuzen an. Abschlusskontrolle im Plenum. *Lösung:* (von links nach rechts) 4, 2, 3
b	CD 4/51–54	3. Deuten Sie auf die Texte und fragen Sie: „Welche Mitteilung passt zu welcher Sprachnachricht?" Die TN lesen die Mitteilungen und ordnen zu. Geübtere TN lösen die Aufgabe in Stillarbeit, ungeübtere TN arbeiten zu zweit. Die TN hören die Sprachnachrichten aus a, wenn nötig mehrfach. Abschlusskontrolle im Plenum. *Lösung:* B 1, C 3, D 4
	AB 26	Die TN machen die Übung in Einzelarbeit im Kurs oder als Hausaufgabe.
43/E2		**Aktivität im Kurs: Eine Entschuldigung auf die Mailbox sprechen**
	Folie/IWB	1. Die TN sehen sich die Redemittel an. Dann hören sie die Gespräche aus E1 a noch einmal und markieren, welche sie in den Gesprächen hören, indem sie über das entsprechende Redemittel die Nummer des Gesprächs schreiben. Ungeübtere TN markieren nur, welche sie hören. Verweisen Sie auch auf die Redemittel „Sich (am Telefon) entschuldigen: Es tut mir sehr leid, dass ..." und „Dank und gute Wünsche: Vielen Dank für die Information." (Kursbuch, S. 45). Die kleine Schreibaufgabe lösen die TN als Hausaufgabe. *Musterlösung:* 2 Ich hatte noch einen Friseurtermin. Ich hoffe, du bist nicht sauer. 3 Ich konnte nicht früher kommen, weil ich meinen Schmuck noch gesucht habe. Bitte entschuldige. 4 Entschuldigen Sie, dass ich zu spät komme. *Hinweis:* Um die TN die neuen Redemittel zunächst einüben zu lassen, kann das Audiotraining 2 und/oder das Videotraining zur Vorbereitung der nächsten Aufgabe eingesetzt werden.
		2. Die TN lesen die drei Situationen und wählen mit ihrer Partnerin / ihrem Partner zwei davon aus. Jeder formuliert eine Entschuldigung zu einer der Situationen und nimmt diese, wenn möglich, mit dem Handy/Smartphone auf. Geübtere Paare erfinden weitere Situationen und formulieren Entschuldigungen, ungeübtere Paare beschränken sich auf eine Nachricht pro TN. Zum Abschluss präsentieren einige TN ihre Handy-/Smartphoneaufnahmen im Plenum. *Variante:* Wenn Sie die Situation möglichst authentisch gestalten wollen, können sich die Partner auch gegenseitig anrufen und ihre Entschuldigung auf die Mailbox sprechen bzw. mit einer kurzen Nachricht wie in Aufgabe E1 b antworten. *Hinweis:* An dieser Stelle bietet sich die Arbeit mit dem Comic „Der kleine Mann: Die Notlüge" und dem Hörtext „Macht uns das Handy blöd?" aus „Zwischendurch mal ..." (Kursbuch, S. 47) an.
	AB 27–28, AB-CD 2/17–18	Die TN machen die Übungen in Einzelarbeit im Kurs oder als Hausaufgabe. Die Gespräche in Übung 27 b hören die TN im Kurs zur Kontrolle.
	KV L10/ Wiederholung	*fakultativ:* Wenn Sie noch Zeit haben, können Sie hier die Wiederholung zu Lektion 10 anschließen.
	KV L10/Test	Einen Test zu Lektion 10 finden Sie hier im LHB auf Seite 145. Weisen Sie die TN auf den Selbsttest im Arbeitsbuch auf Seite 133 hin.

AUDIO- UND VIDEOTRAINING

Seite/Aufgabe	Material	Aufbau
		Audiotraining 1: Was für Münzen?
	CD 4/55	Die TN hören eine Aussage, z. B. „Ich (sammle Münzen).", und fragen mit „Aha, was für (Münzen sammelst) du denn?" nach. Nach der Sprechpause hören die TN die korrekte Antwort.
		Audiotraining 2: Eine Nachricht auf der Mailbox!
	CD 4/56	Die TN hören eine Aussage, z. B. „Guten Morgen. Hier ist Frank Sommerfeld.", und sollen diese dann wiederholen. Dabei kommt es vor allem auf die Satzmelodie an. Nach der Sprechpause hören die TN die Aussage noch einmal.
		Audiotraining 3: Wann denn endlich?
	CD 4/57	Die TN hören eine Frage im Aktiv, z. B. „Wann liefern Sie endlich unseren Fernseher?" und sollen diese ins Passiv umformulieren: „Wann wird endlich unser Fernseher geliefert?" Nach der Sprechpause hören die TN die korrekte Frage im Passiv.
		Videotraining: Entschuldigung!
	Film „Entschuldigung!"	Die TN sehen zuerst zwei Szenen, in denen sich Lara und Tim für ihre Verspätung bzw. die Absage eines Zahnarzttermins entschuldigen. Anschließend werden verschiedene Redemittel zur Entschuldigung und Begründung der Verspätung, Absage etc. schriftlich eingeblendet. Abschließend werden diese Redemittel noch einmal im Kontext präsentiert.

ZWISCHENDURCH MAL ...

Seite/Aufgabe	Material	Aufbau
46		**Lied: Weg mit dem „un-"! (passt z. B. zu C2)**
		1. Die TN lesen den Liedtext, markieren alle Wörter mit „un-" in Stillarbeit und versuchen, zusammen mit ihrer Partnerin / ihrem Partner die Bedeutung der Adjektive aus dem Kontext zu erschließen. Wer schneller fertig ist, notiert die Gegensatzpaare, also z. B. „unglücklich – glücklich", „unzufrieden – zufrieden" etc. und ergänzt weitere Beispiele.
		2. Sammeln Sie an der Tafel alle Adjektive mit „un-", die im Lied vorkommen, und lassen Sie die von den schnelleren TN gefundenen Gegensätze ergänzen bzw. ergänzen Sie diese mit den TN gemeinsam. *Lösung:* im Liedtext: unverstanden, unglücklich, unzufrieden, unselbstständig, unsicher, unentschieden, unbequem, unfreundlich, ungemütlich, unsauber, unaufgeräumt, unappetitlich, unvorsichtig, unhöflich, unerzogen, unordentlich, unpünktlich, unnötig, unpassend, unmodern, uninteressant, ungern
	CD 4/58	3. Fragen Sie: „Um welche Personen oder Dinge geht es?" und „Worüber beschweren sich die Personen?" Die TN hören das Lied und machen sich Notizen. Sammeln Sie Stichpunkte an der Tafel. Gehen Sie ggf. auf unbekannten Wortschatz ein.
	CD 4/58	4. Die TN hören das Lied noch einmal und singen mit, wenn sie möchten.
		5. Wenn die TN Lust haben, ergänzen sie die Strophenanfänge mit für sie passenden Adjektiven mit „un-". Geben Sie dazu die Anfänge vor: „1. Ich fühle mich so ...; 2. Das Zimmer hier ist ...; 3. Mein Schwiegersohn / Meine Schwiegertochter / Mein Sohn / Meine Tochter / Mein ...; 4. Dieses Lied ist ..." Wer Lust hat, kann seine Sätze vorlesen.

	DIN-A3-Papier, Schere	6. *fakultativ:* Die TN erstellen selbst ein Memo-Spiel. Fordern Sie die TN auf, ein Raster mit ca. 44 gleich großen Kästchen auf das Papier zu zeichnen, zusammengehörige Adjektivpaare einzeln in die entstandenen Kästchen zu notieren und das Papier anschließend so zu zerschneiden, dass jedes Adjektiv auf einem einzelnen „Kärt-chen" steht. Die TN drehen die Karten um, mischen sie und spielen damit das Memo-Spiel.
47		**Comic: Der kleine Mann: Die Notlüge (passt z. B. zu E2)**
47/1		1. Fragen Sie: „Was passiert hier?", „Wie finden Sie das Verhalten von der Frau?" und „Wie finden Sie die Reaktion von dem kleinen Mann?", „Warum?" Die TN lesen den Comic und diskutieren im Plenum.
		2. Gehen Sie dann auf den Titel des Comics ein und fragen Sie: „Was ist eine Notlüge?" und „Wer lügt hier und warum?"
47/2		1. Fragen Sie: „Sagen Sie immer die Wahrheit?" Ein TN liest das Beispiel vor. Diskutieren Sie, ob das eine Notlüge ist bzw. wann man von einer Notlüge sprechen kann.
		2. Die TN tauschen sich mit ihrer Partnerin / ihrem Partner darüber aus, wann sie eine Notlüge nutzen und warum.
47		**Hören: Macht uns das Handy blöd? (passt z. B. zu D2 und E2)**
47/1		1. Die Bücher sind zunächst geschlossen. Stellen Sie die provokante Frage: „Macht uns das Handy blöd?" und sammeln Sie ein erstes Stimmungsbild im Kurs.
	CD 4/59	2. Die TN lesen die Statements, hören die Aussagen der vier Personen und kreuzen an. Abschlusskontrolle im Plenum. *Lösung:* a 2, b 4, c 3
47/2		Fragen Sie die TN nach ihrem eigenen Handygebrauch und was sie über den Umgang mit Handys denken. Die TN finden sich in Kleingruppen von 3–4 TN zusammen und tauschen sich darüber aus. Gehen Sie herum und helfen Sie bei Schwierigkeiten.

Wortfelder: Wegbeschreibungen, Verkehr, Wetter

Grammatik: Grammatik: lokale Präpositionen: *aus, an, von, an … vorbei, bis zu, durch, entlang, gegenüber, über, um … herum*; Konjunktion *deshalb: Tommy mag Tiger. Deshalb möchte er in den Zoo gehen.*

UNTERWEGS
Folge 11: Fragen kostet nichts.

Seite/Aufgabe	Material	Aufbau
48/1		**Vor dem Hören: Über eigene Erfahrungen berichten**
		1. Die Bücher sind geschlossen. Die TN überlegen in Kleingruppen, wo es am Kursort besondere Orte gibt, wo man sich erholen/entspannen kann. Wohin kann man mit Kindern gehen? Die TN machen sich Notizen. Geben Sie ggf. den Namen eines Parks oder ein Museum vor, damit die TN einen leichteren Zugang zu der Übung haben.
		2. Die Gruppen berichten im Plenum, was sie gefunden haben. Sammeln Sie an der Tafel und klären Sie unbekannten Wortschatz. Fragen Sie die TN, wo sie schon einmal waren.
		3. Die TN öffnen die Bücher. Fragen Sie: „Waren Sie schon einmal im Zoo?", „Gehen Sie gern dorthin?" Die TN erzählen von ihren Erfahrungen.
		Tipp: Wenn es am Kursort einen Zoo gibt, besuchen Sie ihn zusammen mit den TN. Vielleicht lässt sich auch eine Führung organisieren. Bitten Sie die Führerin / den Führer, möglichst einfaches Deutsch zu sprechen, und ermuntern Sie die TN, Fragen zu stellen.
48/2		**Vor dem / Beim ersten Hören: Vermutungen äußern**
a		1. Die TN sehen sich die Fotos an und überlegen, welche Fragen die Frau und der Junge an Tim haben und ob er ihnen Auskunft geben kann. Wie zufrieden sind die Frau und der Junge mit seinen Antworten?
b	CD 5/1–8, KV L11/FHG	2. Die TN hören und vergleichen mit ihren Vermutungen. Machen Sie eine Plenums-runde und klären Sie noch einmal, was die Frau und der Junge fragen. *Lösung:* Die Frau fragt: Welches Restaurant können Sie mir empfehlen? / Der Junge fragt: Wo ist denn der Zoo? Tim kann ihnen Auskunft geben. Beide sind zufrieden mit Tims Antworten. *fakultativ:* Verteilen Sie vor dem Hören die Kopiervorlage. Die TN überlegen zu zweit, welche Frage nicht zur Foto-Hörgeschichte passt. Danach versuchen sie eine Zuord-nung: Wer stellt welche Frage und zu welchem Foto könnte sie passen? Danach hören die TN und vergleichen.
49/3		**Nach dem ersten Hören: Detailinformationen verstehen**
		1. Die TN lesen die Sätze und umkreisen zunächst aus dem Gedächtnis. Ungeübtere TN arbeiten zu zweit.
	CD 5/1–8	2. Die TN hören noch einmal und markieren/korrigieren. Abschlusskontrolle im Plenum. *Lösung:* a Restaurant am Park., sehr gut.; b mit der S-Bahn fahren muss., nett; c hat der Ausflug gut gefallen. Er hat Tim ein Bild gemalt.; d einen, zufrieden.
		3. *fakultativ:* Die TN decken den Text ab und erzählen die Foto-Hörgeschichte in Part-nerarbeit noch einmal mit eigenen Worten nach. Dabei kann der erste TN den ersten Teil (Foto 1–4) und der andere TN den zweiten Teil (Foto 5–8) erzählen.
		4. Klären Sie mit den TN, was der Titel der Foto-Hörgeschichte „Fragen kostet nichts." bedeutet (Fragen ist erlaubt und hat keine negativen Folgen). Die TN erzählen über ihre eigenen Vorgehensweisen, wenn sie Hilfe benötigen.
	„Tims Film" Lektion 11	Tim beschreibt den Weg zu einem Badesee und fertigt gleichzeitig eine Zeichnung an. Als Beispiel für eine Wegbeschreibung können Sie den Film als Einführung zu A2 nutzen. Sie können den Film auch zur Festigung nach A4 einsetzen.

....

SCHRITT A: GEHEN SIE DANN DURCH DEN STADTPARK.

Lokale Präpositionen

Lernziel: Die TN können Wegbeschreibungen verstehen und eine Wegbeschreibung geben.

Seite/Aufgabe	Material	Aufbau
50/A1		**Präsentation der lokalen Präpositionen** *an … vorbei, bis zum/zur, durch, entlang, über, um … herum*
		1. Die TN lesen die Wörter, sehen sich zu zweit die Zeichnungen an und ordnen zu. Abschlusskontrolle im Plenum. *Lösung:* (von links nach rechts) A, F, B, E, D, C
		2. Bewegen Sie sich entsprechend einer Präposition im Kursraum, gehen Sie z. B. an den Tischen entlang. Fragen Sie die TN, welche Präposition aus A1 passt. Verfahren Sie mit den anderen Präpositionen ebenso. *Hinweis:* Dabei geht es noch nicht um den richtigen grammatikalischen Gebrauch, sondern nur um das Verstehen der Bedeutung. *Hinweis:* Zur Festigung der lokalen Präpositionen können Sie nach dem Einstieg in A1 auch den Film „Sonst noch was?" aus „Zwischendurch mal …" (Kursbuch, S. 60) nutzen. Hier werden die Präpositionen im Film noch einmal veranschaulicht.
50/A2		**Anwendungsaufgabe zu den lokalen Präpositionen: Wegbeschreibungen**
a	CD 5/9–10	1. Die TN lesen die Aufgabe und sehen sich die Zeichnungen an. Dann hören die TN die Wegbeschreibungen.
b	CD 5/9–10	2. Die TN ordnen die Präpositionen zu. Anschließend vergleichen sie zunächst mit der Partnerin / dem Partner. Dann hören die TN die Wegbeschreibungen noch einmal und kontrollieren und korrigieren ggf. Abschlusskontrolle im Plenum. *Lösung:* 1 durch; an … vorbei; 2 entlang, um … herum, bis zum, gegenüber
	Folie/IWB	3. Zeigen Sie die beiden Zeichnungen vergrößert auf Folie / am IWB. Decken Sie zunächst die zweite Zeichnung ab. Lesen Sie nun die Wegbeschreibung noch einmal betont vor und zeigen Sie auf der Zeichnung, worauf sich die Beschreibung jeweils bezieht. Veranschaulichen Sie dabei die jeweilige Bedeutung der Präposition („durch", „an … vorbei" etc.) noch einmal. Verfahren Sie mit der zweiten Zeichnung ebenso.
c		4. Die TN markieren in Stillarbeit in b wie im Beispiel und ergänzen die Tabelle. Ungeübtere TN arbeiten zu zweit. Gehen Sie herum und helfen Sie bei Schwierigkeiten. Abschlusskontrolle im Plenum. *Lösung:* durch den Stadtpark, die Straße entlang, um die Oper (herum), an dem See vorbei, gegenüber der S-Bahn-Station
	Zettel	5. Zeigen Sie anhand des Grammatik-Kastens, welche Präpositionen den Dativ und welche den Akkusativ nach sich ziehen, und machen Sie ggf. weitere Beispiele an der Tafel. Weisen Sie die TN auch auf die Grammatikübersicht 2 und 3 (Kursbuch, S. 58) hin. Die kleine Übung rechts können Sie im Kurs durchführen. Jeder TN erhält kleine Zettel und malt zu jedem Wort ein Bild, das Wort wird auf der Rückseite notiert. Gehen Sie herum und helfen Sie bei Schwierigkeiten. Anschließend gehen die TN herum und zeigen einer anderen TN / einem anderen TN das Bild, der sagt das passende Wort und zeigt dann seinerseits seinen Zettel etc.
	Folie/IWB	6. Zeigen Sie die Redemittel „Einen Weg beschreiben: Da kommen Sie an … vorbei." (Kursbuch, S. 59). Die TN lesen die Wegbeschreibungen in A2 noch einmal und unterstreichen die Redemittel, die benutzt wurden.
	Folie/IWB	7. Die TN decken die Wegbeschreibungen in A2 mit dem Heft ab. Jeder TN beschreibt nun seiner Partnerin / seinem Partner den Weg, entweder 1 oder 2. Hilfe finden die TN im Kursbuch auf Seite 59.
	AB 1–4	Die TN machen die Übungen in Einzelarbeit im Kurs oder als Hausaufgabe.

51/A3		Anwendungsaufgabe zu den lokalen Präpositionen mit Dativ und Akkusativ: Eine Nachricht beantworten
a		1. Die TN lesen die Nachricht von Milan. Klären Sie ggf. unbekannten Wortschatz. Dann sehen die TN sich die Bilder an und ergänzen, wie Milan fahren soll. Ungeübtere TN arbeiten zu zweit. Dann vergleichen sie ihre Lösungen mit einem anderen TN bzw. mit einem anderen Paar. Gehen Sie herum und helfen Sie bei Schwierigkeiten.
b	CD 5/11, Folie/IWB	2. Die TN hören die Wegbeschreibung und vergleichen mit ihrer Antwort. Abschluss-kontrolle im Plenum. *Lösung:* 1 über, 2 entlang, 4 durch, 5 am ... vorbei, 6 bis zu, 7 um ... herum *Hinweis:* Zur Nachbereitung und Festigung können Sie hier auch den Film „Sonst noch was?" aus „Zwischendurch mal ..." (Kursbuch, S. 60) einsetzen.
	AB 5	Die TN machen die Übung in Einzelarbeit im Kurs oder als Hausaufgabe.
	AB 6, AB-CD 2/19–21	im Kurs: Die TN hören und schreiben. Erklären Sie dann den TN, dass man nicht immer hören kann, ob man „n", „ng", „nk" oder „g" schreiben muss. Oft hilft es, wenn man den Wortstamm kennt und z. B. den Plural bildet, z. B. aus „Kreuzung" „Kreuzun-gen" macht, dann kann man „hören", dass am Ende ein „g" stehen muss. Besprechen Sie weitere Beispiele aus den drei Texten.
51/A4		Anwendungsaufgabe: Eine Wegbeschreibung verstehen und selbst eine Wegbeschreibung geben
a	Folie/IWB	1. Zeigen Sie den Stadtplan auf Folie / dem IWB. Besprechen Sie mit den TN zunächst, was auf dem Stadtplan zu sehen ist. Führen Sie dabei auch „der Tunnel" ein und zei-gen ihn auf der Folie / dem IWB.
	CD 5/12, Folie/IWB	2. Die TN hören das Telefongespräch und zeichnen den Weg zur Post ein. Machen Sie dabei Pausen, um den TN Zeit zum Einzeichnen zu geben. Die TN hören das Gespräch mehrmals. Abschlusskontrolle im Plenum, indem Sie den Weg einzeichnen lassen und dann das Gespräch noch einmal vorspielen.
b		3. Die TN arbeiten zu zweit. Eine TN / Ein TN beschreibt einen anderen Weg zur Post. Die Partnerin / Der Partner zeichnet den Weg in den Plan ein. Dann tauschen die TN die Rollen. Gehen Sie herum und helfen Sie bei Schwierigkeiten. Hilfe finden die TN auch auf der Kommunikationsseite in der Rubrik „Einen Weg beschreiben: Da kommen Sie an ... vorbei." (Kursbuch, S. 59). Die kleine Übung rechts können die TN als Hausaufgabe lösen. *Musterlösung:* Du gehst hier den Weg entlang. Dann gehst du an der Brücke vorbei. Du gehst um den See herum und nach ein paar Metern bist du schon am Café.
	KV L11/A4	4. *fakultativ:* Die TN sitzen Rücken an Rücken. Ein Partner erhält Blatt A der Kopiervor-lage, der andere Blatt B. Die TN beschreiben der Partnerin / dem Partner nun den Weg, der jeweils andere zeichnet ihn in seinen Plan ein. Erst wenn beide ihren Weg beschrieben haben, vergleichen sie die Wege. Hilfe finden die TN bei den Redemit-teln „Einen Weg beschreiben: Da kommen Sie an ... vorbei." (Kursbuch, S. 59).
		Tipp: Wenn die Paare noch weiter üben wollen oder schneller fertig sind, bereiten Sie zu Hause Kärtchen mit zu beschreibenden Wegen vor, z. B. „Vom Krankenhaus zum Fitnessstudio" oder „Von der Schule zur Kirche". Damit es übersichtlich bleibt, zeich-nen die TN die Wege dann mit verschiedenen Farben ein bzw. erhalten eine weitere Kopie des Plans der Kopiervorlage.
	AB 7, AB-CD 2/22	im Kurs: Die TN machen die Übung in Einzelarbeit im Kurs. Ungeübtere TN arbeiten zu zweit. Gehen Sie herum und helfen Sie bei Schwierigkeiten. Machen Sie eine Abschlusskontrolle, indem Sie eine Musterlösung an der Tafel mit den TN erarbeiten.

SCHRITT B: IHR KOMMT AUS DEM HOTEL.

Lokale Präpositionen auf die Frage *Woher?*

Lernziel: Die TN können Ortsangaben machen: *Woher? Wo? Wohin?*

Seite/Aufgabe	Material	Aufbau
52/B1		**Präsentation der lokalen Präpositionen *aus* und *von***
	Folie/IWB	1. Die TN sehen sich die Zeichnungen an und ordnen in Stillarbeit die Ortsangaben zu. Anschließend Kontrolle im Plenum. *Lösung:* (von oben nach unten) C, A, B

	Folie/IWB	2. Stellen Sie jetzt die Präpositionen „aus" und „vom" vor, indem Sie eine Tabelle an die Tafel zeichnen und noch einmal fragen: „Woher kommt Tommy?" Deuten Sie dabei nacheinander auf die Zeichnungen. Notieren Sie die Antworten in der Tabelle und markieren Sie das Fragewort und die lokalen Präpositionen:
		
		 <u>Woher</u> kommt Tommy? Er kommt <u>vom</u> Fußballplatz.
		      Er kommt <u>vom</u> Friseur.
		      Er kommt <u>aus</u> dem Hotel.

		3. Machen Sie anhand der Beispiele deutlich, wann man „von" bzw. „aus" benutzt. Die Präposition „von" steht bei Personen, Aktivitäten, Veranstaltungen oder wenn weniger der Ort als solcher wichtig ist als vielmehr, dass man dort zu einem bestimmten Zweck war. Die Präposition „aus" steht dagegen bei geschlossenen Räumen und/oder Örtlichkeiten, an denen man sich länger aufhält, sowie bei Ländernamen. Verdeutlichen Sie, dass „von" und „aus" mit dem Dativ stehen. Weisen Sie die TN auch auf den Grammatik-Kasten und auf die weiteren Beispiele in der Grammatik-übersicht 1 (Kursbuch, S. 58) hin. Die kleine Übung rechts können die TN im Unterricht lösen. *Lösung:* Luise kommt aus dem Supermarkt. Luise kommt aus dem Hotel. *Hinweis:* Zur Einübung können Sie hier mit dem Audiotraining 1 arbeiten oder es den TN zur Nachbearbeitung zu Hause empfehlen.
	AB 8	Die TN machen die Übung in Einzelarbeit im Kurs oder als Hausaufgabe.
52/B2		**Anwendungsaufgabe zu den lokalen Präpositionen**
	CD 5/13	1. Die TN hören Beispiel a – eine Geräuschsequenz – und beantworten die Frage in Stillarbeit. Ungeübtere TN arbeiten zu zweit.
	CD 5/13	2. Die TN hören die übrigen Geräuschsequenzen so oft wie nötig und ergänzen. Bevor Sie die Lösungen besprechen, erinnern Sie die TN daran, dass „aus" und „von" mit dem Dativ benutzt werden, und bitten Sie sie, ihre Lösungen noch einmal daraufhin zu prüfen und ggf. zu korrigieren. Die TN notieren erfahrungsgemäß oft die Präpositionen ohne Artikel. Abschlusskontrolle im Plenum. *Lösung:* b vom Zahnarzt, c aus dem Briefkasten *Hinweis:* Notieren Sie die Lösungen an der Tafel (s. u.), damit alle TN die Lösungen korrekt notieren, und wiederholen Sie ggf. noch einmal die bestimmten Artikel im Dativ (*Schritt für Schritt in Alltag und Beruf 2* / Lektion 11).
		3. Stellen Sie jetzt die Präpositionen „aus" und „in" bzw. „vom" und „beim" gegenüber, indem Sie eine Tabelle an die Tafel zeichnen und noch einmal fragen: „Woher kommen die Leute?" Notieren Sie die Antworten in der Tabelle und erweitern Sie das Tafelbild. Markieren Sie die lokalen Präpositionen: <u>Woher?</u> <u>Wo?</u> Die Leute steigen <u>aus</u> dem Zug. Die Leute waren <u>im</u> Zug. Eine Frau kommt <u>vom</u> Zahnarzt. Eine Frau war <u>beim</u> Zahnarzt. Jemand nimmt die Post <u>aus</u> dem Briefkasten. Die Post war <u>im</u> Briefkasten. Erinnern Sie die TN ggf. daran, dass „im" aus „in dem" (*Schritt für Schritt in Alltag und Beruf 2* / Lektion 11) zusammengezogen wird, und erklären Sie, dass man auf Fragen mit „Woher?" mit „aus" oder „von" antwortet.

52/B3		Anwendungsaufgabe zu den lokalen Präpositionen
	AB 9	im Kurs: Wiederholungsübung zu den lokalen Präpositionen, die die TN aus *Schritt für Schritt in Alltag und Beruf 2* / Lektion 11 kennen. Die TN bearbeiten die Übung zunächst in Stillarbeit. Ungeübtere TN arbeiten mit ihrer Partnerin / ihrem Partner. Machen Sie den TN bei der Abschlusskontrolle noch einmal den Unterschied der Fragen „Wo?", „Woher?" und „Wohin?" deutlich.
	AB 10	im Kurs: Wiederholungsübung zu den lokalen Präpositionen, die die TN aus *Schritt für Schritt in Alltag und Beruf 2* / Lektion 11 kennen. Die TN bearbeiten die Übung zunächst allein. Ungeübtere TN arbeiten zu zweit. Die Beispiele aus a dürften den TN nun keine größeren Schwierigkeiten machen. Gehen Sie herum und helfen Sie den TN ggf. bei b. Erinnern Sie die TN bei der Besprechung daran, dass auf die Frage „Wohin?" „zu" und/oder „in" benutzt wird. Erweitern Sie ggf. das Tafelbild aus B2 um die Frage „Wohin?": Wohin? Die Leute steigen in den Zug. / gehen zum Zug. Eine Frau geht zum Zahnarzt. Jemand wirft die Post in den Briefkasten. Erinnern Sie die TN auch daran, dass sie von zu Hause kommen, zu Hause sind und nach Hause gehen.
		1. Weisen Sie die TN zunächst auf den Wiederholungs-Kasten hin, der noch einmal eine kurze Übersicht über die lokalen Präpositionen enthält, die die TN im Arbeitsbuch in Übung 10 bereits wiederholt haben (s. o.).
		2. Die TN sehen das Bild an und lesen die Beispiele. Dann schreiben die TN mit ihrer Partnerin / ihrem Partner in zehn Minuten möglichst viele Sätze über das Bild. Rufen Sie nach Ablauf der Zeit „Stopp". *Hinweis:* In Kursen mit überwiegend ungeübteren TN können Sie vor der Partnerarbeit die TN zunächst nur die Orte auf dem Bild benennen lassen und diese mit Artikel an die Tafel schreiben. Dann fällt den TN das Bilden der Sätze in der Partnerarbeit leichter.
		3. Die Paare vergleichen ihre Sätze mit einem anderen Paar, dabei achten sie auch auf die richtige Verwendung der Artikel. Gehen Sie herum und helfen Sie bei Schwierigkeiten.
	Folie/IWB, Ball	4. *fakultativ:* Wenn Sie die Struktur weiter üben und automatisieren möchten, zeigen Sie das Bild auf Folie / dem IWB. Die TN sitzen im Halbkreis, sodass sie das Bild gut sehen können. Sie werfen sich einen Ball zu. Der Fänger muss einen Satz zu dem Bild sagen. Dann wirft er den Ball weiter. Achten Sie auf ein zügiges Tempo, damit es nicht langweilig wird, da die TN die Sätze bereits geübt haben. Diese Übung können Sie auch am nächsten Kurstag zur Wiederholung einsetzen. *Tipp:* In Kursen mit überwiegend geübten TN können Sie die TN auch weiter spekulieren lassen, indem Sie Fragen stellen: „Wo war der Mann beim Arzt vorher?" oder „Wohin geht der Mann danach?" etc. Nach einer Weile können die Fragen auch von den TN gestellt werden.
	KV L11/B3, Spielfiguren, Würfel	5. *fakultativ:* Verteilen Sie an jede Gruppe einen Spielplan der Kopiervorlage, einen Würfel und für jede TN / jeden TN eine Spielfigur. Die TN setzen ihre Spielfigur auf ein beliebiges Feld. Der erste TN würfelt und zieht seine Figur entsprechend vor. Die Würfelzahl zeigt an, auf welche Frage sie/er antworten soll, z. B. eine „1" und das Feld „Bäckerei": „Ich komme aus der Bäckerei / von der Bäckerei." Dann würfelt der zweite TN etc.
	AB 11–13	Die TN machen die Übungen in Einzelarbeit im Kurs oder als Hausaufgabe.
	AB 14, AB-CD 2/23	*Prüfung:* im Kurs: Diese Übung führt an den Prüfungsteil *Hören, Teil 2,* der Prüfung *Goethe-Zertifikat A2* heran. Die TN hören die Hörtexte in der Prüfung zweimal.

SCHRITT C: DESHALB MÖCHTE ICH JA IN DEN ZOO.

Die Konjunktion *deshalb*

Lernziel: Die TN können Gründe nennen und Verkehrsnachrichten im Radio verstehen.

Seite/Aufgabe	Material	Aufbau
53/C1		**Präsentation der Konjunktion *deshalb***
		1. Die TN lesen die Aufgabe und verbinden die Sätze aus dem Gedächtnis in Stillarbeit. Wer Hilfe braucht, kann sich noch einmal die Fotos der Foto-Hörgeschichte ansehen. Anschließend Kontrolle im Plenum. Schreiben Sie die Sätze an die Tafel. *Lösung:* b 1, c 2
	Folie/IWB	2. Erklären Sie anhand des Grammatik-Kastens, dass „deshalb" entweder am Satz-anfang oder an Position 3 stehen kann. Die TN kennen die Konjunktion „trotzdem" schon aus Lektion 8, sodass ihnen die Konstruktion wenig Schwierigkeiten bereiten wird.
		3. Die TN formulieren die Sätze um, indem sie „deshalb" an die erste bzw. dritte Posi-tion stellen. Notieren Sie diese Sätze an der Tafel. Weisen Sie die TN auch auf die Grammatikübersicht 4 (Kursbuch, S. 58) hin. Die kleine Übung rechts können die TN zur Festigung im Kurs bearbeiten. Besprechen Sie dann einige Sätze exemplarisch. *Musterlösung:* 1 Deshalb gehe ich nicht spazieren. 2 Morgen ist Feiertag. Ich kann deshalb lange schlafen. 3 Am Wochenende hat mein Freund Geburtstag. Deshalb backe ich gerade einen Kuchen.
	AB 15	im Kurs: Die Übung ist eine Wiederholung der Konjunktionen „weil" und „denn", die die TN bereits aus *Schritt für Schritt in Alltag und Beruf 2* / Lektion 14 und aus *Schritt für Schritt in Alltag und Beruf 3* / Lektion 1 kennen. Abschlusskontrolle im Plenum. Besprechen Sie im Anschluss an diese Übung, wenn nötig, noch einmal die unter-schiedlichen Satzstellungen kontrastiv zur Satzstellung bei „deshalb".
53/C2		**Leseverstehen: Kurznachrichten zu Verkehrssituationen verstehen; Anwendungsaufgabe zu *deshalb***
a		*Hinweis:* Zur Einführung in das Thema „Verkehr" eignet sich gut das Rätsel „Ich fahre mit …" aus „Zwischendurch mal …" (Kursbuch, S. 60).
		1. Die TN lesen die Kurznachrichten. Besprechen Sie unbekannten Wortschatz.
		2. *fakultativ:* Nachdem Sie den Wortschatz besprochen haben, können Sie ein kleines Quiz machen. Rufen Sie eines der neuen Wörter. Die TN nennen, so schnell sie kön-nen, die passende SMS dazu, z. B. „der Bürgersteig" – „2" etc. In einer zweiten Runde lassen Sie den Artikel weg und die TN nennen die Nummer der SMS und den richti-gen Artikel oder die Pluralform. Mischen Sie unter die Wörter, die Sie rufen, auch bekannte Wörter wie „Mechaniker", „Fahrrad" etc.
b		3. Die TN lesen die Sätze und verbinden in Stillarbeit. Abschlusskontrolle im Plenum. *Lösung:* 2 a, 3 d, 4 c
c		4. Zeigen Sie die Sätze aus b auf Folie / dem IWB. Lesen Sie die Sätze 1 und b vor: „Ste-fan kommt nicht rechtzeitig. Er steht im Stau." Fragen Sie die TN: „Was ist hier der Grund?" Wenn die TN die Frage so nicht verstehen, fragen Sie: „Warum kommt Stefan nicht rechtzeitig?" Markieren Sie dann den Grund: „Er steht im Stau." Verfahren Sie mit den anderen Sätzen ebenso.
		5. Die TN überlegen in Partnerarbeit, was passt – „weil" oder „deshalb" –, und schreiben die Sätze. Abschlusskontrolle im Plenum. *Lösung:* 2 … Deshalb ist Fanni hingefallen. 3 Fanni hat sich verletzt. Deshalb soll sie ein Pflaster auf das Knie kleben. 4 Marek kommt später, weil die Autobatterie leer ist.

		6. Schreiben Sie den ersten Satz mit „weil" an die Tafel. Fragen Sie: „Warum kommt Stefan nicht rechtzeitig?" („Er steht im Stau."), „Was ist passiert?" („Er steht im Stau."), „Was ist die Folge?" („Er kommt nicht rechtzeitig."). Stefan kommt nicht rechtzeitig, <u>weil</u> er im Stau steht. Er steht im Stau. <u>Deshalb</u> kommt er nicht rechtzeitig. Schreiben Sie die Sätze mit „deshalb" an die Tafel. Machen Sie den TN noch einmal deutlich, dass mit „deshalb" eine Folge ausgedrückt wird. Besprechen Sie, wenn nötig, weitere Beispiele an der Tafel.
		7. *fakultativ:* Sprechen Sie mit den TN über eigene Erlebnisse im Verkehr. Ermuntern Sie die TN, ihre Geschichten zu erzählen.
	KV L11/C2	8. *fakultativ:* Jede Gruppe erhält einen Satz Karten der Kopiervorlage. Die Karten werden gemischt und verdeckt auf dem Tisch ausgelegt. Der erste TN zieht eine Karte, liest den Satz vor und beendet ihn. Ist der Satz richtig, darf er die Karte behalten. Ist der Satz falsch, muss er die Karte zurücklegen, dann zieht der nächste TN etc.
		Tipp: Sieg einmal anders: Gewonnen hat der TN, der die meisten Karten hat, auf denen ein Fahrrad zu sehen ist.
	AB 16–18	Die TN machen die Übungen in Einzelarbeit im Kurs oder als Hausaufgabe.
54/C3		**Anwendungsaufgabe: Über Störungen im Straßenverkehr schreiben**
a		1. Die TN sehen sich die Fotos an, lesen die Sätze und ordnen in Stillarbeit zu. Abschlusskontrolle im Plenum. Klären Sie dabei unbekannten Wortschatz. *Lösung:* 2 D, 3 B, 4 C
b		2. Die TN lesen die Stichwörter. Klären Sie unbekannten Wortschatz. Besprechen Sie dann das Beispiel 1 im Plenum.
		3. Die TN schreiben mit ihrer Partnerin / ihrem Partner zu den Situationen 2–4 weitere Sätze mit „deshalb".
		4. Die Paare vergleichen ihre Sätze mit einem anderen Paar und korrigieren ggf. Gehen Sie herum und helfen Sie bei Schwierigkeiten. Abschlusskontrolle im Plenum. *Lösung:* 2 Auf der Autobahn ist ein Falschfahrer. Deshalb müssen die Autofahrer vorsichtig sein. 3 Das Wetter ist sehr schlecht. Deshalb haben die Busse Verspätung. 4 Auf der Fahrbahn sind Tiere. Deshalb gibt es Stau.
	AB 19, AB-CD 2/24–25	*Phonetik:* Spielen Sie die Wörter aus a vor, die TN ergänzen. Abschlusskontrolle im Plenum. Dann sprechen die TN im Chor nach. Konzentrieren Sie sich im Folgenden auf den Laut, der den TN Schwierigkeiten macht. Welcher das ist, hängt von den Ausgangssprachen der TN ab. Machen Sie den TN die Plosive „p" und „pf" deutlich.
	AB 20, AB-CD 2/26	im Kurs: Spielen Sie die Wörter aus a vor, die TN ergänzen. Zeigen Sie die Wörter auf Folie und besprechen Sie mit den TN die Lösung. Dann hören die TN noch einmal und sprechen im Chor nach. Zeigen Sie die Unterschiede zwischen Aussprache und Orthografie auf: „ts" kann als „z", „tz", ts" oder „t" in Verbindung mit „-ion" etc. verschriftlicht werden. Die TN machen Übung c selbstständig. Abschlusskontrolle im Plenum.
54/C4		**Hörverstehen: Verkehrsnachrichten**
		1. Die TN lesen die Aussagen in Stillarbeit, bevor sie die Verkehrsnachrichten hören. Gehen Sie kurz auf die Bedeutung von „wegen" ein, indem Sie ein Beispiel an die Tafel schreiben und auf die kausale Bedeutung von „wegen" hinweisen: Gehen Sie nicht näher auf den Genitiv bei „wegen" ein. Es geht lediglich darum, dass die TN die Bedeutung des Wortes erfassen. Präpositionen mit Genitiv werden in *Schritt für Schritt zum DTZ* eingeführt.

	CD 5/14–18	2. Die TN hören die Verkehrsnachrichten so oft wie nötig und kreuzen ihre Lösungen an. Abschlusskontrolle im Plenum. *Lösung:* richtig: a, b, d *Hinweis:* An dieser Stelle passt thematisch der Lesetext „Sie sind das Problem Nr. 1: die anderen!" aus der Rubrik „Zwischendurch mal ..." (Kursbuch, S. 61).
	AB 21, AB-CD 2/27	Die TN machen die Übung in Einzelarbeit im Kurs oder als Hausaufgabe. *Hinweis:* Wenn die TN die Übung als Hausaufgabe bearbeiten, hören sie die Nachrichten am folgenden Kurstag im Kurs und vergleichen.
54/C5		**Aktivität im Kurs: Über sich selbst sprechen**
a		1. Jede TN / Jeder TN wählt zwei Themen und schreibt zu jedem Thema einen Satz über sich selbst mit „weil" oder „deshalb" wie im Beispiel. Ein Satz soll jedoch falsch sein. Gehen Sie herum und helfen Sie bei Schwierigkeiten. TN, die schneller fertig sind, schreiben noch Sätze über sich zu den anderen Themen.
b		2. Die TN lesen die Sprechblasen. Ein TN liest seine Sätze im Plenum vor, die anderen raten, welcher Satz falsch ist.

SCHRITT D: BEI JEDEM WETTER UNTERWEGS

Lernziel: Die TN können Verkehrsnachrichten und Berichte über das Wetter verstehen.

Seite/Aufgabe	Material	Aufbau
55/D1		**Erweiterung des Wortfelds „Wetter"**
		1. Die Bücher sind geschlossen. Fragen Sie: „Wie ist das Wetter heute?" und sammeln Sie gemeinsam mit den TN bekannte Wetterausdrücke und -wörter an der Tafel. Notieren Sie zu den Nomen auch die Artikel.
		2. Die TN sehen sich die Fotos an und ordnen in Stillarbeit die passenden Begriffe zu. Wer fertig ist, vergleicht mit der Partnerin / dem Partner. Abschlusskontrolle im Plenum. *Lösung:* B der Nebel, C der Sonnenschein, D der Schnee, E das Gewitter, F der Sturm
55/D2		**Leseverstehen: Kurze Nachrichtentexte verstehen**
a		1. Die TN lesen die Aufgabenstellung und die Adjektive. Gehen Sie aber zunächst noch nicht auf Fragen zum Wortschatz ein. Erklären Sie den TN, dass es zunächst nur um das Wetter in den Texten geht und sie sich darauf konzentrieren sollen. Fragen Sie die TN dann nach dem Wetter in Text 1. Die TN lesen den Text und ergänzen passende Adjektive aus der Liste.
		2. Notieren Sie die beiden Lösungen zu Text 1 untereinander an der Tafel. Fragen Sie weiter: „Welche Wörter aus dem Text passen dazu?" und notieren Sie die entsprechenden Nomen ebenfalls an der Tafel. Unterstreichen Sie die Adjektivendungen „-isch" und „-ig" und zeigen Sie anhand dieser Beispiele, wie aus einem Nomen ein Adjektiv werden kann. Es geht nur um rezeptives Verstehen. Erwarten Sie von den TN nicht, dass sie selbstständig neue Adjektive bilden.
		3. Die TN lesen die Texte 2 und 3 und ergänzen die fehlenden Adjektive in Stillarbeit und vergleichen dann mit der Partnerin / dem Partner. Wer schneller fertig ist, sammelt weitere bekannte Adjektive mit „-isch" bzw. „-ig". Abschlusskontrolle im Plenum. *Lösung:* 1 eisig; 2 sonnig, wolkig, regnerisch, und gewittrig; 3 neblig und windig
		4. Fragen Sie die TN auch zu den Adjektiven der Texte 2 bis 3 nach den zugehörigen Nomen.

		5. *fakultativ:* Um das Verstehen der Texte weiter vorzuentlasten, schließen die TN die Bücher. Schreiben Sie die Wetterbezeichnungen zu den drei Texten aus a an die Tafel und sprechen Sie mit den TN über Gefahren, die es bei dieser Wetterlage geben kann. Halten Sie ggf. Stichwörter an der Tafel fest.
b		6. Die TN lesen die Aufgabenstellung und die Sätze in b. Danach lesen sie die Texte noch einmal und legen ihre Aufmerksamkeit nun darauf, den kompletten Text zu verstehen. Klären Sie ggf. unbekannten Wortschatz.
		7. Die TN lesen die Texte noch einmal und kreuzen in Stillarbeit an. Abschlusskontrolle im Plenum. *Lösung:* richtig: 2, 3
		8. *fakultativ:* Die TN vergleichen die Gefahren, die in den Texten genannt werden, mit den Stichwörtern an der Tafel aus Punkt 5. *Hinweis:* Um die neuen Adjektive weiter zu üben, können Sie im Kurs oder die TN zu Hause mit dem Audiotraining 3 arbeiten.
	AB 22–23	Die TN machen die Übungen in Einzelarbeit im Kurs oder als Hausaufgabe.
	AB 24, AB-CD 2/28–32	im Kurs: Die TN hören die Kurznachrichten und umkreisen. Abschlusskontrolle im Plenum.

SCHRITT E: VERKEHR

Lernziel: Die TN können über den Verkehr in ihrer Heimat berichten und einen interkulturellen Vergleich mit Deutschland machen.

Seite/Aufgabe	Material	Aufbau
56/E1		**Wiederholung bereits bekannten Wortschatzes zum Thema „Verkehr" und Aktivierung des Erfahrungswortschatzes der TN**
		1. Klären Sie ggf. die Begriffe „Verkehr" und „Verkehrsmittel" im Plenum.
	Plakate, KV L11/E1 im Lehrwerkservice	2. Die TN arbeiten in Kleingruppen zu dritt zusammen. Die TN sehen sich die Mind-Map an und übertragen sie auf ein Plakat. In der Gruppe ergänzen die TN weitere Wörter, die sie bereits aus dem Unterricht kennen oder die ihnen aus ihrem Erfahrungswortschatz bekannt sind. Ermuntern Sie die TN zur zügigen Arbeit. Es geht nicht darum, jeden Begriff erschöpfend zu bearbeiten. Es dürfen auch durchaus „abseitige" Begriffe dazugeschrieben werden, wenn sie den TN spontan zu den Oberbegriffen einfallen. *Binnendifferenzierung:* Sehr lerngewohnte TN können auch allein eine eigene Mind-Map erstellen. *fakultativ:* Zur Unterstützung der Aktivität oder wenn Sie wenig Zeit haben, können Sie auch auf die Kopiervorlage im Lehrwerkservice unter www.hueber.de/schritt-fuer-schritt zurückgreifen.
		3. Eine Kontrolle im eigentlichen Sinne kann es hier nicht geben. Sie können die Plakate im Kursraum aufhängen, die Gruppen gehen von Plakat zu Plakat und sprechen über die Unterschiede bzw. klären miteinander ggf. unbekannten Wortschatz. Gehen Sie herum und greifen Sie ggf. helfend ein.
56/E2		**Leseverstehen: Meinungsäußerungen zum Thema „Verkehr in Deutschland"**
a		1. Die TN schlagen die Bücher auf, betrachten die beiden Fotos und lesen die beiden Texte. Klären Sie ggf. unbekannten Wortschatz. *Hinweis:* Als Einstieg in das Thema eignet sich das Rätsel „Ich fahre mit ..." aus „Zwischendurch mal ..." (Kursbuch, S. 60), um den Wortschatz zu aktivieren.

b		2. Die TN lesen in Stillarbeit die Aussagen und ordnen zu, wer was sagt. Ggf. lesen sie die Texte noch einmal. Anschließend vergleichen sie mit ihrer Partnerin / ihrem Partner. Anschließend Kontrolle im Plenum. *Lösung:* Hoang Tuan: 2, 3, 6, 7; Anu: 4, 5
		3. Fragen Sie die TN, ob sie eher Hoang Tuans oder Anus Meinung über den Verkehr in Deutschland teilen. Achten Sie darauf, dass die Äußerungen der TN nicht über diese enge Fragestellung hinausgehen.
	AB 25–26	Die TN machen die Übungen in Einzelarbeit im Kurs oder als Hausaufgabe.
	AB 27, AB-CD 2/33–35	*Phonetik:* im Kurs: Spielen Sie die Wörter aus a vor, die TN kreuzen an, wo sie „ks" hören. In b hören die TN und sprechen im Chor nach. Zeigen Sie die Unterschiede zwischen Aussprache und Orthografie auf: „ks" kann als „x", „ks" oder „chs" etc. verschriftlicht werden. In c hören die TN und ergänzen.
57/E3		**Partnergespräch über Verkehr in Deutschland**
	Folie/IWB	1. Zeigen Sie die Texte aus E2 a und den Redemittelkasten auf Folie / dem IWB. Unterstreichen Sie mithilfe der TN die Redemittel aus dem Kasten, die in den Texten vorkommen. Hier geht es zunächst nur um die Redemittel, die zur Meinungsäußerung über den Verkehr in Deutschland gebraucht werden.
		2. Die TN lesen die Aufgabenstellung und die Beispiele und machen sich Notizen zu den Fragen.
		3. Die TN erzählen ihrer Partnerin / ihrem Partner, was sie über den Verkehr in Deutschland denken und welche Verkehrsmittel sie oft benutzen. Weisen Sie die TN auf den Redemittelkasten und auf die Redemittel „Etwas bewerten: Mir ist aufgefallen, dass …" (Kursbuch, S. 59) hin. Ungeübtere TN suchen sich aus dem Redemittelkasten wenigstens zwei Sätze aus, die sie für eine eigene Meinungsäußerung benutzen möchten. Zur Einübung halten sie diese Sätze zunächst schriftlich fest. *Variante:* Damit die TN mit mehreren TN sprechen und ihre Äußerungen häufiger wiederholen müssen, können Sie die TN auch bitten, andere TN zu suchen, mit denen sie möglichst viele Gemeinsamkeiten haben. *Hinweis:* An dieser Stelle passt thematisch auch der Lesetext „Sie sind das Problem Nr. 1: die anderen!" aus „Zwischendurch mal …" (Kursbuch, S. 61).
	AB 28	im Kurs: Mit dieser Aufgabe können die TN sich auf den Prüfungsteil *Lesen, Teil 3* der Prüfung *Goethe-Zertifikat A2* vorbereiten.
	AB 29	im Kurs: Die TN lesen die Übung und machen sich zunächst Notizen zu den Fragen. Dann schreiben sie die Antwort. Dabei streichen sie, was sie bereits im Brief verwendet haben, damit sie nichts vergessen. Machen Sie den TN deutlich, dass es auch später in einer Prüfung wichtig ist, keinen Punkt zu vergessen. Sammeln Sie die Texte zur Korrektur ein. Sie können eine gute Antwort für alle als Muster kopieren. Fragen Sie aber vorher den TN, ob er die Kopie für alle erlaubt. TN, die im ersten Brief Schwierigkeiten hatten, können dann noch einmal einen Brief schreiben.
57/E4		**Aktivität im Kurs: Über den Verkehr im Heimatland berichten**
a		1. Die TN lesen die Aufgabe und die Fragen. Sprechen Sie mit den TN zunächst über die Antworten für „Der Verkehr in Deutschland" und halten Sie wie im Beispiel Stichwörter an der Tafel fest.
		2. Die TN lesen nun auch das Beispiel rechts und machen sich Notizen zu ihrem Heimatland. Wenn möglich, können ungeübtere TN mit einem anderen TN aus demselben Land zusammenarbeiten. *Hinweis:* Kommen viele TN aus demselben Land, können sie auch den Verkehr aus der Region/Stadt beschreiben, aus der sie kommen. Oft gibt es regionale Unterschiede.

b	Plakate	3. Die TN erstellen aus ihren Notizen ein Plakat und suchen ein passendes Foto dazu. Wenn möglich, können sie das Foto auch ausdrucken. Diese Aufgabe eignet sich auch als Hausaufgabe. Dann können die TN ihren Vortrag zu Hause üben. Passende Redemittel finden die TN direkt unterhalb der Aufgabenstellung. Weisen Sie die TN auch auf die Redemittel „Vergleiche ziehen: In meiner Heimat ist das anders." (Kursbuch, S. 59) hin.
		4. Die TN hängen ihre Plakate im Kursraum auf und sprechen über den Verkehr in ihrem Heimatland.
	KV 11/ Wiederholung	*fakultativ:* Wenn Sie noch Zeit haben, können Sie hier die Wiederholung zu Lektion 11 anschließen.
	KV L11/Test	Einen Test zu Lektion 11 finden Sie hier im LHB auf Seite 146. Weisen Sie die TN auf den Selbsttest im Arbeitsbuch auf Seite 147 hin.

AUDIO- UND VIDEOTRAINING

Seite/Aufgabe	Material	Aufbau
		Audiotraining 1: Woher kommst du?
	CD 5/19	Die TN werden gefragt: „Woher kommst du?" und erhalten für ihre Antwort ein Stichwort („Arzt"). Die TN antworten in den Sprechpausen mit „Ich komme vom (Arzt)." Nach der Sprechpause hören die TN die korrekte Antwort.
		Audiotraining 2: Den Weg beschreiben
	CD 5/20	Die TN hören eine Wegbeschreibung: „Sie möchten zur Oper? Kein Problem. Gehen Sie diese Straße entlang." Die TN sollen diese Beschreibung in einer Echoübung wiederholen und auf Aussprache und Betonung achten. Nach der Sprechpause hören die TN die Beschreibung noch einmal.
		Audiotraining 3: So ein Wetter!
	CD 5/21	Die TN hören von einem Sprecher eine typische Aussage zum Wetter, wie sie häufig in Smalltalk-Situationen vorkommt: „Heute scheint die Sonne so schön!" Die TN sollen diese Aussage bestätigen und variieren, indem sie das entsprechende Adverb benutzen: „Das stimmt. Es ist wirklich sonnig!" Nach der Sprechpause hören die TN den korrekten Satz.
		Videotraining: Wie komme ich zum Stadtpark?
	Film „Wie komme ich zum Stadtpark?"	Die TN sehen in dem Film Tim, der nach dem Weg zum Stadtpark fragt. Lara erklärt den sehr langen Weg mit vielen Gesten, die das Verständnis unterstützen. Die TN werden dann gebeten, den Weg zu wiederholen. Dazu sehen sie Zeichnungen und darunter einen Satz mit Lücken, in die sie die lokalen Präpositionen ergänzen sollen. Anschließend wird die richtige Antwort eingeblendet und als Echo von Tim wiederholt. Besonders ungeübte TN sollten den Film mehrmals in zeitlichen Abständen wiederholen, um die Struktur zu festigen und zu automatisieren.

fakultativ: Geübtere TN sehen zunächst nur die erste Hälfte des Films, in der Lara den Weg beschreibt. Nach dieser Beschreibung fertigen sie eine kleine Zeichnung an, wie Tim in seinem Film. Erst danach sehen sie den Film weiter und sprechen die Übung mit bzw. überprüfen ihre Zeichnung. |

ZWISCHENDURCH MAL ...

Seite/Aufgabe	Material	Aufbau
60		**Film: Sonst noch was? (passt z. B. zu A1 oder A3)**
60/1		1. Die Bücher sind geschlossen. Die TN sehen den Film ohne Ton. Sie spekulieren, worum es in dem Film geht. Lesen Sie den Titel des Films mit deutlicher Betonung vor, sodass den TN der Ärger darin klar wird, und klären Sie dessen Bedeutung (hier: wütende Äußerung gegenüber einer Person, die eine unangemessene oder übertriebene Forderung stellt).
	KV L11/ZDM	2. *fakultativ* (vor A1): Die TN erhalten die Kopiervorlage, auf der Sie Übung b (die Ergänzung der Präpositionen und Artikel in a) bereits ausgefüllt haben, sodass die TN mit Übung a in Stillarbeit starten und die Sätze in die richtige Reihenfolge bringen. Ungeübtere TN arbeiten zu zweit zusammen. Anschließend Kontrolle im Plenum.
		fakultativ (vor A3): Die TN erhalten die Kopiervorlage. Sie sehen den Film ohne Ton und bearbeiten zunächst nur Übung a in Stillarbeit, ungeübtere TN arbeiten mit ihrer Partnerin / ihrem Partner. Anschließend Kontrolle im Plenum. Die TN sehen den Film noch einmal ohne Ton und bearbeiten Übung b in Stillarbeit. Danach sehen die TN den Film ein drittes Mal mit Ton und kontrollieren ihre Eintragungen. Anschließend Kontrolle im Plenum.
		3. Die TN öffnen die Bücher und bearbeiten die Aufgabe im Buch. Dann sehen die TN den Film zur Kontrolle noch einmal mit Ton. *Lösung:* 1 D, 3 E, 4 B, 5 C, 6 F
		4. *fakultativ:* Die TN sitzen im Kreis und erzählen die Geschichte nach. Dabei sagt jeder TN in der Sitzreihenfolge einen Satz. In Kursen mit überwiegend geübten TN können die TN die Geschichte auch weiter ausschmücken. Stellen Sie dazu an geeigneter Stelle Zusatzfragen, z. B. „Warum verlässt die Frau das Haus?", „Wie oft in der Woche / im Monat tut sie das?" etc.
60/2		Die TN lesen das Beispiel in der Sprechblase und erzählen, ob sie auch manchmal wütend sind. Fragen Sie: „Worüber / Über wen sind Sie manchmal wütend?", Was tun Sie dann?"
60		**Rätsel: Ich fahre mit ... (passt z. B. zu C2 oder E2)**
60	CD 5/22	1. Die TN sehen sich das Rätsel an. Dann hören sie die Hörbilder zunächst mit geschlossenen Augen, um sich ganz auf die Geräusche zu konzentrieren. So haben die TN schon eine Vorstellung von den Verkehrsmitteln und können sich beim zweiten Hören auf die richtigen Artikel konzentrieren.
	CD 5/22	2. Die TN hören die Hörbilder ein zweites Mal und tragen ihre Lösungen ein. Die TN vergleichen zunächst mit einem anderen TN. Anschließend Kontrolle im Plenum. *Lösung:* B dem Bus, C dem Zug, D dem Fahrrad, E der U-Bahn, F dem Auto, G dem Schiff; Lösungswort: Ich gehe zu Fuß.
	zwei verschiedene Bälle oder Tücher	3. *fakultativ:* In Kursen mit geübteren TN können Sie in schnellem Wechsel den unterschiedlichen Kasus in „Ich nehme den Zug." und „Ich fahre mit dem Zug." üben. Die TN stehen im Kreis und werfen sich zwei verschiedene Bälle oder Tücher zu. Der eine Ball / Das eine Tuch steht für „nehmen", der andere Ball / das andere Tuch für „fahren mit".
61		**Lesen: Sie sind das Problem Nr. 1: die anderen! (passt z. B. zu C4 oder E3)**
61/1	Folie/IWB	Die TN lesen die Überschrift des Zeitungstextes und sehen sich die Fotos an. Sie stellen Vermutungen darüber an, wovon der Zeitungstext handelt.
		Variante: Wenn Sie vermeiden möchten, dass die TN schon auf den Text „schielen", zeigen Sie die Fotos auf Folie / dem IWB und schreiben Sie die Überschrift an die Tafel.

		Tipp: Um den TN ein bisschen mehr „Futter" für ihre Vermutungen zu geben, können Sie auch zu jedem Foto einige Stichwörter vorgeben, z. B. Foto 1: „Fußgänger", „wütend", „Bürgersteig"; Foto 2: „Fußgänger", „Autotür", „nach hinten"; Foto 3: „Bürgersteig", „Radler", „Fußgängerzone".
61/2		1. Die TN lesen den Text in Stillarbeit und markieren, wer nervt und warum. Dann ergänzen sie die Tabelle. Ungeübtere TN arbeiten zu zweit oder in Kleingruppen. *Binnendifferenzierung:* Ungeübtere TN bearbeiten nur einen Text. Anschließend Kontrolle im Plenum. *Lösung:* Radfahrer: kennen keine Regeln; fahren, wie sie wollen; fahren schnell, auch durch die Fußgängerzone / Fußgänger: sind wütend, wenn man als Autofahrer mal fünf Minuten auf dem Bürgersteig parkt; passen nicht auf; laufen einem vors Rad / Autofahrer: machen nach dem Parken schnell die Autotür auf und sehen dabei nicht nach hinten; sind rücksichtslos; parken auf den Bürgersteigen
		2. *fakultativ:* Die TN sammeln zu zweit oder zu dritt weitere Situationen im Straßenverkehr, die nerven können.
		3. *fakultativ:* Diskutieren Sie mit den TN im Plenum über ihre Erfahrungen im Straßenverkehr. Wenn nötig, sammeln Sie für die Diskussion mit den TN einige Redemittel, um Aufregung zu beschreiben, z. B. „Es ärgert mich besonders, wenn ...", „Am meisten nervt mich, dass ...", „Das ist einfach unverschämt! Das Verhalten der ... regt mich wirklich auf!", „Wie können die nur ...?" etc. Wenn nötig, weisen Sie die TN für die Diskussion auch noch einmal auf die Redemittel in Lektion 9 „Skeptisch reagieren: Ja, wirklich?" (Kursbuch, S. 33) hin.
		4. *fakultativ:* Gehen Sie auch auf Unterschiede im Verhalten von Verkehrsteilnehmern in Deutschland und in anderen Ländern ein, wenn die TN darüber etwas wissen oder von eigenen Erlebnissen berichten können.

Wortfelder: Reisen und Reisen planen; Reiseorte; Aktivitäten im Urlaub

Grammatik: Lokale Präpositionen *an, auf, in, nach: am Meer – ans Meer, in den Bergen – in die Berge;* Adjektive ohne Artikel: *mit gutem Wein, …;* temporale Präpositionen *über, von … an: über eine Stunde Aufenthalt;* modale Präposition *ohne: ohne lauten Verkehr*

ORTE
Folge 12: Die Qual der Wahl!

Seite/Aufgabe	Material	Aufbau
62/1		**Vor dem ersten Hören: Einen Comic schreiben**
	Kartensets der Foto-Hör-geschichte	1. Kopieren Sie vorbereitend die Foto-Hörgeschichte und zerschneiden Sie sie. Achten Sie darauf, die Fotonummern wegzuschneiden. Die Bücher sind geschlossen. Die TN arbeiten in Kleingruppen zu dritt. Jede Kleingruppe erhält jeweils ein Kartenset. Die TN sehen sich die Fotos an. Fragen Sie nach dem Thema der Foto-Hörgeschichte. Die TN äußern im Plenum Vermutungen.
	DIN-A3-Papier, Klebstoff	2. In der Kleingruppe bringen die TN die Fotos in eine sinnvolle Reihenfolge und kleben die Fotos in losem Abstand auf ein DIN-A3-Blatt, sodass sie zu jedem Bild Sprechblasen malen und diese beschriften können. Die TN denken sich in der Kleingruppe den Text zu ihrem „Foto-Comic" aus. Geben Sie einen Zeitrahmen von ca. 10–15 Minuten vor.
	Klebepunkte	3. Wer fertig ist, hängt seinen Comic so im Kursraum auf, dass ihn die anderen gut lesen können. Veranstalten Sie eine Leserallye. Dazu erhält jede Gruppe drei Klebepunkte, die sie an die anderen Comics verteilen darf. Der eigene Comic darf nicht bewertet werden. Am Schluss wird ausgezählt, welcher Comic die meisten Punkte erhalten hat. *Variante:* Wenn Ihre TN sehr wettbewerbsorientiert sind, können Sie vor der Comic-Erstellung Kriterien vereinbaren (lustig, spannend, gute Idee, sprachlich korrekt etc.), nach denen die Comics später bewertet werden sollen. Nach der Auszählung des Ergebnisses können Sie die ersten drei Comics z.B. mit Gummibärchen oder einer Schokolade prämieren. Die drei Siegergruppen lesen ihren Comic noch einmal mit verteilten Rollen vor.
		4. Die TN öffnen die Bücher und sehen sich die Foto-Hörgeschichte im Original an. Fragen Sie: „Was machen Lara und Tim wirklich?" Die TN stellen Vermutungen im Plenum an. *Lösung:* Sie planen eine Reise.
62/2		**Beim ersten Hören: Details der Geschichte verstehen**
a		1. Die TN lesen die Aussagen und ordnen sie den Fotos 3 bis 8 zu. Geübtere TN lösen die Aufgabe in Stillarbeit, ungeübtere TN arbeiten zu zweit.
b	CD 5/23–30	2. Die TN hören die Foto-Hörgeschichte und vergleichen ihre Lösungen. Abschlusskontrolle im Plenum. Gehen Sie dabei auch auf die Wendung „Die Qual der Wahl!" ein („Wer die Wahl hat, hat die Qual."). *Lösung:* A 4, C 3, D 5, E 8, F 6
63/3		**Beim zweiten Hören: Vorschläge und Reaktionen darauf verstehen**
a	CD 5/23–30	1. Die TN decken die Antworten mit dem Heft ab und lesen nur die Vorschläge. Dann hören sie die Foto-Hörgeschichte noch einmal und ergänzen in Stillarbeit, wer was sagt. Abschlusskontrolle im Plenum. *Lösung:* 3 T, 4 T, 5 L, 6 T
b	ggf. CD 5/23–30	2. Die TN verbinden zunächst aus dem Gedächtnis, was Lara und Tim jeweils auf die Vorschläge antworten, und vergleichen mit der Partnerin / dem Partner. Wenn nötig, hören die TN die Foto-Hörgeschichte noch einmal. Abschlusskontrolle im Plenum. *Lösung:* 1 b, 2 f, 3 e, 5 d, 6 a
		3. Gehen Sie anschließend ggf. auf Wortschatzfragen ein und lassen Sie die TN die Ziele (Mosel, Ostsee, Wien etc.) auf der Landkarte (im Umschlag innen) finden.

c	KV L12/FHG	4. Die TN lesen die Aufgabe im Buch und finden sich zu Kleingruppen von 3– 4 TN zusammen. Weisen Sie die TN explizit darauf hin, dass sie auch Wünsche äußern können, die sich – zumindest momentan – nicht verwirklichen lassen. Erinnern Sie die TN daran, dass in diesem Fall „würde" verwendet wird. Den Konjunktiv II kennen die TN bereits aus Lektion 8. *Variante:* Wenn einige Ihrer TN nicht so gern von sich selbst erzählen, können Sie auch die Sprechkarten von der Kopiervorlage verteilen. Wer möchte, formuliert frei, die anderen ziehen eine Karte und begründen „ihre" Reiseziele. Gehen Sie herum und helfen Sie bei Schwierigkeiten.
		5. Die TN erzählen sich gegenseitig, wohin sie gern einmal fahren würden und was sie gern einmal sehen würden. Gehen Sie herum und hören Sie in die Gruppen hinein. Stellen Sie gezielte Fragen, wenn Sie das Gefühl haben, dass das Gespräch in einer Gruppe nicht so recht in Gang kommt. *Variante:* In kleineren Kursen sprechen die TN im Plenum über ihre Urlaubsträume. *Hinweis:* An dieser Stelle eignet sich zur thematischen Vertiefung der Foto-Hörgeschichte der Einsatz von „Tims Film".
	„Tims Film" Lektion 12	In „Tims Film" flirten Lara und Tim miteinander über Skype. Sie reimen zum Thema „Gemeinsam verreisen". Fragen Sie die TN vor dem Sehen: „Was mag Lara?" und „Was gefällt Tim?" Fordern Sie eine Hälfte des Kurses auf, auf Lara zu achten. Die andere Hälfte achtet auf Tim. Die TN sehen sich den Film „Sogar in die Sahara" an und machen Notizen. Zeigen Sie den Film bei Bedarf mehrmals. Abschlusskontrolle im Plenum. *Hinweis:* Sie können den Film z. B. im Anschluss an die Foto-Hörgeschichte zur Vertiefung der Frage „Wohin reisen Lara und Tim?" einsetzen. Sie können ihn aber auch nutzen, um im Anschluss an Schritt A3 die Verwendung der lokalen Präpositionen noch einmal zu üben. Fordern Sie die TN in diesem Fall beim zweiten Sehen auf, sich zu notieren, wo die beiden Protagonisten sich einen gemeinsamen Urlaub vorstellen können.

SCHRITT A: WOLLEN WIR AN DIE MOSEL FAHREN?

Lokale Präpositionen *an, auf, in*

Lernziel: Die TN können Texte zum Thema „Reiseziele" verstehen.

Seite/Aufgabe	Material	Aufbau
	AB 1–2	im Kurs: Wiederholungsübungen zu den lokalen Präpositionen „bei", „von", „aus", „in", „nach" und „zu", die die TN bereits aus *Schritt für Schritt in Alltag und Beruf 2 / Lektion 11* kennen.
64/A1		**Wiederholung und Erweiterung der lokalen Präpositionen *an, auf* und *in* auf die Frage *Wohin?***
a		1. Die TN sehen sich die Fotos an und lesen die Ziele darunter. Klären Sie ggf. neuen Wortschatz, wie „die Küste" etc.
		2. Die TN versuchen, sich an die drei Vorschläge von Lara und Tim zu erinnern, und kreuzen an.
	CD 5/31	3. Die TN hören die Vorschläge von Lara und Tim und vergleichen. Abschlusskontrolle im Plenum. *Lösung:* an die Mosel, in die Berge, nach Österreich
b	Folie/IWB	4. Die TN markieren die lokalen Präpositionen „in", „auf", „an" und „nach" in a und ergänzen die Tabelle. Geübtere TN lösen die Aufgabe in Stillarbeit, ungeübtere TN arbeiten zu zweit. Abschlusskontrolle im Plenum. *Lösung:* an: ans Meer, auf, in

		5. Verweisen Sie die TN an dieser Stelle noch einmal auf *Schritt für Schritt in Alltag und Beruf 2* / Lektion 11 und *Schritt für Schritt in Alltag und Beruf 3* / Lektion 2, wo sie die lokale Präposition „nach" sowie die Wechselpräpositionen bereits kennengelernt haben. Erinnern Sie die TN in diesem Zusammenhang auch daran, dass „nach" vor Städtenamen sowie vor den meisten Ländernamen ohne Artikel benutzt wird, vor Ländern mit Artikel aber die Präposition „in" gebraucht wird. Neu ist hier die Verwendung der Wechselpräpositionen in Verbindung mit Orten/ Reisezielen/Landschaften. Erklären Sie, dass auf die Frage „Wohin?" der Akkusativ gebraucht wird. Machen Sie den TN den Unterschied zwischen „in die Berge" und „auf den Berg" deutlich, indem Sie kleine Zeichnungen an die Tafel machen. Ähnlich verhält es sich mit „ans Meer" und „ins Meer". Machen Sie den TN auch deutlich, dass „ins" ein Zusammenzug von „in das" ist und „aufs" „auf das". *Tipp:* Raten Sie den TN, diese Ausdrücke als feste Wendungen zu lernen, denn sie werden im Alltag oft spontan gebraucht und dann hat man im Gespräch keine Zeit für langes Nachdenken und Herleiten. *Hinweis:* Um den Unterschied hier zu verdeutlichen, können Sie an dieser Stelle gut auf das Videotraining zurückgreifen, das sich genau mit diesem Problem für Lerner befasst.
	KV L12/A1	6. *fakultativ:* Wenn Sie die Präpositionen in Verbindung mit Reisezielen weiter einüben möchten, verteilen Sie an Kleingruppen zu dritt je ein Set Karten der Kopiervorlage. Die Karten werden gemischt, der erste TN deckt drei Kärtchen auf und nennt die drei Ziele: „Ich fahre ans Meer oder nach Österreich oder vielleicht auch in den Wald." Die anderen hören zu und verbessern ggf. Dann werden die Karten zurückgelegt, neu gemischt und der nächste TN zieht drei Kärtchen usw. *Binnendifferenzierung:* Ungeübtere TN können die Karten zuerst mit Artikelpunkten versehen und dann üben. Geübtere TN können die „Nomen" jeweils wegschneiden und ganz ohne diese Hilfe üben.
	AB 3–4	Die TN machen die Übungen in Einzelarbeit im Kurs oder als Hausaufgabe.
64/A2		**Wiederholung und Erweiterung der lokalen Präpositionen *an, auf* und *in* auf die Frage *Wo?***
	CD 5/32	1. Fragen Sie die TN, wo man diese Geräusche hört. Die TN hören die Geräusche und ordnen zu. Abschlusskontrolle im Plenum. *Lösung:* 3, 4, 2
		2. Machen Sie den TN deutlich, dass bei den Wechselpräpositionen auf die Frage „Wo?" der Dativ steht. Entwickeln Sie mit den TN zu den Begriffen aus A1 a an der Tafel eine Tabelle wie unten angedeutet. Erinnern Sie die TN in diesem Zusammenhang auch daran, dass „nach" auf die Frage „Wohin?" vor Städtenamen sowie vor den meisten Ländernamen ohne Artikel benutzt wird, aber auf die Frage „Wo?" „in" benutzt werden muss. Vor Ländern mit Artikel wird auf beide Fragen die Präposition „in" gebraucht wird.

Wohin? (Akkusativ)	Wo? (Dativ)
ans Meer	am Meer
in den Wald	im Wald
...	
⚠ nach Österreich	in Österreich/Wien/...
in die Schweiz/Türkei	in der Schweiz/Türkei

Weisen Sie die TN auch auf die Grammatikübersicht 1 (Kursbuch, S. 70) hin. Die kleine Schreibaufgabe kann im Kurs oder als Hausaufgabe gelöst werden.
Musterlösung: Wo?: Er ist am Strand. Sie ist auf einer Insel. Sie sind auf dem Land.; *Wohin?:* Er geht an den Strand. Sie fährt auf eine Insel. Sie fahren aufs Land.

	KV L12/A1, Spielfiguren, Würfel	3. *fakultativ:* Die TN arbeiten in Kleingruppen zu dritt und erhalten je einen Satz Karten der Kopiervorlage, drei Spielfiguren und einen Würfel. Die Karten werden gemischt und im Kreis ausgelegt. Jeder TN stellt seine Figur auf eine beliebige Karte (nicht die gleiche). Der erste TN würfelt, bei 1, 2, 3 antwortet er auf die Frage „Wo?" bei 4, 5, 6 auf die Frage „Wohin?" *Binnendifferenzierung:* Ungeübtere TN können die Karten zuerst mit Artikelpunkten versehen und dann spielen. Geübtere TN können die „Nomen" jeweils wegschneiden und ganz ohne diese Hilfe spielen.
64/A3		**Aktivität im Kurs: Fragespiel**
a		1. Die TN lesen die Aufgabe und schreiben in Stillarbeit jeweils drei Fragen nach dem angegebenen Muster auf. Ungeübtere TN können sich dabei mit der Partnerin / dem Partner beraten. Gehen Sie herum und helfen Sie bei Schwierigkeiten.
b		2. Die TN stehen. Der erste TN stellt eine seiner Fragen, z. B. „Wer war schon einmal am Meer?" TN, die schon einmal da waren, setzen sich. Die TN stehen wieder auf und ein neuer TN stellt seine Frage etc. *Hinweis:* Wenn Sie genug Zeit haben, können Sie jeweils einige der sitzenden TN fragen, wo sie waren, und sie kurz erzählen lassen. *Hinweis:* An dieser Stelle passt thematisch „Das Wo-Wohin-Spiel" aus der Rubrik „Zwischendurch mal ..." (Kursbuch, S. 73).
	AB 5–6	Die TN machen die Übungen in Einzelarbeit im Kurs oder als Hausaufgabe.

SCHRITT B: GUTES WETTER WÄRE AUCH NICHT SCHLECHT.

Adjektivdeklination ohne Artikel; modale Präposition *ohne*

Lernziel: Die TN können Anzeigen von Unterkünften verstehen und über Vorlieben sprechen.

Seite/Aufgabe	Material	Aufbau
65/B1		**Präsentation der Adjektive ohne Artikel im Nominativ**
	Folie/IWB	1. Fragen Sie die TN, ob sie sich noch daran erinnern, was für Lara und Tim im Urlaub wichtig ist. Die TN kreuzen zunächst aus dem Gedächtnis an.
	CD 5/33	2. Die TN hören noch einmal, was Lara und Tim in ihrem Gespräch per Skype nennen, und vergleichen mit ihren Lösungen bzw. ergänzen. Abschlusskontrolle im Plenum. *Lösung:* Lara: nette Leute, gutes Wetter, leckeres Essen; Tim: schöne Landschaften, interessante Städte
		3. Zeigen Sie anhand des Tafelbilds, dass Adjektive, denen kein Artikel vorausgeht, die Endungen des Artikels übernehmen. Entwickeln Sie das Tafelbild gemeinsam mit den TN und markieren Sie die Endungen der Artikel bzw. der Adjektive im Nominativ farbig, sodass der Zusammenhang deutlich wird. Systematisieren Sie die Beispiele dann an der Tafel: Erinnern Sie die TN an dieser Stelle an die Adjektivdeklination nach dem unbestimmten und nach dem bestimmten Artikel, die sie bereits in Lektion 9 und Lektion 10 kennengelernt haben. Verweisen Sie auch auf den Grammatik-Kasten, der ebenfalls ein Beispiel für ein maskulines und ein feminines Nomen enthält. Ergänzen Sie diese Beispiele auch im Tafelbild.

		4. Fragen Sie noch einmal, was Tim und Lara im Urlaub wichtig ist, und schreiben Sie die Stichworte an die Tafel. Fragen Sie dann die TN, was ihnen wichtig ist, und ergänzen Sie.
65/B2		**Leseverstehen: Kleinanzeigen zu Urlaubsunterkünften verstehen**
a	Folie/IWB	1. Die TN suchen auf der Landkarte in der vorderen Umschlagseite des Kursbuchs Köln. Fragen Sie die TN, ob sie Köln kennen und was es dort Besonderes gibt.
	Folie/IWB	2. Die TN lesen die Texte in Stillarbeit und ergänzen die Tabelle. Ungeübtere TN arbeiten zu zweit zusammen. Abschlusskontrolle im Plenum. *Lösung:* Schlafplatz: Bett in WG-Zimmer, 4- bis 6-Bett-Zimmer; Dauer: 1–2 Nächte, 2 bis 4 Tage; Lage: mitten im Zentrum, am Stadtrand; Preis: 20 Euro/Nacht. Ab 25 Euro pro Nacht
	Folie/IWB	3. Zeigen Sie die Kleinanzeigen auf Folie / dem IWB. Gehen Sie nun auf die Adjektivendungen ein, indem Sie zusammen mit den TN alle Nomen mit Adjektiv ohne Artikel unterstreichen. Dabei können Sie die TN jeweils nach dem Kasus fragen und jeweils in verschiedenen Farben unterstreichen.
		4. Weisen Sie die TN anhand des Grammatik-Kastens auf die Adjektivendungen ohne Artikel im Akkusativ und Dativ hin und machen Sie auch hier die Analogie zwischen Artikel und Adjektivendung deutlich. Verweisen Sie abschließend auf die Grammatikübersicht 2 (Kursbuch, S. 70) und die kleine Schreibaufgabe, die die TN als Hausaufgabe lösen.
		5. Machen Sie den TN deutlich, dass die Präposition „ohne" mit dem Akkusativ steht, und weisen Sie die TN auf den Grammatik-Kasten im Buch hin und auf die Grammatikübersicht 4 (Kursbuch, S. 70). Sammeln Sie dann mit den TN weitere Beispiele, die sich aus den Anzeigen ergeben. Fragen Sie: „Was gibt es im ersten Angebot aus a nicht?" Die TN antworten z. B. „ein Bett" und machen daraus eine Formulierung mit „ohne": „Es ist eine Unterkunft ohne eigenes Bett" oder „ ... ohne gutes Frühstück". Sammeln Sie die Beispiele an der Tafel.
b		6. Diskutieren Sie mit den TN im Plenum, welche Unterkunft sie nehmen und warum.
	AB 7–9	Die TN machen die Übungen in Einzelarbeit im Kurs oder als Hausaufgabe.
	AB 10, AB-CD 2/36	*Phonetik:* im Kurs: Die TN hören zunächst a und sprechen nach, verfahren Sie mit b ebenso. Machen Sie den TN deutlich, dass die Aussprache der Endungen ein wichtiges Element des Deutschen ist und das Fehlen von Endungen auch zu Missverständnissen führen kann.

SCHRITT C: ETWAS PLANEN

Temporale Präpositionen *von ... an* und *über*

Lernziel: Die TN können Gespräche über eine Reiseplanung verstehen und eine Reise planen.

Seite/Aufgabe	Material	Aufbau
66/C1		**Hörverstehen: Gespräch über die Planung einer Reise verstehen**
a	Folie/IWB	1. Die TN sehen sich das Foto an und lesen die Angebote. Führen Sie im Plenum eine kurze Diskussion darüber, welches Angebot Farshad und Shima nehmen werden. Die TN sollten ihre Vermutung begründen.
	CD 5/34	2. Die TN hören das Gespräch und kreuzen an. Abschlusskontrolle im Plenum. *Lösung:* 1

b	CD 5/34	3. Die TN lesen die Aussagen und ergänzen zunächst aus dem Gedächtnis in Stillarbeit. Dann hören sie noch einmal und korrigieren und/oder ergänzen in Stillarbeit. Abschlusskontrolle im Plenum. *Lösung:* 2 100 Euro, 3 viereinhalb Stunden, 4 136 Euro, 5 eine Stunde, 6 Oktober, 7 10 Stunden
		4. Lenken Sie den Fokus auf Satz 5 und 6, um gemeinsam mit den TN die Bedeutung der temporalen Präpositionen „über" und „von … an" im Kontext zu klären. Machen Sie den TN deutlich, dass „über" in Verbindung mit Zeit mit dem Akkusativ gebraucht wird. Sammeln Sie gebräuchliche Ausdrücke an der Tafel: z. B. „über eine Woche", „über einen Monat" etc. „Von … an" dagegen wird in zeitlichem Kontext mit dem Dativ benutzt. Machen Sie auch hier weitere Beispiele und notieren Sie sie an der Tafel, z. B. „vom 23. August an", „von Montag an" etc. Verweisen Sie auch auf den Grammatik-Kasten sowie die Grammatikübersicht 3 (Kursbuch, S. 70).
66/C2		**Präsentation der Redemittel für ein Planungsgespräch**
	KV L12/C2, CD 5/34	1. *fakultativ:* Die TN erhalten die Kopiervorlage und lesen die Redemittel. Sie hören das Gespräch aus C1 noch einmal, ggf. mehrfach, und nummerieren, in welcher Reihenfolge die Redemittel vorkommen. Stoppen Sie zwischendurch, damit die TN Zeit zum Schreiben haben. Die TN vergleichen dann zuerst mit ihrer Partnerin / ihrem Partner. Abschlusskontrolle im Plenum.
	Folie/IWB, KV L12/C2	2. Die TN übertragen die Tabelle ins Heft und ordnen dort die Redemittel zu. Geübte TN arbeiten in Stillarbeit, ungeübtere TN arbeiten zu zweit. Gehen Sie herum und helfen Sie bei Schwierigkeiten. Abschlusskontrolle im Plenum. Weisen Sie die TN dabei auch auf die Rubriken „Vorschläge machen: Wollen wir …?", „einen Vorschlag annehmen: Oh ja, gute Idee!" und „einen Vorschlag ablehnen: Also, ich weiß nicht." auf der Kommunikationsseite (Kursbuch, S. 71) hin. *Variante:* Die TN ergänzen die Tabelle auf der Kopiervorlage. *Lösung:* Vorschläge machen: Dann lass uns doch …, Ich habe einen Vorschlag: …; einen Vorschlag annehmen: Oh ja, gute Idee!, Da hast du recht. Dann machen wir es so.; einen Vorschlag ablehnen: Oh nein, ich bin dagegen., Das geht nicht. Das ist zu …, Das ist keine so gute Idee. *Hinweis:* An dieser Stelle können Sie den Film „An der Donau entlang" aus der Rubrik „Zwischendurch mal …" (Kursbuch, S. 72) einflechten.
b	AB 11	Die TN machen die Übung in Einzelarbeit im Kurs oder als Hausaufgabe.
67/C3		**Aktivität im Kurs: Eine Reise planen**
a		*Hinweis:* Um die TN zu neuen Reisezielen anzuregen und damit die nächste Aufgabe vorzubereiten, können Sie hier das Projekt aus der Rubrik „Zwischendurch mal …" (Kursbuch, S. 72) vorschieben, in dem die TN sich mit Orten in Deutschland befassen und Informationen dazu zusammenstellen. 1. Die TN arbeiten mit ihrer Partnerin / ihrem Partner. Die TN lesen die Aufgabe und das Mustergespräch. Dann sehen sie sich die Karte unten auf der Seite oder im Innenteil des Umschlags im Kursbuch vorn an und einigen sich auf vier Orte. Die TN verwenden dabei die Redemittel aus C2. Gehen Sie herum und helfen Sie bei Schwierigkeiten.
b		2. Die Paare einigen sich auf eine Reiseroute und zeichnen sie in die Karte ein.
c		3. Die Paare diskutieren, mit welchem Verkehrsmittel sie von Ort zu Ort fahren wollen, und einigen sich. Auch hier benutzen sie die Redemittel aus C2.
	AB 12–13	Die TN machen die Übungen in Einzelarbeit im Kurs oder als Hausaufgabe.

	AB 14, AB-CD 2/37, Folie/IWB	im Kurs: Die TN hören den Brief und ergänzen. Abschlusskontrolle im Plenum, indem Sie den Brief auf Folie / dem IWB zeigen und mit den TN zusammen ergänzen. Weisen Sie die TN noch einmal besonders auf die Anrede und den Gruß hin, der für die Prüfung am besten auswendig gelernt werden kann. *Hinweis:* Diese Übung ist eine gute Vorbereitung auf Übung 15 und sollte unmittelbar vorher bearbeitet werden.
	AB 15	*Prüfung:* Die TN schreiben wahlweise eine E-Mail zu Thema A oder B im Kurs und gehen dabei auf die vorgegebenen Punkte ein. Diese Übung dient auch als Vorbereitung auf den Prüfungsteil Schreiben der Prüfung *Deutsch-Test für Zuwanderer.* Geben Sie den TN 30 Minuten Zeit zum Schreiben. Sammeln Sie die Texte ein und korrigieren Sie sie.
67/C4	Folie/IWB	1. Sehen Sie sich mit den TN zusammen die Redemittel zur Strukturierung an. Machen Sie ein Beispiel, indem Sie von einer Reiseroute erzählen und die Redemittel entsprechend einsetzen. Weisen Sie die TN auch auf die Rubrik „Über Reisepläne sprechen: Zuerst fahren wir nach …" auf der Kommunikationsseite (Kursbuch, S. 71) hin. Die kleine Übung rechts können die TN im Kurs oder als Hausaufgabe bearbeiten. *Musterlösung:* ◆… in die Berge fahren. ○ Das geht nicht, das ist zu weit. ◆ Ich habe einen Vorschlag: Wir gehen ins Museum. ○ Also, ich weiß nicht. ◆ Dann fahren wir an den See. Das dauert nur 15 Minuten. ○ Oh ja, gute Idee! Ich hole schon meinen Badeanzug und ein Handtuch.
		2. Jedes Paar beschreibt einem anderen Paar seine Reiseroute. Dann wechseln die Paare noch einmal und die Paare erzählen ein zweites Mal. *Hinweis:* Wenn die TN es gern spielerischer mögen, suchen die Paare so lange ein anderes Paar, bis sie eins mit einer ähnlichen Route gefunden haben. Dabei müssen die Paare natürlich immer wieder ihre Route vorstellen.

SCHRITT D: NACHRICHTEN SCHREIBEN

Lernziel: Die TN können Einladungen per Kurznachricht verstehen und jemanden per Kurznachricht zu sich einladen.

Seite/Aufgabe	Material	Aufbau
68/D1		**Leseverstehen: Die wesentlichen Inhalte einer Kurznachricht verstehen**
a	Folie/IWB	1. Die TN sehen sich die Fotos im Buch an. Fragen Sie die TN, ob sie einen der Orte kennen oder welche es sein könnten. Die TN stellen Vermutungen an oder beschreiben, was auf den Fotos zu sehen ist. Wenn jemand bereits an einem der abgebildeten Orte war, kann sie/er kurz berichten, was es dort zu sehen gibt.
		2. Die TN lesen die drei Kurznachrichten, überfliegen die Texte und ordnen die Antworten zu. Wer schon fertig ist, kann neuen Wortschatz für alle im Wörterbuch nachschlagen und später bei Worterklärungen behilflich sein. Abschlusskontrolle im Plenum. Geben Sie dabei auch Gelegenheit zu Wortschatzfragen. *Lösung:* Patrick, Jutta, Rafaela
b		3. Die TN lesen die Nachrichten noch einmal und ordnen die übrigen Aussagen zu. Geübtere TN lösen die Aufgabe in Stillarbeit, ungeübtere TN arbeiten zu zweit. Abschlusskontrolle im Plenum. *Lösung:* 2 – 2, 3 – 1, 4 – 3, 5 – 2, 6 – 1
69/D2		**Anwendungsaufgabe: Eine Kurznachricht schreiben**
a		1. Die TN sehen sich das Beispiel an. Besprechen Sie es kurz im Plenum.

b	Folie/IWB	2. Zeigen Sie die Nachrichten aus D1 auf Folie / dem IWB und die Teile 1–3. Ordnen Sie jedem Teil eine Farbe zu. Fragen Sie die TN, was aus der Nachricht von Rafaela zu Teil 1 passt. Markieren Sie entsprechend. Verfahren Sie mit Teil 2 und 3 und den anderen Nachrichten ebenso. *Hinweis:* In Kursen mit überwiegend geübteren TN können Sie diesen Schritt überspringen.
		3. Die TN lesen die Aufgabe und ordnen die Sätze den Teilen in Stillarbeit zu. Ungeübtere TN können mit ihrer Partnerin / ihrem Partner arbeiten. Abschlusskontrolle im Plenum. *Lösung:* 1 Wann besuchst du mich mal? 2 Wir könnten … gehen/fahren/anschauen/besichtigen. 1 Du bist herzlich eingeladen. 2 Du musst unbedingt … sehen. 1 Komm doch mal nach … 2 Ich möchte dir so gern … zeigen. 3 Ich freue mich auf dich! 2 Möchtest du vielleicht …? 2 Hast du Lust auf …? 2 Hast du schon einmal … probiert? Das schmeckt …
c		4. Die TN lesen die Aufgabenstellung. Stellen Sie sicher, dass alle TN verstanden haben, was sie tun sollen, und dass sie die drei Teile in ihrer Kurznachricht und die Sätze aus b berücksichtigen. Die TN entscheiden selbst, ob sie die Kurznachricht allein oder zusammen mit ihrer Partnerin / ihrem Partner schreiben wollen. Besprechen Sie, wenn nötig, noch einmal die Anrede und den Abschiedsgruß anhand der Beispiele aus D1. Gehen Sie herum und helfen Sie bei Schwierigkeiten. Verweisen Sie auch auf die Redemittel „schriftliche Einladung: Komm doch mal nach Leipzig." (Kursbuch, S. 71). *Hinweis:* Wenn die TN die Redemittel noch weiter üben möchten, können sie mit dem Audiotraining 2 arbeiten.
d		5. Die TN tippen ihre Einladungen ins Smartphone und senden sie an eine andere TN / einen anderen TN / ein anderes Paar aus dem Kurs. Die TN schreiben eine Antwort. *Hinweis:* Wenn Sie die Texte korrigieren möchten, schreiben die TN ihre Nachrichten auf Papier und antworten auch auf Papier. Sammeln Sie die Texte zur Korrektur ein. Hängen Sie die korrigierten Nachrichten im Kursraum auf, sodass die TN ihre Einladungen gegenseitig lesen können. *Hinweis:* An dieser Stelle bietet es sich an, mit dem Film „An der Donau entlang" aus „Zwischendurch mal …" (Kursbuch, S. 72) zu arbeiten.
		Tipp: Wenn die TN mit oder ohne Vorlage einen Text schreiben, sollten Sie diesen nach Möglichkeit einsammeln und mit Korrekturhinweisen versehen. Erfahrungsgemäß ist es wenig effektiv, die Fehler lediglich zu korrigieren, z. B. einen falschen Artikel durch den richtigen zu ersetzen. In diesem Fall denken nur die wenigsten TN über ihre Fehler nach, sondern akzeptieren die Korrektur und legen den Text zur Seite. So werden sie denselben Fehler voraussichtlich immer wieder machen. Wenn Sie die Fehlerquelle dagegen nur markieren und Ihren TN einen Hinweis geben, dass sie z. B. die Pluralendung vergessen haben, können die TN sich selbst korrigieren und dabei etwas lernen (vgl. auch Übung 16a im Arbeitsbuch). In diesem Fall sollten Sie ihnen die Gelegenheit geben, ihren Text noch einmal abzugeben und durchsehen zu lassen. Dieses Korrekturverfahren nimmt zwar zunächst mehr Zeit in Anspruch, ist jedoch langfristig gesehen wesentlich effektiver. Wenn Sie das erste Mal mit Korrekturhinweisen arbeiten, sollten Sie den TN kurz erklären, welche Korrekturzeichen Sie verwendet haben. Sie können z. B. mit unterschiedlichen Farben, Unterstreichungen oder Buchstabenkürzeln für Orthografie-, Wortschatz- oder Grammatikfehler etc. arbeiten. In jedem Fall sollten Sie aber während der gesamten Kursdauer bei denselben Korrekturzeichen bleiben, um die TN nicht zu verwirren.

AB 16		im Kurs: In Teil a erhalten die TN eine Einladung per E-Mail, in die sich einige Fehler eingeschlichen haben und die deshalb korrigiert werden soll. Teil b gibt konkrete Stichworte für die Formulierung der eigenen Antwort. In Teil c formulieren die TN anhand der Stichpunkte selbstständig eine E-Mail. Verweisen Sie hier auch noch einmal auf die Redemittelübersicht „schriftliche Einladung: Komm doch mal nach Leipzig." (Kursbuch, S. 71). Wer möchte, kann seine Antwort später im Plenum präsentieren. Wenn Sie die Übung als Hausaufgabe aufgeben oder nicht genug Zeit haben, wählen die TN selbst, ob sie die Stichworte in b nutzen oder in c frei formulieren, oder Sie teilen selbst die TN ein, ob sie b oder c bearbeiten, je nach Leistungsstand. Sammeln Sie die Texte der TN in jedem Fall ein und geben Sie Korrekturhinweise, wie im Tipp oben angesprochen.
KV L12/Wiederholung		*fakultativ:* Wenn Sie noch Zeit haben, können Sie hier die Wiederholung zu Lektion 12 anschließen.
KV L12/Test		Einen Test zu Lektion 12 finden Sie hier im LHB auf Seite 147. Weisen Sie die TN auf den Selbsttest im Arbeitsbuch auf Seite 155 hin.

AUDIO- UND VIDEOTRAINING

Seite/Aufgabe	Material	Aufbau
		Audiotraining 1: Ist ja lustig!
	CD 5/35	Die TN hören eine Aussage, z.B. „Wir waren letztes Jahr (am Gardasee)." und antworten mit „Ist ja lustig! Wir fahren dieses Jahr (an den Gardasee)." Nach der Sprechpause hören die TN die korrekte Antwort.
		Audiotraining 2: Eine Einladung
	CD 5/36	Die TN hören eine Aussage, z.B. „Komm doch mal nach Leipzig. Du bist herzlich eingeladen." und sollen diese dann wiederholen. Dabei kommt es vor allem auf die Satzmelodie an. Nach der Sprechpause hören die TN die Aussage noch einmal.
		Videotraining: Wohin fährt Tim?
	Film „Wohin fährt Tim?"	Die TN sehen zuerst eine Szene, in der Tim Fragen zur Verwendung der lokalen Präpositionen stellt und Lara antwortet. Ihre Antwort wird durch Schaubilder verdeutlicht. Anschließend werden verschiedene Schaubilder zusammen mit Fragen und Antworten, wie z.B. „Wohin fährt Tim?" – „Er fährt ..." eingeblendet. Die TN sollen die richtige Präposition und den passenden Artikel ergänzen. Abschließend wird die richtige Lösung in Grün eingeblendet.

ZWISCHENDUCH MAL …

Seite/Aufgabe	Material	Aufbau
72		**Film: An der Donau entlang (passt z.B. zu C2 oder D2)**
72/1	Folie/IWB	1. Deuten Sie auf das Foto und fragen Sie: „Wo ist Markus Schneider?", „Ist er dort allein?", „Was macht er dort?" Die TN stellen im Plenum Vermutungen an.

		2. Dann lesen die TN die Aussagen und das Beispiel, bevor sie den Film sehen und ankreuzen. Zeigen Sie den Film bei Bedarf auch mehrmals. Geübtere TN lösen die Aufgabe in Stillarbeit, ungeübtere arbeiten zu zweit. Abschlusskontrolle im Plenum. Gehen Sie jetzt ggf. auf Fragen zum Wortschatz ein. *Lösung:* richtig: c, e *Hinweis:* Gehen Sie erst nach dem ersten Sehen auf Wortschatzfragen ein, denn einige Begriffe wie „Denkmal" oder „Wanderung" können während des Films aus dem Kontext erschlossen werden.
72/2		Fragen Sie die TN: „Wandern Sie gern?", „Wo sind Sie schon gewandert?", „Was haben Sie dabei erlebt?" Die TN können sich wahlweise mit ihrer Partnerin / ihrem Partner oder in der Kleingruppe austauschen. Gehen Sie herum und helfen Sie bei Schwierigkeiten. *Variante:* Wer will, kann seine Wandererlebnisse auch aufschreiben und Ihnen zur Korrektur abgeben.
72		**Projekt: Mein Ort (passt z. B. vor C3)**
72/1	Deutschland-karte	1. Fragen Sie zunächst, ob jemand schon einmal in Kelheim war oder etwas über die Stadt weiß und den anderen davon erzählen kann. *fakultativ:* Sie können eine Deutschlandkarte mitbringen, auf der Sie zusammen mit den TN die Stadt Kelheim lokalisieren.
		2. Die TN lesen die Informationen zu Kelheim. Wer Lust hat, kann mit dem Smartphone Fotos zur Befreiungshalle suchen und Sie den anderen TN zeigen.
	KV L12/ZDM	3. Die TN finden sich in Kleingruppen zusammen und einigen sich auf einen Ort, zu dem sie Informationen sammeln wie im Beispiel. *fakultativ:* Zur Unterstützung und Strukturierung der Aufgabe können Sie die Kopiervorlage an die Gruppen verteilen.
72/2		1. Die TN sehen sich die Redemittel an. Reihum in der Gruppe erzählen sie mithilfe der Redemittel und der Informationen über ihren Ort. Gehen Sie herum und helfen Sie bei Schwierigkeiten.
		2. Geben Sie den Gruppen etwas Zeit, um sich auf die Präsentation vorzubereiten / sie zu üben.
		3. Die Gruppen präsentieren ihre Orte im Plenum. Je nach Möglichkeit können die TN auch Fotos zeigen.
73		**Spiel: Das Wo-Wohin-Spiel (passt z. B. zu A3)**
	Würfel, Spielfiguren	Die TN spielen zu zweit. Sie erhalten je Paar einen Würfel und zwei Spielfiguren. Die Paare spielen nach den Regeln im Buch. *Tipp:* Wenn ein Paar fertig ist, schaut es, welches andere Paar auch fertig ist. Aus den „alten" zwei Paaren setzen sich zwei neue Paare zusammen und spielen erneut.

Wortfelder: Bank, Bankgeschäfte, Dienstleistungen

Grammatik: Indirekte Fragen mit Fragepronomen *was, wo, ...: Können Sie mir sagen, was ich da tun muss?;*

indirekte Fragen mit Fragepronomen *ob: Darf ich fragen, ob Sie Ihren Personalausweis dabeihaben?;*

Verb *lassen: Sie lässt ihr Konto prüfen.*

AUF DER BANK
Folge 13: Was du heute kannst besorgen, …

Seite/Aufgabe	Material	Aufbau
74/1		**Vor dem ersten Hören: Wichtige Wörter verstehen**
		1. Die Bücher sind geschlossen. Fragen Sie die TN, ob sie ein Konto haben und/oder ob sie schon einmal auf einer Bank oder Sparkasse waren. Was haben die TN dort gemacht? Während einige TN erzählen, notieren Sie wichtige Wörter, die die TN benutzen, an der Tafel, z. B. „das Konto", „der Kontoauszug", „der Geldautomat" etc.
		2. Die TN öffnen die Bücher, sehen sich den Kontoauszug an und ordnen in Stillarbeit zu. Anschließend Kontrolle im Plenum. *Lösung:* 1 der Kontoauszug, 2 die Kontonummer/IBAN
		3. Fragen Sie die TN, was es auf dem Auszug noch gibt. Lassen Sie die TN erklären, z. B. „Buchung", etc.
74/2		**Nach dem ersten Hören: Die Kerninformation verstehen**
	CD 6/1–8	1. Die TN sehen sich die Fotos an, hören die Foto-Hörgeschichte und umkreisen in Stillarbeit ihre Lösung. Ungeübtere TN können sich mit ihrer Partnerin / ihrem Partner beraten. Anschließend Kontrolle im Plenum. *Lösung:* b Tims Bank. c ein Konto eröffnen. d löst Frau Sicinskis Problem.
	KV L13/FHG, CD 6/1–8	2. *fakultativ:* Die TN arbeiten zu zweit. Verteilen Sie an jedes Paar zwei oder drei zerschnittene Gespräche der Kopiervorlage. Die TN bringen die Gespräche in eine sinnvolle Reihenfolge. Anschließend lesen die Paare die Gespräche mit verteilten Rollen in der Reihenfolge der Bilder der Foto-Hörgeschichte laut im Plenum, sodass einmal die komplette Geschichte gelesen wird. Bei Gesprächen mit drei Personen liest ein TN eines anderen Paares mit. In Kursen mit ungeübteren TN erhalten die Paare nur ein Dialogkärtchen. Zur Kontrolle hören die TN die Foto-Hörgeschichte noch einmal.
75/3		**Nach dem zweiten Hören: Schlüsselinformationen verstehen**
		1. Die TN lesen die Aussagen und ordnen zunächst aus dem Gedächtnis. Ungeübtere TN arbeiten zu zweit.
	CD 6/1–8	2. Die TN hören die Foto-Hörgeschichte, wenn nötig auch mehrmals, und korrigieren. Abschlusskontrolle im Plenum. *Lösung:* 3, 4, 2
		3. *fakultativ:* Schreiben Sie die Sätze aus a an die Tafel. Lassen Sie dann einige Zeilen Platz und schreiben Sie die Sätze aus b an die Tafel. Fragen Sie die TN, was zwischen diesen beiden Aussagen noch passiert, z. B. „Er soll den Firmennamen im Internet nachsehen. Doch er hat keine Zeit, weil er zur Arbeit muss." Bitten Sie die TN, einen oder zwei Sätze zu formulieren, und schreiben Sie diese in die Lücke. Verfahren Sie mit c–d ebenso.
		4. Schreiben Sie „Was du heute kannst besorgen, das verschiebe nicht auf morgen.", also das komplette Motto der Foto-Hörgeschichte, an die Tafel. Fragen Sie die TN, was das bedeuten könnte. Wenn die TN keine passenden Ideen haben, erklären Sie, dass sich diese Redensart auf Frau Sicinski und ihren Ärger mit ihrer Bank bezieht. Sie soll nicht lange warten, sondern sofort etwas tun, nämlich mit Tim zu seiner Bank gehen. Erklären Sie den TN, dass „besorgen" hier in der Bedeutung von „etwas erledigen" benutzt wird und „etwas verschieben" hier „etwas nicht sofort, sondern später tun" heißt.

		5. *fakultativ:* Die TN gehen im Kursraum herum und sprechen mit anderen TN darüber, was sie oft verschieben. Regen Sie die TN an, kleine Gespräche zu führen und auch nachzufragen.
	„Tims Film" Lektion 13	Tim filmt Niki und einen Freund. Die beiden sprechen über Computerspiele und woher sie das Geld dafür auftreiben. Sie können den Film als Wiederholung und Festigung nach B4 nutzen, da den TN eine realistische Situation gezeigt wird, in der indirekte Fragen gestellt werden. Vor C1 können Sie den Film auch zur Einführung des Verbs „lassen" nutzen.

SCHRITT A: KÖNNEN … SAGEN, WAS ICH DA TUN MUSS?

Indirekte Fragen mit Fragepronomen

Lernziel: Die TN können am Bankschalter um Informationen bitten und über Banken sprechen.

Seite/Aufgabe	Material	Aufbau
76/A1		**Präsentation der indirekten Fragen mit Fragepronomen**
a	Folie/IWB	1. Die TN lesen das Gespräch, ergänzen dann in Stillarbeit die Aussage im Grammatik-Kasten. Anschließend Kontrolle im Plenum. Fragen Sie die TN noch einmal, was Frau Sicinski von der Frau in der Bank wissen möchte. Die TN formulieren die Frage mit eigenen Worten. *Lösung:* was … tun muss
		2. Notieren Sie das Beispiel aus dem Gespräch an der Tafel. Zeigen Sie den TN anhand des Tafelbilds, dass das Verb in der indirekten Frage ans Satzende rückt. Heben Sie hervor, dass diese Art der Frage mit allen Fragewörtern („wer", „wie", „wo", „was", „warum" etc.) möglich ist und zusammen mit bestimmten einleitenden Formulierungen, wie z. B. „Können Sie mir sagen, …?" oder „Weißt du, …?", benutzt wird, um eine Frage höflich zu stellen. Was muss ich da tun? → Können Sie mir sagen, was ich da tun muss? Weisen Sie die TN auch auf die Grammatikübersicht 1 (Kursbuch, S. 82) hin. Die kleine Übung rechts bearbeiten die TN erst im B-Teil. Weitere einleitende Formulierungen finden die TN bei den Redemitteln „Höflich fragen: Können Sie mir sagen, …?" und „Über Bankgeschäfte sprechen: Wissen Sie, wie man … ausfüllt?" (Kursbuch, S. 83). Die kleine Übung rechts eignet sich als Hausaufgabe. *Musterlösung:* Können Sie mir sagen, wie der Geldautomat funktioniert? Wissen Sie, wann ich mit einem Mitarbeiter sprechen kann? Ich würde gern wissen, wo ich hier neue Formulare finde.
b	Folie/IWB	3. Die TN sehen sich das Foto im Buch an. Klären Sie die Situation: Jemand möchte am Bankschalter ein Konto eröffnen. Wenn einige TN aus Ihrem Kurs bereits ein Konto haben, können sie den anderen erzählen, wie die Kontoeröffnung abgelaufen ist, was sie dazu benötigt haben etc. Notieren Sie neue Wörter an der Tafel.
		4. Deuten Sie noch einmal auf den Grammatik-Kasten oder auf das Tafelbild und erinnern Sie die TN daran, dass man Fragen so höflicher formulieren kann. Der TN liest die Sprechblase und die indirekte Frage in Beispiel 1 vor.
		5. Die TN formen die direkten Fragen aus den Beispielen 2–5 ebenfalls in indirekte Fragen um. *Binnendifferenzierung:* Geübtere TN, die mit der Aufgabe schneller fertig sind, überlegen sich weitere Fragen zu den Themen „Auf der Post", „Im Supermarkt", „Im Amt". Abschlusskontrolle im Plenum. Klären Sie mit den TN ggf. unbekannten Wortschatz. *Lösung:* 2 wie lange man auf die EC-Karte warten muss? 3 wo man Geld abheben kann? 4 wo ich Kontoauszüge bekomme? 5 wie ich Geld überweisen kann?
	AB 1	Die TN machen die Übung in Einzelarbeit im Kurs oder als Hausaufgabe.

76/A2		Aktivität im Kurs: Über Banken sprechen
a		1. Die TN sehen sich die Fragen an. Klären Sie, wenn nötig, unbekannten Wortschatz. Dann machen sich die TN in Stillarbeit Notizen zu den Fragen.
		fakultativ: Wenn die TN kein eigenes Konto haben, bringen Sie Prospekte oder entsprechende Informationen aus dem Internet mit. Die TN suchen die Informationen und machen sich Notizen. TN mit Smartphone können auch die Seite einer Bank aufrufen und dort nach den Informationen suchen. Geben Sie dazu einige Namen von Banken an der Tafel vor.
		Tipp: Sie können die TN auch als Hausaufgabe Informationen zu Banken im Kursort sammeln lassen. Die TN befragen sich dann gegenseitig nach verschiedenen Banken.
b		2. Die TN lesen das Beispiel und sprechen mit ihrer Partnerin / ihrem Partner über ihre Bank, indem sie sich gegenseitig indirekte Fragen stellen. Sie notieren die Antworten in a. Verweisen Sie die TN auch auf die Redemittel „Höflich fragen: Können Sie mir sagen, ...?" und „Über Bankgeschäfte sprechen: Wissen Sie, wie man ... ausfüllt?" (Kursbuch, S. 83). TN, die schneller fertig sind, notieren noch weitere Fragen.
	AB 2–3	Die TN machen die Übungen in Einzelarbeit im Kurs oder als Hausaufgabe.
	AB 4, AB-CD 2/38	*Phonetik:* im Kurs: Die TN haben schon mehrfach die Satzmelodie in Fragen geübt (z. B. *Schritt für Schritt in Alltag und Beruf 1* / Lektion 2 und Lektion 3). Nun können sie die Satzmelodie in indirekten W-Fragen trainieren: Die TN hören die Beispiele aus Übung a und markieren die Satzmelodie. Machen Sie sie, wenn nötig, darauf aufmerksam, dass wie in direkten W-Fragen auch in indirekten Fragen die Stimme am Ende nach unten geht. Nach der Einleitungsfloskel (Können Sie mir sagen, ...?) bleibt die Stimme noch auf einem Level, sie wird nicht gesenkt. Übung b können die TN in Partnerarbeit machen und dabei die richtige Satzmelodie üben. Regen Sie die TN dazu an, eigene Fragen zu finden.

SCHRITT B: DARF ICH FRAGEN, OB SIE ... DABEIHABEN?

Indirekte Fragen mit dem Fragepronomen *ob*

Lernziel: Die TN können sich über Konditionen und Zahlungswege informieren.

Seite/Aufgabe	Material	Aufbau
77/B1		Präsentation der indirekten Fragen mit dem Fragepronomen *ob*
	Folie/IWB	1. Die TN sehen sich das Foto an und ergänzen in Stillarbeit die Aussage im Grammatik-Kasten. Anschließend Kontrolle im Plenum. *Lösung:* ob ... dabeihaben
		2. Schreiben Sie die Frage ggf. noch einmal an die Tafel und machen Sie deutlich, dass auch bei dieser Frage das Verb am Ende steht. Fragen Sie die TN, wie die direkte Frage lautet, und schreiben Sie sie unter die indirekte Frage. Zeigen Sie anhand des Beispiels auf, dass bei Fragen, die mit „Ja" oder „Nein" beantwortet werden, nach einleitenden Höflichkeitsformeln „ob" eingefügt werden muss.
		Darf ich Sie fragen, (ob) Sie Ihren Personalausweis dabeihaben? → Haben Sie Ihren Personalausweise dabei?　　Ja./Nein.
		Weisen Sie die TN auch auf die Grammatikübersicht 2 (Kursbuch, S. 82) hin. Die kleine Übung rechts können die TN zur Vertiefung direkt im Anschluss in Partnerarbeit bearbeiten. *Musterlösung:* Darf ich fragen, wann der Deutschkurs anfängt?, Wissen Sie, ob ich den Kurs bar bezahlen kann?
		Hinweis: Alternativ können Sie zur Einführung oder auch als Vertiefung den Comic „Der kleine Mann: Geben macht Freude" (Kursbuch, S. 84) aus „Zwischendurch mal ..." einfließen lassen.

	AB 5	Die TN machen die Übung in Einzelarbeit im Kurs oder als Hausaufgabe.
77/B2		**Erweiterung des Wortfelds „Bank"**
		Diese Aufgabe dient der Vorbereitung auf B3. Die TN ordnen den neuen Wörtern die passenden Erklärungen zu. Ungeübtere TN arbeiten zu zweit. Abschlusskontrolle im Plenum. *Lösung:* a 3, b 1, c 2
77/B3		**Anwendungsaufgabe zu indirekten Fragen mit dem Fragepronomen *ob***
	Folie/IWB	1. Zeigen Sie die Fotos auf Folie / dem IWB und klären Sie gemeinsam mit den TN die Situationen.
	CD 6/9–10	2. Die TN lesen und ergänzen in Stillarbeit die Sätze mit „ob", ungeübtere TN arbeiten zu zweit. Dann hören die TN die Gespräche und vergleichen. *Lösung:* a ob ich in Raten zahlen kann, b ob Sie auch Kreditkarten akzeptieren
		3. Weisen Sie die TN an dieser Stelle auch auf die Wortstellung in indirekten Fragen mit Modalverben hin. Machen Sie ein Beispiel an der Tafel. Machen Sie anhand des Tafelbilds deutlich, dass „können" in der direkten Frage am Satzanfang steht, in der indirekten Frage aber am Satzende stehen muss. Geben Sie auch ein Beispiel im Perfekt, indem Sie einen TN fragen: „Können Sie mir sagen, ob Sie schon einmal etwas auf Raten gekauft haben?" Erweitern Sie das Tafelbild entsprechend. *Hinweis:* Lenken Sie die Aufmerksamkeit der TN noch einmal auf das erste Gespräch. Hier wird eine Warnung ausgesprochen: „Aber pass auf!" Weisen Sie die TN auch auf die Rubrik „Jemanden warnen: Pass auf!" auf der Kommunikationsseite (Kursbuch, S. 83) hin.
	KV L13/B3	4. *fakultativ:* Die TN finden sich paarweise zusammen. Kopieren Sie die Kopiervorlage für jedes Paar. Ein TN erhält die Kopiervorlage A, der andere B. Die TN erfragen gegenseitig die fehlenden Informationen auf ihrem Blatt. Gehen Sie herum und helfen Sie bei Schwierigkeiten.
	AB 6–9	Die TN machen die Übungen in Einzelarbeit im Kurs oder als Hausaufgabe.
77/B4		**Aktivität im Kurs: Personensuchspiel**
		1. Die TN lesen die Aufgabe und die Fragen. Klären Sie ggf. unbekannten Wortschatz. Dann lesen zwei TN das Beispiel. Machen Sie klar, dass nur dann ein Name in die Liste eingetragen werden darf, wenn der entsprechende TN die Frage bejaht hat. Bei „Nein" muss ein anderer TN gesucht werden. Wer zuerst zu jeder Frage eine Person gefunden hat, ruft „Stopp!" und beendet damit das Spiel. *Hinweis:* Weisen Sie die TN noch einmal auf die Redemittel „Höflich fragen: Können Sie mir sagen, ..." (Kursbuch, S. 83) hin, wo die TN weitere mögliche Einleitungssätze finden. In Kursen mit ungeübteren TN können Sie die TN hier geeignete Einleitungssätze für das Spiel aussuchen lassen und sie an der Tafel notieren lassen, damit sie während des Spiels für alle sichtbar sind.
		2. In einer Abschlussrunde berichten die TN im Plenum, was sie über die anderen erfahren haben. *Hinweis:* Zum Abschluss können Sie hier „Tims Film" zeigen, der den TN die situative Einbindung der indirekten Fragen zeigt. *Hinweis:* Zur Auflockerung und als Abschluss des Themas passt hier das Spiel „Hilfe, ich bin berühmt!" aus „Zwischendurch mal ..." (Kursbuch, S. 84).

	AB 10, Folie/IWB	im Kurs: Die TN ergänzen zunächst in Stillarbeit. Zeigen Sie dann den Text auf Folie / dem IWB und ergänzen Sie mit den TN zusammen als Kontrolle. Lesen Sie dann den TN den Text mit guter Betonung der vokalischen und der konsonantischen r-Laute vor, d. h. bei den vokalischen r-Lauten ist eher ein a-Laut zu hören wie in „leider". Markieren Sie mit den TN, wo der r-Laut eher wie ein a-Laut klingt. Machen Sie die TN darauf aufmerksam, dass vor allem -er am Wortende vokalisch (eher wie a) gesprochen wird, aber -er geschrieben wird. Bei „Formular" hören wir im Singular ein vokalisches r, aber im Plural ein konsonantisches r. Zum Abschluss lesen die TN die Dialoge in Partnerarbeit laut und tauschen auch die Rollen.

SCHRITT C: DORT KÖNNEN SIE IHR KONTO PRÜFEN LASSEN.

Das Verb *lassen*

Lernziel: Die TN können Informationen zu Dienstleistungen verstehen und über Dienstleistungen sprechen.

Seite/Aufgabe	Material	Aufbau
78/C1		**Präsentation des Verbs *lassen***
	Folie/IWB	1. Die TN sehen sich die Zeichnungen an und lesen die Sätze. Sie ordnen in Stillarbeit zu, was Frau Sicinski selbst macht und was sie andere machen lässt. Ungeübtere TN beraten sich mit ihrer Partnerin / ihrem Partner. Anschließend Kontrolle im Plenum. *Lösung:* 2 S, 3 A
		2. Notieren Sie die Sätze „Sie putzt die Treppe." und „Sie lässt das Fahrrad reparieren." wie im Tafelbild. Klären Sie die Bedeutung des Verbs „lassen", indem Sie fragen, wie der Satz heißt, wenn man das Fahrrad selbst repariert: „Sie repariert das Fahrrad." Notieren Sie diesen Satz ebenfalls an der Tafel.

> **Das macht Frau Sicinski selbst.**
> Sie putzt die Treppe.
> Sie repariert das Fahrrad.
>
> **Das machen andere für sie.**
> Sie lässt die Treppe putzen.
> Sie lässt das Fahrrad reparieren.

Weisen Sie die TN darauf hin, dass das Verb „lassen" immer dann benutzt wird, wenn man etwas nicht selbst machen kann oder will. Weisen Sie die TN auch auf den Grammatik-Kasten und die Grammatikübersicht 3 (Kursbuch, S. 82) hin. Die kleine Übung rechts eignet sich als Hausaufgabe oder als Zusatzaufgabe für geübtere TN. Die Satzstellung ist den TN bereits von den Modalverben oder auch dem Perfekt bekannt. Machen Sie sie kurz an einem Beispiel an der Tafel deutlich.

> | | Position 2 | | Ende | |
> |---|---|---|---|---|
> | | Lassen | Sie Ihr Konto | prüfen | . |
> | Sie | lässt | ihr Konto | prüfen | . |

Konjugieren Sie mit den TN gemeinsam an der Tafel einmal das Verb „lassen" und weisen Sie die TN darauf hin, dass „lassen" ein Verb mit Vokalwechsel ist.

Musterlösung: Ich würde gern meine Wohnung putzen lassen. Ich würde gern jeden Abend mein Essen kochen lassen. Ich würde gern meinen Keller aufräumen lassen. Ich würde gern meine Hemden bügeln lassen.

Hinweis: Gehen Sie nur in Kursen mit überwiegend geübten TN auch auf die Bedeutung von „erlauben" ein (Ich lasse meine Kinder abends noch Schokolade essen.).

Hinweis: Hier können Sie auch auf „Tims Film" zurückgreifen, der den Gebrauch von „lassen" in einer Alltagssituation zeigt.

| | AB 11 | Die TN machen die Übung in Einzelarbeit im Kurs oder als Hausaufgabe. |

78/C2		**Anwendungsaufgabe zum Verb** *lassen*
		1. Die TN lesen die Aufgabe, ordnen zu und schreiben die Sätze in Stillarbeit. Ungeübtere TN kontrollieren zuerst mit der Partnerin / dem Partner. Gehen Sie herum und helfen Sie bei Schwierigkeiten. Abschlusskontrolle im Plenum. *Lösung:* B Er lässt sich die Haare schneiden. C Er lässt sich einen Anzug nähen. D Er lässt sich seine Einkäufe tragen.
	KV L13/C2	2. *fakultativ:* Wenn Sie die Anwendung von „lassen" noch weiter üben möchten, können Sie auf die Kopiervorlage zurückgreifen. Die TN arbeiten zu zweit. Ein TN erhält die Kopiervorlage A, der andere B. Die TN befragen sich nach dem Muster gegenseitig und ergänzen die jeweils fehlenden Informationen. Gehen Sie herum und helfen Sie bei Schwierigkeiten.
	AB 12–13	Die TN machen die Übungen in Einzelarbeit im Kurs oder als Hausaufgabe.
78/C3		**Aktivität im Kurs: Über Dienstleistungen sprechen**
	Zettel, KV L13/C3 im Lehrwerkservice	1. Die TN arbeiten zunächst in Gruppen und überlegen, was sie selbst machen und was sie machen lassen. Jede Gruppe erhält genügend Zettel und notiert auf jeden Zettel Stichworte wie im Buch: „Fahrrad reparieren", „Kleider ändern" etc. In Kursen mit ungeübteren TN können Sie die Zettel auch zu Hause vorbereiten und an jede Gruppe austeilen. *fakultativ:* Zur Unterstützung der Aktivität oder wenn Sie wenig Zeit haben, können Sie auch auf die Kopiervorlage im Lehrwerkservice unter www.hueber.de/schritt-fuer-schritt zurückgreifen.
		2. Jede Gruppe mischt ihre Zettel und legt sie verdeckt aus. Die TN lesen das Mustergespräch im Buch. Der jüngste TN zieht einen Zettel und fragt einen TN nach der notierten Dienstleistung. Dieser antwortet. Regen Sie die TN dazu an, ausführlich zu antworten, die Antwort zu begründen. Dann zieht der nächste TN etc. Verweisen Sie die TN auch auf die Rubrik „Unkenntnis äußern: Keine Ahnung!" auf der Kommunikationsseite (Kursbuch, S. 83). *Hinweis:* An dieser Stelle passt thematisch auch das Lied „Leben lassen" aus „Zwischendurch mal ..." (Kursbuch, S. 85).
	AB 14	Die TN machen die Übung in Einzelarbeit im Kurs oder als Hausaufgabe.
	AB 15	im Kurs: Die TN beantworten die E-Mail nach den Vorgaben. Sammeln Sie die Texte zur Korrektur ein.
	AB 16	*Prüfung:* Diese Übung entspricht dem Prüfungsteil *Lesen, Teil 4,* des *Goethe-Zertifikats A2.* Erklären Sie den TN, dass es für genau eine Aufgabe keine Lösung gibt. Weisen Sie die TN auch auf den Lerntipp hin. Die TN dürfen in der Prüfung auch markieren und unterstreichen.

SCHRITT D: IN DER BANK

Lernziel: Die TN können Gespräche am Bankschalter verstehen und am Bankschalter um Hilfe bitten.

Seite/Aufgabe	Material	Aufbau
79/D1		**Hörverstehen: Am Bankschalter ein Konto eröffnen**
a		1. Die TN lesen die Aussagen. Klären Sie ggf. unbekannten Wortschatz.
	CD 6/11	2. Die TN hören das Gespräch am Bankschalter so oft wie nötig und kreuzen an. Dann vergleichen sie mit einem anderen TN ihre Lösung. Anschließend Kontrolle im Plenum. *Lösung:* 1, 3, 4

b	CD 6/11	3. Die TN versuchen zunächst, aus dem Gedächtnis zuzuordnen. Dann hören sie das Gespräch noch einmal und kontrollieren / ordnen zu. Machen Sie ggf. Pausen, damit die TN schreiben können. Abschlusskontrolle im Plenum. *Lösung:* 2 Personalausweis zeigen, 3 auf das Konto überwiesen, 4 ein Formular ausfüllen, 5 die EC-Karte und die Geheimzahl, 6 online verwalten, 7 Geld abheben
		4. Sprechen Sie mit den TN darüber, wer in Deutschland schon ein Konto eröffnet hat und wer es online verwaltet. Wer hebt in der Familie das Geld normalerweise ab? Sprechen Sie mit den TN auch über Konten im Heimatland: Ist das wie in Deutschland? Gibt es Unterschiede?
79/D2		**Leseverstehen: Eine Bedienungsanleitung verstehen**
	Kopien von den Fotos der Foto-Hörgeschichte, Plakate	1. Die TN sehen sich die Fotos an und lesen die Anweisungen dazu. Fragen Sie, welche Anweisung zu Foto B und ggf. zu Foto A passt. Die TN ordnen die übrigen Sätze den Fotos in Stillarbeit zu. Ungeübtere TN können zu zweit arbeiten. Anschließend Abschlusskontrolle im Plenum. Geben Sie den TN dabei Gelegenheit zu Wortschatzfragen. *Lösung:* A Stecken Sie Ihre EC-Karte in den Geldautomaten. C Tippen Sie Ihre Geheimzahl ein und drücken Sie die Taste „Bestätigung". D Wählen Sie den gewünschten Geldbetrag aus. E Sie müssen warten. G Nehmen Sie das Geld. H Sie sind fertig. *Variante:* Vergrößern und kopieren Sie die Fotos. Die TN kleben je ein Foto auf ein Plakat und schreiben die passende Anweisung darunter. Die Plakate werden in der richtigen Reihenfolge im Kursraum aufgehängt.
		2. Sprechen Sie bei Interesse der TN noch weiter über das Thema, indem Sie die TN nach ihren Gewohnheiten fragen, d. h. ob und ggf. zu welchem Zweck sie z.B. die Serviceterminals ihrer Bank nutzen und in welchen Alltagssituationen sie sonst einen Automaten bedienen (Monatskarten für die öffentlichen Verkehrsmittel, Bahnfahrkarten etc.).
		Tipp: Mit dem Smartphone können die TN ähnliche Fotos wie im Buch schnell selbst erstellen und anderen TN beschreiben, was man tun muss. Sammeln Sie dazu Ideen an der Tafel, welche Automaten die TN vorstellen könnten.
	AB 17, Folie/IWB	im Kurs: Die TN bearbeiten die Übung in Partnerarbeit. Abschlusskontrolle im Plenum, indem Sie das Gespräch auf Folie / dem IWB zeigen.
	AB 18, AB-CD 2/39–41	Die TN machen die Übung in Einzelarbeit im Kurs oder als Hausaufgabe.

SCHRITT E: RUND UMS GELD

Lernziel: Die TN können Gespräche zum Thema „Geld" verstehen und schreiben.

Seite/Aufgabe	Material	Aufbau
80/E1		**Vorwissen aktivieren: Alltägliche Situationen auf der Straße**
	Folie/IWB	1. *fakultativ:* Zeigen Sie das Bild auf Folie / dem IWB. Die Bücher sind geschlossen. Die TN arbeiten in Kleingruppen zu dritt. Schreiben Sie an die Tafel: „Was passiert auf dem Bild? Was machen die Leute?" Jede Gruppe notiert so viele Sätze, wie sie kann, zu dem Bild. Abschlusskontrolle, indem die Gruppen ihre Sätze vorlesen.
	Folie/IWB	2. Die TN öffnen die Bücher und ordnen in Stillarbeit die Situationen den Sätzen zu. Anschließend Kontrolle im Plenum. *Lösung:* A, D, E, B, F *Hinweis:* Zur Vorbereitung und Anregung der Fantasie der TN im Hinblick auf das Schreiben eigener kleiner Geschichten in E3 eignet sich der Comic „Der kleine Mann: Geben macht Freude" aus „Zwischendurch mal ..." (Kursbuch, S. 84).

80/E2		Hörverstehen: Kurze Gespräche über Geld verstehen
a	CD 6/12–17	1. Die TN lesen die Aussagen und hören die Gespräche so oft wie nötig. Sie kreuzen an, was richtig ist. Ungeübtere TN arbeiten zu zweit. Abschlusskontrolle im Plenum. *Lösung*: B 2; C 1; D 1, 2; E 1; F 1
b	CD 6/12–17	2. Die TN lesen die Fragen und fassen die Kernaussagen der Szenen noch einmal schriftlich in eigenen Worten zusammen. Gehen Sie herum und helfen Sie bei Schwierigkeiten. In Kursen mit überwiegend ungeübten TN führen Sie zu den Fragen zunächst ein Gespräch im Plenum. Anschließend beantworten die TN nur jeweils zwei Fragen schriftlich.
		3. Die TN vergleichen ihre Antworten mit ihrer Partnerin / ihrem Partner. *Variante:* Ein TN liest eine seiner Antworten im Plenum vor. Die anderen raten, zu welcher Frage sie passt.
81/E3		Eine eigene Geschichte schreiben
a		1. Die TN suchen sich eine der Personen aus dem Bild in E1 aus und schreiben dazu eine kleine Geschichte. Ungeübtere TN arbeiten zu zweit. Gehen Sie herum und helfen Sie bei Schwierigkeiten.
b		2. Die TN/Paare lesen jeweils ihrer Partnerin / ihrem Partner /einem anderen Paar ihre Geschichte vor. Die andere TN / Der andere TN / Das andere Paar sucht die Person auf dem Bild in E1. *Hinweis:* Um die Aufgabe etwas auszudehnen, können die TN/Paare auch mehrmals die Partnerin / den Partner/ das Paar tauschen.
	AB 19	*Prüfung:* Diese Übung entspricht dem Prüfungsteil *Lesen, Teil 5* des *Goethe-Zertifikats A2.*
	AB 20	Die TN machen die Übung in Einzelarbeit im Kurs oder als Hausaufgabe.
	KV L13/ Wiederholung	*fakultativ:* Wenn Sie noch Zeit haben, können Sie hier die Wiederholung zu Lektion 13 anschließen.
	KV L13/Test	Einen Test zu Lektion 13 finden Sie hier im LHB auf Seite 148. Weisen Sie die TN auf den Selbsttest im Arbeitsbuch auf Seite 165 hin.

AUDIO- UND VIDEOTRAINING

Seite/Aufgabe	Material	Aufbau
		Audiotraining 1: Am Bankschalter
	CD 6/18	Die TN hören eine Frage, die sie höflicher als indirekte Frage mit Fragewort formulieren sollen: „Wo kann ich ein Konto eröffnen?" – „Können Sie mir sagen, wo ich ein Konto eröffnen kann?" Nach der Sprechpause hören die TN die korrekte Antwort.
		Audiotraining 2: Weißt du, ob ...?
	CD 6/19	Die TN hören eine Frage, die sie höflicher als indirekte Frage mit „ob" formulieren sollen: „Kann ich hier mit EC-Karte zahlen?" – „Weißt du, ob ich hier mit EC-Karte zahlen kann?" Nach der Sprechpause hören die TN die korrekte Antwort.
		Audiotraining 3: Ich mache das selbst.
	CD 6/20	Der Sprecher gibt ein Beispiel vor: „Ich repariere mein Fahrrad immer selbst." Die TN machen das nicht selbst und antworten entsprechend mit „lassen": „Ich nicht. Ich lasse mein Fahrrad reparieren." Nach der Sprechpause hören die TN die korrekte Antwort.

		Videotraining: Höflichkeit macht das Leben leichter.
	Film „Höflich-keit macht das Leben leichter."	Die TN sehen in dem Film zunächst Lara und Tim, die sich etwas fragen. Tim meint, dass das auch höflicher geht. Lara fragt noch einmal freundlicher und höflicher. Im Anschluss daran werden den TN alltägliche Fragen gezeigt, die sie höflicher formulieren sollen. Die TN wiederholen und festigen so höfliche Einleitungen und indirekte Fragen.
		Hinweis: Um diese Strukturen präsent zu halten, sollten die TN dieses Video öfter im Abstand von einem oder zwei Tagen zu Hause anschauen und damit üben.

ZWISCHENDUCH MAL ...

Seite/Aufgabe	Material	Aufbau
84		**Comic: Der kleine Mann: Geben macht Freude (passt z. B. zu B1, E1)**
	KV L13/ZDM	1. *fakultativ:* Die Bücher sind geschlossen. Verteilen Sie die Kopiervorlage. Die TN arbeiten mit ihrer Partnerin / ihrem Partner, schneiden die Bilder aus und legen sie in eine sinnvolle Reihenfolge. Dann vergleichen sie mit einem anderen Paar und erzählen sich gegenseitig die jeweilige Geschichte. Fragen Sie die TN, wie ihre Geschichte heißen könnte. Anschließend lesen die TN den Comic und vergleichen mit ihrer Version. Sprechen Sie ggf. über die Unterschiede.
		2. Die TN schlagen die Bücher auf und lesen den Comic.
		3. Die TN ergänzen. Anschließend Kontrolle im Plenum. *Lösung:* 1 Geld, Euro, sehen, freuen
		4. Schreiben Sie den Titel „Geben macht Freude" an die Tafel und klären Sie mit den TN die Bedeutung.
		5. Sprechen Sie mit den TN darüber, wie sie das Verhalten des Mannes finden.
84		**Spiel: Hilfe, ich bin berühmt! (passt z. B. zu B4)**
	Zettel, Klebestreifen	1. Bereiten Sie für jeden TN einen Zettel mit Namen berühmter Personen vor. Achten Sie darauf, dass es Personen sind, von denen Sie annehmen, dass alle TN sie kennen. In Kursen mit überwiegend ungeübten TN können Sie die Namen aller Personen, die gesucht werden, an der Tafel vorgeben, sodass die TN eine Orientierung haben. Kleben Sie nun jedem TN einen Zettel so auf die Stirn, dass der TN den Namen nicht lesen kann.
		2. Die TN schlagen die Bücher auf und sehen sich die Fragen an. Klären Sie, dass direkte Fragen und Fragen nach dem Namen verboten sind.
		3. Die TN finden sich in Vierergruppen zusammen und versuchen durch Fragen herauszufinden, wer sie sind. Geben Sie eine Zeit vor, z. B. zehn Minuten.
85		**Lied: Leben lassen (passt z. B. zu C3)**
85/1	Folie/IWB	1. Die Bücher sind geschlossen. Zeigen Sie die Bilder auf Folie / dem IWB. Fragen Sie die TN, worum es in dem Lied gehen könnte.
		2. Die TN öffnen die Bücher, lesen den Liedtext und ordnen die Wörter zu.
85/2	CD 6/21	1. Die TN hören das Lied und vergleichen. Anschließend Kontrolle im Plenum. *Lösung:* Wäsche, Hemden, Lied, Haare, Garten
	CD 6/21	2. *fakultativ:* Die TN hören das Lied noch einmal und singen mit. Dabei können die TN passende Bewegungen zu den genannten Tätigkeiten machen.
85/3		Die TN diskutieren in Kleingruppen, was sie ihren Roboter alles machen lassen würden.

Wortfelder: Ich und andere; Urlaub und Freizeit; Wünsche und Träume

Grammatik: Wiederholung von Perfekt und Präteritum: *Gestern war ein schöner Tag! Ich bin ganz früh aufgestanden.*; Wiederholung von Nebensatzverbindungen mit: *wenn, weil, dass: Dir ist es egal, dass ...*; Wiederholung des Konjunktivs II: *Ich hätte gern ..., Du solltest/könntest ...*

LEBENSSTATIONEN
Folge 14: Es kommt, wie es kommen soll.

Seite/Aufgabe	Material	Aufbau
86/1		**Vor dem ersten Hören: Vorwissen aktivieren und Vermutungen anstellen**
	Folie/IWB	1. Deuten Sie auf die Fotos 1 und 2 und fragen Sie: „Wo sind Lara und Tim?" Die TN beantworten die Frage. Dann lesen sie die Aufgabenstellung, sehen sich die weiteren Fragen und Fotos an und stellen mit ihrer Partnerin / ihrem Partner Vermutungen an. *Variante:* Die Bücher sind geschlossen. Kopieren Sie die Foto-Hörgeschichte und verteilen Sie an jede Kleingruppe ein Set mit Einzelfotos. Achten Sie darauf, die Nummern auf den Fotos wegzuschneiden. Die TN bringen die Fotos in eine sinnvolle Reihenfolge und tauschen sich mündlich darüber aus, wo Lara und Tim sind, was sie machen, wie sie sich fühlen und worüber sie vermutlich sprechen.
	Folie/IWB, CD 6/22–29	2. Die TN hören die Foto-Hörgeschichte und vergleichen mit ihrer Partnerin / ihrem Partner mit ihren Vermutungen (und wenn sie die Variante gemacht haben, auch mit ihrer Reihenfolge). Abschlusskontrolle im Plenum. Notieren Sie dabei ggf. neuen Wortschatz an der Tafel. *Lösung:* a Sie sind bei Tim. Lara besucht Tim. Sie gehen zusammen spazieren. Sie essen einen Döner. Sie gehen auf den Spielplatz und ins Kino.; b Der Tag gefällt ihnen sehr gut. Sie fühlen sich super.; c Sie sprechen über ihre Urlaubspläne.
86/2		**Beim zweiten Hören: Details der Geschichte verstehen**
	CD 6/22–29	Die TN lesen die Aussagen a–h. Dann hören sie noch einmal und ordnen zu. Geübtere TN lösen die Aufgabe in Stillarbeit. Ungeübtere TN arbeiten zu zweit. Abschlusskontrolle im Plenum. *Lösung:* a 3, b 6, c 5, d 2, f 8, g 7, h 4
87/3		**Nach dem Hören: Über Laras und Tims Zukunft erzählen**
	Plakate	1. Lesen Sie gemeinsam mit den TN die Fragen. Bilden Sie Gruppen, indem Sie nach dem Muster 1, 2, 3, 1, 2, 3, 1, 2 ... durchzählen lassen. Alle TN mit derselben Nummer bilden eine Gruppe. Jede Gruppe beschäftigt sich mit „ihrer" Frage und notiert ihre Ideen auf einem Plakat. Geben Sie einen Zeitrahmen von 10–15 Minuten vor.
		2. Bitten Sie einen geübteren TN, die Sprechblase vorzulesen und den Satz ggf. zu vervollständigen. Fordern Sie die TN auf, ihre Präsentationen auf dieselbe Weise einzuleiten.
	Plakate	3. Die TN hängen ihre Plakate verteilt im Raum auf. Teilen Sie die Kleingruppen. Der eine Teil der Gruppe bleibt als Expertengruppe beim eigenen Plakat stehen und präsentiert es den anderen TN, die nun von einem Plakat zum anderen wandern. Geben Sie den TN pro Präsentation 2–3 Minuten und läuten Sie dann die Rotation ein, sodass es keinen Stau an einem der Plakate gibt, sondern immer alle im Gespräch sind. Haben alle Teilgruppen der ersten Runde die Plakate der anderen gesehen und erläutert bekommen, wird gewechselt. Wenn einige Ihrer TN gern zeichnen, können sie ihre Ideen zur nahen bzw. fernen Zukunft von Lara und Tim noch illustrieren. *Variante:* Die Gruppen stellen ihre Plakate im Plenum vor.
	KV L14/FHG	4. *fakultativ:* Wenn Sie mit Ihren TN das Schreiben üben wollen, können die TN ihre Zukunftsvisionen für Lara und Tim abschließend gemeinsam verschriftlichen oder sich als Hausaufgabe eine eigene Geschichte ausdenken. Als Strukturierungshilfe können Sie den TN die Kopiervorlage austeilen. Sammeln Sie die Texte zur Korrektur ein.

„Tims Film" Lektion 14		In „Tims Film" spricht Tim die TN direkt an. Er spricht davon, dass er nun in Deutschland „angekommen" ist und bedankt sich, dass die TN ihn dabei begleitet haben. Abschließend gibt er zu bedenken, dass das Lernen ein lebenslanger Prozess ist, und fordert sie damit indirekt auf, selbst auch weiter zu lernen. Der Film eignet sich daher besonders gut als Abschluss der Lektion 14 bzw. von Niveau A 2.2 und kann dazu genutzt werden, ein Kursgespräch darüber zu führen, ob die TN sich zum nächsten Deutschkurs anmelden wollen.

SCHRITT A: EIN RICHTIG SCHÖNER TAG WAR DAS!

Wiederholung von Perfekt und Präteritum

Lernziel: Die TN können persönliche Texte über wichtige Personen verstehen und über sich selber und andere sprechen.

Seite/Aufgabe	Material	Aufbau
88/A1		**Leseverstehen: Einem Text wichtige Informationen entnehmen**
a		1. Die Bücher sind geschlossen. Fragen Sie die TN, ob sie Fotos auf ihrem Handy gespeichert haben. Wenn ja, was für Fotos haben sie gespeichert?
	Folie/IWB	2. Die TN schlagen die Bücher auf. Sagen Sie den TN, dass Tim, Sahar und Juri bei einer Umfrage „Welches Foto haben Sie auf Ihrem Handy immer dabei?" mitgemacht haben. Deuten Sie auf Laras Foto und sagen Sie: „Tim hat Laras Foto immer bei sich. Welches Foto haben die anderen Personen immer dabei?" Die TN überfliegen die Texte und ergänzen die Namen. Abschlusskontrolle im Plenum, klären Sie dabei ggf. unbekannten Wortschatz. *Lösung:* 2 Laith, 3 Luise
b		3. Die TN lesen die Texte noch einmal und kreuzen in Stillarbeit an. Dann vergleichen sie zunächst mit ihrer Partnerin / ihrem Partner. Abschlusskontrolle im Plenum. *Lösung:* Text 1: falsch, richtig; Text 2: falsch, falsch, richtig; Text 3: falsch, richtig, richtig
		4. *fakultativ:* Fragen Sie die TN zu den richtigen Antworten: „Warum ist das so? Warum kennen Lara und Tim sich seit letztem Jahr?" Die TN antworten. Dann fragen und antworten die TN in Kleingruppen zu viert allein weiter. Gehen Sie herum und helfen Sie bei Schwierigkeiten. *Binnendifferenzierung:* Geübtere TN stellen eigene Fragen zu den Texten, die auch mit anderen Fragewörtern beginnen dürfen und nicht so schematisch sind.
c		5. Fragen Sie die TN, welches Foto sie auf ihrem Handy immer dabei haben. Die TN zeigen es, wenn sie möchten, ihrer Partnerin / ihrem Partner und erzählen. *Hinweis:* Wenn Sie Geflüchtete in Ihrem Kurs haben, behandeln Sie diese Aufgabe sensibel, denn u. U. haben die TN Fotos von verstorbenen Angehörigen auf dem Handy, die sie nicht zeigen möchten und worüber sie auch im Kurs nicht sprechen möchten.
89/A2		**Wiederholen: Perfekt und Präteritum**
	Folie/IWB	1. Sehen Sie sich gemeinsam mit den TN die Tabelle und das Beispiel kurz an und fordern Sie sie auf, die Texte in A1 noch einmal zu lesen und dabei die Vergangenheitsformen wie im Beispiel zu markieren. *Hinweis:* In Kursen mit überwiegend ungeübten TN arbeiten Sie die Texte im Plenum durch und markieren Sie auf Zuruf. Die TN übertragen die Markierungen in ihr Buch.

		2. In einem zweiten Schritt ergänzen die TN die Tabelle. Geübtere TN lösen die Aufgabe in Stillarbeit, ungeübtere TN arbeiten zu zweit. Wer schon fertig ist, kann die Kategorien um weitere Beispiele aus den Texten ergänzen. Abschlusskontrolle im Plenum. Schreiben Sie dazu die einzelnen Kategorien an die Tafel und ergänzen Sie sie auf Zuruf, ggf. auch um weitere Beispiele aus dem Text. *Lösung:* ich habe gekannt, sie haben gesprochen, wir sind gekommen, sie sind gegangen, sie ist gestorben, ich habe bekommen, ich habe studiert, sie musste, wir durften, ich konnte, sie wollte, sie war, wir hatten
		3. Wiederholen Sie anhand der Beispiele mit den TN die Regeln zur Bildung des Partizip Perfekt bei regelmäßigen und unregelmäßigen Verben (*Schritt für Schritt in Alltag und Beruf 1* / Lektion 7), bei trennbaren Verben und den Verben auf „-ieren" (*Schritt für Schritt in Alltag und Beruf 3* / Lektion 1). Erinnern Sie die TN daran, dass die Modalverben sowie „sein" und „haben" meistens im Präteritum benutzt werden. Das Präteritum der Modalverben kennen die TN bereits aus *Schritt für Schritt in Alltag und Beruf 3* / Lektion 6, die von „haben" und „sein" bereits aus *Schritt für Schritt in Alltag und Beruf 2* / Lektion 8. Verweisen Sie die TN auch auf die Grammatikübersichten 1 und 2 (Kursbuch, S. 94) sowie die kleine Schreibübung, die die TN als Hausaufgabe lösen können. *Musterlösung:* Zuerst habe ich lange gefrühstückt. Dann habe ich meine Freundin in dem neuen Café im Zentrum getroffen und wir haben viel geredet und gelacht. Danach sind wir zusammen ins Einkaufszentrum gegangen. Am Nachmittag haben wir einen langen Spaziergang im Stadtpark gemacht. *Hinweis:* Vertiefen Sie das Präteritum hier nicht weiter. Dieses wird explizit in *Schritt für Schritt zum DTZ* eingeführt.
	KV L14/A2, Würfel, Spielfiguren	4. *fakultativ:* Wenn Sie Zeit haben und die TN gern mehr übereinander erfahren möchten, können Sie mit den TN das Wabenspiel spielen. Kopieren Sie dazu das Spielbrett für jede Kleingruppe. Die TN stellen ihre Spielfiguren auf ein beliebiges Feld. Ein TN würfelt und erzählt eine Minute lang etwas über das Thema auf dem Feld. Wenn ihr/ihm nichts mehr einfällt, dürfen die anderen Fragen stellen. Dann würfelt der nächste TN. Gehen Sie während des Spiels herum und helfen Sie bei Schwierigkeiten.
	AB 1–4	Die TN machen die Übungen in Einzelarbeit im Kurs oder als Hausaufgabe.
	AB 5	*Prüfung:* im Kurs: Die TN sprechen über die beiden Bilder bzw. das Thema „Freizeit mit der Familie". Diese Übung entspricht dem Prüfungsteil Sprechen, Teil 2 der Prüfung *Deutsch-Test für Zuwanderer*, in dem die Partner über jeweils ein anderes Foto zum selben Thema sprechen. Die TN erzählen zunächst anhand der vorgegebenen Punkte über ihr Foto. Anschließend stellt die Prüferin / der Prüfer einige vertiefende Fragen zum Thema.
89/A3		**Aktivität im Kurs: Das Perfekt-Spiel**
a	Karten, KV L14/A3 im Lehrwerkservice	1. Die TN erhalten je sechs Karten und schreiben jeder sechs Karten mit je einem Verb im Infinitiv. *Hinweis:* Wenn Sie wenig Zeit haben, können Sie zur Vereinfachung der Aktivität auch auf die Kopiervorlage im Lehrwerkservice unter www.hueber.de/schritt-fuer-schritt zurückgreifen.
b		2. Die TN lesen die Spielregeln im Buch, geben Sie ggf. weitere Erklärungen, wenn den TN die Regeln nicht klar sind.
		3. Die TN spielen mit ihrer Partnerin / ihrem Partner nach den Regeln und bilden Sätze. Gehen Sie herum und helfen Sie bei Schwierigkeiten. Die Spielerin / Der Spieler mit den meisten Karten hat gewonnen. *Hinweis:* Wenn die TN zügig spielen, können sie auch eine zweite Runde mit einer neuen Partnerin / einem neuen Partner spielen. Dazu nimmt jeder der neuen Partnerinnen/Partner sechs Karten aus dem „alten" Spiel mit. *Hinweis:* Wenn die TN das Perfekt noch weiter üben möchten, können sie mit dem Audiotraining 2 arbeiten. Das ist auch als Hausaufgabe möglich.

SCHRITT B: DIR IST ES EGAL, DASS …

Wiederholung der Nebensatzverbindungen mit *wenn, weil, dass*

Lernziel: Die TN können Streitgespräche verstehen.

Seite/Aufgabe	Material	Aufbau
90/B1		**Wiederholung von *wenn, weil* und *dass***
	Folie/IWB	1. Zeigen Sie noch einmal die Fotos 3 und 4 der Foto-Hörgeschichte. Die TN erinnern sich an die Unterhaltung zwischen Lara und Tim. Fragen Sie die TN: „Worum geht es?", „Was ist das Problem?", „Was sagen Lara und Tim?" und „Wie lösen sie das Problem?"
		2. Die TN lesen das Gespräch im Buch und ergänzen die passende Konjunktion. Geübtere TN lösen die Aufgabe in Stillarbeit, ungeübtere TN arbeiten zu zweit.
	CD 6/30	3. Anschließend hören sie das Gespräch, wenn nötig mehrmals, und vergleichen mit ihren Lösungen. Abschlusskontrolle im Plenum. *Lösung:* Weil, dass, dass, dass
		4. Notieren Sie einige der Sätze an der Tafel und verdeutlichen Sie noch einmal, dass das Verb in Nebensätzen mit „wenn", „weil" oder „dass" immer am Ende steht. Die TN kennen die Satzstellung in Nebensätzen mit „weil" bereits aus *Schritt für Schritt in Alltag und Beruf 3* / Lektion 1, mit „wenn" aus *Schritt für Schritt in Alltag und Beruf 3* / Lektion 4 und mit „dass" aus *Schritt für Schritt in Alltag und Beruf 3* / Lektion 6. Wenn nötig, sammeln Sie mit den TN weitere Ausdrücke, die mit „dass" benutzt werden, an der Tafel: „Ich glaube, dass …, Es ist schön, dass …, Es tut mir leid, dass …" etc. Verweisen Sie auch auf die Grammatikübersicht 3 (Kursbuch, S. 94) und die kleine Schreibübung rechts. *Musterlösung:* Ich singe laut, wenn ich unter der Dusche stehe. Ich freue mich, weil meine Oma am Wochenende zu Besuch kommt. Ich bin der Meinung, dass alle nur sechs Stunden pro Tag arbeiten sollten. *Hinweis:* Mit dem Videotraining können die TN selbstständig zu Hause die Nebensätze weiter üben. Sie können das Videotraining aber auch als Übung im Kurs einsetzen, dann sprechen die TN im Chor.
	AB 6	Die TN machen die Übung in Einzelarbeit im Kurs oder als Hausaufgabe.
90/B2		**Anwendungsaufgabe: Zu Umfrageergebnissen Stellung nehmen**
a		1. Die Bücher sind zunächst geschlossen. Fragen Sie die TN, worüber Paare in Deutschland ihrer Meinung nach am häufigsten streiten. Notieren Sie relevante Stichwörter an der Tafel.
		2. Die TN lesen die Stichpunkte im Buch und diskutieren mit ihrer Partnerin / ihrem Partner, über welche der genannten Themen sich Paare in Deutschland am häufigsten bzw. am wenigsten häufig streiten, und erstellen ihre Ranking-Liste.
b		3. Die TN vergleichen ihre Rangfolge mit den Ergebnissen der Meinungsumfrage (Kursbuch, S. 95 unten).
		4. Sprechen Sie mit den TN darüber, was sie überrascht hat bzw. welche ihrer Vermutungen bestätigt wurde(n). Fragen Sie auch, wie eine solche Meinungsumfrage in ihren Ländern ausfallen würde und warum. Das ist eine gute Gelegenheit, mehr über die Heimatländer der anderen TN zu erfahren.
90/B3		**Anwendungsaufgabe: Streitgespräche verstehen**
a		1. Deuten Sie auf das Bild und fragen Sie: „Um welche Situation geht es?" Die TN erkennen, dass sich die zwei Personen sich streiten.
	CD 6/31–33	2. Kündigen Sie drei Streitgespräche unter Paaren an und fordern Sie die TN auf, zu verbinden, um welches Thema es jeweils geht. Die TN hören die Streitgespräche, wenn nötig mehrmals, und verbinden. Abschlusskontrolle im Plenum. *Lösung:* 1 b, 2 c, 3 a

b		3. Die TN arbeiten zu zweit, lesen das Beispiel und schreiben mithilfe der angegebenen Redemittel zu jedem der Gespräche zwei Sätze. *Musterlösung:* 1 Er ist sauer, weil sie ihre gemeinsame Zeit nicht genießen. 2 Silvia ärgert sich, weil Simon so viel Kleidung kauft. Sie findet, dass sie sparen sollten, zum Beispiel für eine neue Spülmaschine. 3 Paul findet es nicht gut, wenn Julia Treffen absagt. Er meint, dass Julia nie für ihn Zeit hat.
		4. Die Paare setzen sich mit einem anderen Paar zusammen und vergleichen ihre Sätze. Fordern Sie die TN auf, dabei besonders auf die korrekte Verbstellung zu achten und sich ggf. gegenseitig zu korrigieren.
		5. Sprechen Sie mit den TN über die Probleme der drei Paare. Wie stehen die TN zu den Problemen? Wer hat ihrer Meinung nach recht? Warum?
	Kärtchen	6. *fakultativ:* Bringen Sie Ihre TN zum Streiten. Schreiben Sie die Streitthemen aus B2 auf Kärtchen. Erstellen Sie so viele Kärtchen, dass jeweils zwei TN ein Kärtchen bekommen. Sagen Sie den Paaren, dass sie zu dem Thema ein Streitgespräch führen dürfen. *Hinweis:* Bei Problemen mit der Paarbildung sagen Sie den TN, dass es auch zwischen guten Freunden und Freundinnen Streitgespräche zu den Themen geben kann. *Tipp:* Spielen Sie ggf. mit und animieren Sie die TN zur Schauspielerei. Wenn die TN sich in ihre Rollen fallen lassen, können sie ihre Ängste verlieren und freier agieren. Machen Sie deshalb mehrere Runden, indem die TN ihre Partnerin / ihren Partner und ihre Themen wechseln. Einige TN „tauen" auch erst nach der ersten oder zweiten Runde auf und entdecken den Spaß am Spiel.
	AB 7–8	Die TN machen die Übungen in Einzelarbeit im Kurs oder als Hausaufgabe.
	AB 9	im Kurs: In dieser Übung wird anhand eines Textes zum Thema „Heiraten – Ja oder Nein?" das Leseverstehen geübt und Wortschatz für die zugehörige Schreibaufgabe bereitgestellt. Verweisen Sie die TN auf den Lerntipp, in dem es darum geht, den eigenen Text vorzustrukturieren.

SCHRITT C: WIR KÖNNTEN RAUSGEHEN!

Wiederholung des Konjunktivs II bei Vorschlägen

Lernziel: Die TN können Interviews zu Lieblingsorten verstehen sowie Vorschläge für Urlaubsaktivitäten machen und auf Vorschläge reagieren.

Seite/Aufgabe	Material	Aufbau
91/C1		**Präsentation von Lieblingsorten**
a	CD 6/34–35	1. Deuten Sie auf die Fotos A und B und sagen Sie: „Das sind die Lieblingsorte von Sandy und Lara. Wem gefällt es wo am besten?" Die TN hören die Interviews und ordnen zu. Abschlusskontrolle im Plenum. *Lösung:* 1 B, 2 A
b	Folie/IWB, CD 6/34–35	2. Deuten Sie auf die Tabelle und fragen Sie: „Was ist Sandys und Laras Lieblingsort?", „Warum?" und „Wie oft waren sie schon dort?" Die TN hören die Interviews noch einmal und machen Notizen. Bei Bedarf können Sie die Interviews auch mehrfach vorspielen. Geübtere TN lösen die Aufgabe in Stillarbeit, ungeübtere arbeiten paarweise zusammen. Abschlusskontrolle im Plenum. Ergänzen Sie dabei die Tabelle gemeinsam mit den TN. *Lösung:* Sandy: Straßenkünstler, nette Cafés, einfach auf eine Bank setzen und den Musikern zuhören; so fünf-, sechsmal; Lara: Stadtpark; mitten im Zentrum und riesengroß, Freunde treffen, grillen, etwas spielen, ein Buch in der Sonne lesen; fast jede Woche

		3. Zum Abschluss erzählen die TN im Plenum von ihren Lieblingsorten. In großen Kursen erzählen die TN in Kleingruppen zu fünft oder sechst.
91/C2		**Aktivität im Kurs: Einen tollen Tag an meinem Ort planen und über den Vorschlag sprechen**
a		1. Fragen Sie: „Was kann man hier machen? Was können Sie empfehlen?" Geben Sie den TN einige Minuten Zeit, sich in Stillarbeit Gedanken zu machen und Stichpunkte zu notieren. Ungeübtere TN arbeiten mit ihrer Partnerin / ihrem Partner.
		2. Deuten Sie auf die Tabelle im Buch und fragen Sie: „Wo könnte Ihre Partnerin / Ihr Partner an einem Tag überall hingehen? Was könnte man dort machen?" Die TN lesen das Beispiel und ergänzen stichpunktartig wie im Beispiel ihre persönlichen Empfehlungen. Ungeübtere arbeiten wieder mit der Partnerin / dem Partner.
b		3. Die TN kennen aus Lektion 8 und Lektion 12 bereits einige Redemittel, um Vorschläge zu machen und diese anzunehmen oder abzulehnen. Fordern Sie sie auf, die Redemittel in den drei Kategorien kritisch durchzulesen und die Überschriften richtig zuzuordnen. Abschlusskontrolle im Plenum. Gehen Sie dabei ggf. auf Wortschatzfragen ein und verweisen Sie auch auf die Redemittel „Vorschläge machen: Du solltest unbedingt ...", „Einen Vorschlag annehmen: Das finde ich toll." und „Einen Vorschlag ablehnen: Also, ich weiß nicht." (Kursbuch, S. 95). Die nebenstehende Schreibübung können die TN in Partnerarbeit bearbeiten. *Lösung:* positiv reagieren ☺, negativ reagieren ☹
		4. *fakultativ:* Wenn Sie mit den TN vor der freien Sprechübung in c die Redemittel für „einen Vorschlag ablehnen" üben möchten, können Sie mit dem Audiotraining 1 arbeiten. Die TN wiederholen dann im Chor.
c		5. Zwei TN lesen die Sprechblasen vor. Fragen Sie: „Woran sieht man, dass hier jemand einen Vorschlag macht?" Die TN nennen den Konjunktiv II. Ergänzen Sie, dass man sowohl mit „könnte-" als auch mit „sollte-" Vorschläge machen kann. Die TN kennen die Formen und die Funktion der Modalverben im Konjunktiv II bereits aus Lektion 8. Verweisen Sie zur Wiederholung noch einmal auf den Grammatik-Kasten.
		6. Die TN stellen ihrer Partnerin / ihrem Partner ihre Vorschläge aus a vor und verwenden dabei die Redemittel aus b. Gehen Sie herum und achten Sie darauf, dass die TN die Redemittel verwenden. Wenn die TN a in Partnerarbeit bearbeitet haben, dann arbeiten sie jetzt mit einer anderen Partnerin / einem anderen Partner.
	KV L14/C2	7. *fakultativ:* Wenn Sie mit Ihren TN weiter Vorschläge oder Ratschläge üben wollen, können Sie die Kopiervorlage einsetzen. Verteilen Sie die Kärtchen im Kurs. In großen Kursen bilden Sie zwei Gruppen. Auf den grauen Kärtchen steht ein Problem in der Ich-Form, auf den weißen Kärtchen befinden sich Stichpunkte zu einem Ratschlag. Eine TN / Ein TN mit einem grauen Kärtchen liest ihr/sein Problem vor. Wer den dazu passenden Ratschlag auf einem der weißen Kärtchen hat, formuliert diesen in der Du-Form und benutzt dazu den Konjunktiv II etc., bis alle Probleme gelöst sind. *Binnendifferenzierung:* Geübtere TN bekommen nur graue Kärtchen und antworten frei.
	AB 10–12	Die TN machen die Übungen in Einzelarbeit im Kurs oder als Hausaufgabe.

....

SCHRITT D: ICH WÜRDE GERN ... MACHEN.

Wiederholung des Konjunktivs II bei Wünschen und Träumen

Lernziel: Die TN können über Wünsche und Träume sprechen.

Seite/Aufgabe	Material	Aufbau
92/D1		**Wiederholung: Über Wünsche und Träume sprechen**
		1. Deuten Sie auf Lara und die anderen beiden Personen und fragen Sie: „Was wünschen sie sich jetzt im Augenblick? Was für die Zukunft? Und was wäre, wenn sie noch einmal 20 wären?" Die TN lesen die Sätze in Stillarbeit und ordnen sie den drei Wunschkategorien zu. Abschlusskontrolle im Plenum. *Lösung:* B, C
		2. Fragen Sie dann: „Wie kann man Wünsche und Träume im Deutschen ausdrücken?" Die TN lesen die Sätze noch einmal und markieren alle Formen mit „würde + Infinitiv", aber auch „wäre", „hätte" und „möchte + Infinitiv". Verweisen Sie dann auf den Grammatik-Kasten und die Grammatikübersicht 4 (Kursbuch, S. 94) mit der nebenstehenden Illustration. Die kleine Übung rechts können die TN als Hausaufgabe bearbeiten. Weisen Sie auch auf die Redemittel „Sich etwas wünschen: Ich möchte ..." (Kursbuch, S. 95) hin. *Musterlösung:* 1 Ich hätte gern einen großen Hund. 2. Ich würde gern richtig gut Klavier spielen. 3. Ich wäre jetzt gern am Meer. 4. Ich möchte gern einen Beruf in der Pflege lernen.
92/D2		**Aktivität im Kurs: Meine Wünsche**
a		1. Fragen Sie die TN, was sie sich wünschen. Die TN lesen die Sätze in D1 noch einmal und markieren in Stillarbeit, was für sie selbst ebenfalls zutrifft.
b		2. Die TN schreiben eine Wunschliste, wie im Beispiel angegeben. Wer möchte, kann seine Wünsche auch illustrieren. Wer möchte, kann seine Wunschliste dann auch im Kursraum aufhängen.
		3. *fakultativ:* Wenn Ihre TN gern über Persönliches sprechen, können sie sich in Kleingruppen über ihre Wünsche austauschen. Dabei werden sie auf die eine oder andere Gemeinsamkeit stoßen, was das gegenseitige Verständnis und den Zusammenhalt in der Gruppe fördert. *Hinweis:* Wenn Sie das Thema „Lebensabschnitte" bzw. „Wünsche und Träume" vertiefen möchten, können Sie mit dem Lesetext „Alles, nur nicht stehen bleiben, Birgitta!" aus der Rubrik „Zwischendurch mal ..." (Kursbuch, S. 96) weiterarbeiten.
	AB 13–15	Die TN machen die Übungen in Einzelarbeit im Kurs oder als Hausaufgabe.

SCHRITT E: KOSENAMEN

Lernziel: Die TN können einen Text über Kosenamen verstehen

Seite/Aufgabe	Material	Aufbau
93/E1		**Präsentation des Diminutivs auf *-chen***
		1. Die TN sehen sich die Zeichnungen an und ordnen in Stillarbeit zu. Abschlusskontrolle im Plenum. *Lösung:* B, A, D
		2. Verdeutlichen Sie anhand der Zeichnungen, dass man mit dem Diminutiv „-chen" immer etwas Kleines beschreibt und dass Wörter auf „-chen" immer Neutrum sind. Zeigen Sie anhand der Beispiele außerdem, dass „a" / „au" im Diminutiv zu „ä" / „äu" wird („das Haus → das Häuschen", „die Maus → das Mäuschen"). Weisen Sie an dieser Stelle auch darauf hin, dass analog „o" zu „ö" und „u" zu „ü" wird („der Sohn → das Söhnchen", „der Fluss → das Flüsschen").

		3. Sammeln Sie mit den TN an der Tafel weitere Diminutive, die sie kennen oder anhand der Regel bilden können. Fordern Sie die TN auf, einen Blick in den Lernwortschatz zu werfen und Diminutive zu bilden, wo es ihnen sinnvoll erscheint. Es eignen sich z. B. „das Tier", „der Brief", „die Rose" etc.
	AB 19	Die TN machen die Übung in Einzelarbeit im Kurs oder als Hausaufgabe.
93/E2		**Präsentation von typischen Kosenamen**
		1. Klären Sie zunächst den Begriff „Kosename" und verweisen Sie dabei auf den Info-Kasten. Fragen Sie dann: „Wie kann man im Deutschen den Partner / die Partnerin ansprechen, wenn man zeigen möchte, dass man sie/ihn besonders gern hat?" Die TN nennen Kosenamen, die sie bereits gehört haben. Notieren Sie diese zunächst unkommentiert an der Tafel.
		2. Die TN lesen die Aufgabe und diskutieren mit ihrer Partnerin / ihrem Partner, welcher der Namen im Deutschen ein Kosename ist, und kreuzen an. Abschlusskontrolle im Plenum. Lassen Sie die TN die Bedeutung der Kosenamen erklären und ihre Wahl, ob Kosename oder nicht, begründen. Führen Sie in diesem Zusammenhang auch das Wort „Schimpfwort" bzw. „Schimpfname" ein und erklären Sie, dass Personen durchaus auch als „Esel" oder „Drache" bezeichnet werden, dass das dann aber negativ gemeint ist. *Lösung:* das Bärchen, der Schatz, der Engel
93/E3		**Leseverstehen: Ein Artikel über Kosenamen**
		1. Die TN lesen mit ihrer Partnerin / ihrem Partner den Text und ergänzen die Kosenamen. Geübtere TN arbeiten allein. Gehen Sie herum und helfen Sie bei Wortschatzfragen. Abschlusskontrolle im Plenum. *Lösung:* Bärchen, Dickerchen, Prinzessin, Süße
		2. Sprechen Sie mit den TN im Plenum über den Text und fragen Sie: „Wie finden Sie die ‚deutschen' Kosenamen? Welche gefallen Ihnen? Werden in Ihrem Heimatland ähnliche Kosenamen vergeben oder gibt es ganz andere, aus ganz anderen Bereichen?"
	KV L14/E3	3. *fakultativ:* Wenn Sie mit Ihren TN den Diminutiv weiter üben wollen, können Sie dazu das Diminutiv-Memo-Spiel von der Kopiervorlage nutzen. Kopieren Sie die Vorlage auf dickes oder farbiges Papier, sodass die Wörter nicht auf der Rückseite durchscheinen. Jede Kleingruppe erhält ein Kartenset und legt die Karten mit dem Gesicht nach unten auf den Tisch. Der erste Spieler dreht zwei Karten um. Passen die Wörter zusammen, darf er das Kartenpaar behalten und es noch einmal versuchen. Passen die Karten nicht zusammen, dreht er die Karten wieder um und der nächste Spieler im Uhrzeigersinn ist an der Reihe. Gewonnen hat, wer am Schluss die meisten Kartenpaare hat. *Hinweis:* Fordern Sie die TN zum Abschluss auf, sich ihre Karten noch einmal genauer anzuschauen, insbesondere die Artikel. Sie werden feststellen, dass alle Diminutive unabhängig vom Genus des Ausgangsnomens Neutrum sind.
	AB 16–17	Die TN machen die Übungen in Einzelarbeit im Kurs oder als Hausaufgabe.
	AB 18, AB-CD 2/42	im Kurs: Die TN werden mit dieser Übung für ähnlich klingende Konsonantenhäufungen sensibilisiert. Zuerst umkreisen sie und ergänzen die Sätze. Dann hören die TN die Sätze und sprechen nach.
93/E4		Fragen Sie die TN im Plenum, ob sie noch andere Kosenamen oder Schimpfwörter kennen und was diese bedeuten bzw. in welcher Situation man sie verwendet. Die TN erzählen auch über Kosenamen in ihrer Muttersprache und übersetzen sie ins Deutsche. *Hinweis:* Zum Abschluss können Sie mit dem Projekt „Wir haben es geschafft, Leute!" aus „Zwischendurch mal …" (Kursbuch, S. 97) weiterarbeiten.

	KV L14/ Wiederholung	*fakultativ:* Wenn Sie noch Zeit haben, können Sie hier die Wiederholung zu Lektion 14 anschließen.
		Variante: Bereiten Sie Lernstationen (siehe den Tipp unten) vor, indem Sie z. B. an den einzelnen Stationen Hinweise auf die Übungen im Arbeitsbuch legen, die Sie aus Zeitgründen mit den TN im Kursverlauf noch nicht gemacht haben: „Möchten Sie die Wortbildung üben? Machen Sie die Übungen 14–16 im Arbeitsbuch." Legen Sie zusätzlich selbst erstellte Übungen, z. B. kleine Schreibaufgaben, aus, um auch das freie Schreiben zu üben (Bericht aus der Kindheit, Lebenslauf etc.). Geben Sie den TN Zeit, die Stationen in Ruhe abzugehen und sich darüber zu informieren, welche Wiederholungsmöglichkeiten es an den einzelnen Stationen gibt. Die TN entscheiden selbst, welche Stationen sie in einer vorgegebenen Zeit bearbeiten möchten. An Stationen mit geschlossenen Aufgaben kontrollieren sie sich selbst mithilfe des Lösungsschlüssels, den Sie den TN an einer Kontrollstation zur Verfügung stellen. Offene Aufgaben, wie z. B. Schreibaufgaben, sammeln Sie anschließend zur Korrektur ein.
		Tipp: Eine gute Möglichkeit für binnendifferenzierten Unterricht ist das Arbeiten mit Lernstationen: Den TN werden bei dieser Methode mehrere Arbeitsstationen angeboten, an denen sie bereits Gelerntes wiederholen und vertiefen können. Diese Arbeitsstationen werden als Arbeitsblätter, Kopiervorlagen, Arbeitsaufträge oder Hinweise auf Aufgaben im Kursbuch an verschiedenen Stellen im Kursraum ausgelegt und z. B. nach Schwierigkeitsgrad oder Themengebieten geordnet. Sie können Lernstationen immer wieder in Ihren Unterricht einbauen, wenn Sie ein Thema oder mehrere Themen wiederholen möchten. Mithilfe von Lernstationen fördern Sie die TN nach ihren unterschiedlichen Bedürfnissen und Interessen.
	KV L14/Test	Einen Test zu Lektion 14 finden Sie hier im LHB auf Seite 149. Weisen Sie die TN auf den Selbsttest im Arbeitsbuch auf Seite 173 hin.

AUDIO- UND VIDEOTRAINING

Seite/Aufgabe	Material	Aufbau
		Audiotraining 1: Keine Lust!
	CD 6/36	Die TN hören eine Aussage, z. B. „Das Wetter ist toll! Wir könnten rausgehen!" und ein Stichwort, z. B. „fernsehen". Sie antworten: „Ach, ich würde eigentlich lieber (fernsehen)." Nach der Sprechpause hören die TN die korrekte Antwort.
		Audiotraining 2: Viktors Lebensgeschichte
	CD 6/37	Die TN hören eine Frage, z. B. „Was hat Viktor vor (45 Jahren) gemacht?" und ein Stichwort, z. B. „Abitur". Die TN antworten: „Vor (45 Jahren) hat Viktor (Abitur gemacht)." Nach der Sprechpause hören die TN die korrekte Antwort.
		Videotraining: Die „wenn, weil, dass"-Geschichte
	Film „Die ‚wenn, weil, dass'-Geschichte"	Die TN sehen zuerst eine Szene, in der Lara und Tim die TN auf die folgende Geschichte neugierig machen und die Aufgabe erklären. Dann werden verschiedene Szenen gezeigt und passende Sätze eingeblendet, die die TN mit „wenn", „weil" oder „dass" ergänzen sollen. Abschließend werden die Sätze noch einmal vorgelesen.

ZWISCHENDURCH MAL …

Seite/Aufgabe	Material	Aufbau
96		**Lesen: Alles, nur nicht stehen bleiben, Birgitta! (passt z. B. zu D2)**
	Folie/IWB	1. Deuten Sie auf das Foto und fragen Sie: „Wer ist das?", „Wie alt ist sie heute?" Die TN beantworten die Frage mithilfe der Überschrift.
		2. Fragen Sie weiter: „Wann ging es Birgitta Schulze besonders gut und wann besonders schlecht?" Die TN lesen den Text, beantworten die Frage und begründen ihre Antwort. Lassen Sie verschiedene Lösungen gelten, wenn sie gut begründet werden. *Lösungsvorschlag:* gut: mit 66 – viel gereist, große Familie, Jugendtraum erfüllt; schlecht: mit 46 – Depressionen, Leben stillgestanden
		3. Die TN lesen den kleinen Text und ergänzen die Lücken mithilfe des Lesetextes. Abschlusskontrolle im Plenum. *Lösung:* vier, Ernst, Beamter im Finanzamt, drei, fünf, 54, Theaterspielen, „Amnesty International", Kulturverein
		4. *fakultativ:* Fragen Sie die TN, was sie mit 16, 26 etc. erlebt haben bzw. für diesen Lebensabschnitt planen oder sich wünschen.
		5. *fakultativ:* Wenn Sie mit Ihren TN das Schreiben üben wollen, können sie als Hausaufgabe anhand der Altersstufen im Text über ihr Leben und ihre Wünsche oder Träume schreiben und Ihnen ihren Text zur Korrektur abgeben.
97		**Schreiben: Diese Menschen sind mir wichtig! (passt z. B. zu A1)**
97/1		Die TN lesen die Aufgabe und schreiben wie im Beispiel in Stillarbeit sechs Sätze über sich und ihre Relationen zu den Menschen, die ihnen wichtig sind. Gehen Sie herum und helfen Sie bei Schwierigkeiten.
97/2		Die TN lesen ihre Sätze noch einmal durch und markieren in vier Farben wie im Beispiel, welche der Personen am ältesten oder am jüngsten ist, wer am weitesten entfernt wohnt und mit wem sie am häufigsten telefonieren.
97/3		Die TN erzählen ihrer Partnerin / ihrem Partner von den Personen, die ihnen wichtig sind. Dabei können sie sich auch gegenseitig Fragen stellen, z. B. mit wem von den Personen sie am häufigsten telefonieren, wen sie am häufigsten sehen oder wen sie am meisten vermissen. Gehen Sie herum und helfen Sie bei Schwierigkeiten.
97		**Projekt: Wir haben es geschafft, Leute! (passt z. B. zu E4 oder zum Abschluss der Lektion)**
		1. Schlagen Sie den TN vor, gemeinsam ein Gedicht zu schreiben oder ein deutschsprachiges Lied zu präsentieren. Geben Sie vor, dass ein Gedicht aus mindestens vier und maximal zwölf Zeilen bestehen soll. Wer sich für ein Lied entscheidet, kann einen Popsong, einen Rap, ein Kinderlied etc. wählen. Schlagen Sie einige Lieder vor, wenn Ihre TN selbst keine kennen.
		2. Die TN finden sich nach Interesse in Kleingruppen zusammen. Gruppen, die sich für ein eigenes Gedicht entschieden haben, überlegen zunächst, zu welchem Thema sie ein Gedicht schreiben könnten, sammeln passenden Wortschatz und beginnen dann mit dem Schreiben. Gruppen, die lieber ein Lied präsentieren möchten, wählen gemeinsam eines der Lieder, das sie ggf. auf ihrem Handy haben, oder recherchieren bei Bedarf nach einem Musikvideo (mit Songtext) im Internet. Geben Sie den TN in diesem Fall Tipps, was gerade „angesagt" ist. Wichtige Wörter können die TN, wenn nötig, im Wörterbuch nachschlagen. Gehen Sie herum und helfen Sie bei Schwierigkeiten.
	Preis für Karaoke/ Poetry-Slam	3. *fakultativ:* Wenn Ihre TN gern wetteifern, können Sie im Kurs zur Präsentation einen Poetry-Slam und/oder ein Karaoke veranstalten. Die anderen TN sind das Publikum und vergeben Punkte. Die Gewinnergruppe bekommt einen kleinen Preis.

aus *Schritt für Schritt in Alltag und Beruf 1*

die Hausnummer	der Familienname	der Geburtsort
die Wohnort	der Pfannkuchen	das Mineralwasser
das Lebensmittel	das Wohnzimmer	das Schlafzimmer
das Kinderzimmer	der Kühlschrank	die Badewanne
der Schreibtisch	das Wochenende	der Wetterbericht
die Speisekarte	das Schwimmbad	die Grundschule

aus *Schritt für Schritt in Alltag und Beruf 2*

das Krankenhaus	der Hausmeister	die Hausfrau
der Krankenpfleger	die Krankenschwester	der Taxifahrer
die Busfahrerin	die Jahreszeit	die Teilzeit
der Regenschirm	die Fahrkarte	die Zeitschrift
die Notaufnahme	die Sprechstunde	die Straßenbahn
die Haltestelle	die Buchhandlung	das Feuerwerk
der Bahnsteig	der Bahnhof	die Tankstelle
der Fußballplatz	der Kindergarten	das Heimatland
die Spülmaschine	die Kaffeemaschine	die Gebrauchsanweisung
die Steckdose	die Zahnbürste	die Zahnpasta
die Arbeitsstelle	der Glückwunsch	der Feiertag

aus *Schritt für Schritt in Alltag und Beruf 3*

die Kreditkarte	der Geldbeutel	die Wohngemeinschaft
die Mülltonne	der Briefkasten	der Kinderwagen
das Mittagessen	das Trinkgeld	das Kaufhaus
die Sportart	die Landkarte	die Weltmeisterschaft
die Wettervorhersage	die Berufserfahrung	der Zeitpunkt
der Volleyball	die Abschlussprüfung	die Fachhochschule
die Berufsschule	die Notärztin	die Briefmarke

Was würden Sie jetzt gern machen?	Was ist Ihr Ziel in drei Jahren?
Was für ein Auto hätten Sie gern?	Was würden Sie gern noch lernen?
Wohin würden Sie gern reisen?	Was würden Sie nie wieder tun?
Was wären Sie gern von Beruf?	Was würden Sie heute Abend gern machen?
Sie gewinnen im Lotto. Was würden Sie mit dem Geld machen?	Was wünschen Sie sich am meisten?
Was würden Sie am Wochenende bei schönem Wetter machen?	Mit wem würden Sie gern mal essen gehen?

✂

F Sandra möchte …	1 „ein richtig guter Einkaufstag – sein – heute"
D Tim soll …	2 überhaupt nicht
G Im Möbelgeschäft kauft Tim …	3 Sandra – nur – einkaufen – für – gehen
B Er findet die Sachen … und sehr billig.	4 kaufen – Sachen – für ihre Wohnung
E Er sagt: …	5 Tim – zu – nach Hause – Saft
A Sandra gefallen die Sachen …	6 Kerzenständer – Wandteppich – Kerze – Saftgläser– Plastiktischdecke – und
I Nach dem Einkauf gehen Tim und Sandra … und trinken …	7 zur – gehen – Arbeit
H Da fällt Tim ein: Er muss … und sich schnell umziehen.	8 ihr – mitgehen – und – helfen
C Aber nächste Woche will er mit Sandra …	9 sehr schön

Lösung: F 4, D 8, G 6, B 9, E 1, A 2, I 5, H 7, C 3

START	Kinder	Feuerzeug	Regal	Fenster	Gläser	Löffel	Lampen	Brautkleid	Geschenk
ZIEL									Gutschein
Kuli	weiß	teuer (!) teure(n)	günstig	alt		interessant			Tesafilm
Ehering									Schere
Fahrrad									Eltern
Getränke	dick					modern			Texte
Koffer									Geschenke
Wohnung									Kochbuch
Häuser	billig					langweilig			Telefon
Müll									Handy
Zimmer									CDs
Jacke	hoch		Das große Adjektiv-Spiel			schnell			Auto
Zeitung									Straßenbahn
Kleider									Fernseher
Tasche	hässlich					groß			Schokolade
Bilder									Tee
Turnschuhe									Brötchen
Kursbuch	schön					laut			Eis
Bett									Tassen
Teppich									Computer
Hose	blau	gut	viel	klein		lang			Wecker
Büros									Kuchen
Fußball									Uhr
Garten									Töpfe
Blumen	Haus-schlüssel	Brief	Fotos	Familien	Sessel	Schreibtisch	Kühlschrank	Schrank	Messer

Espressomaschine: passend – Espressotassen	**Kerzenständer:** groß – Kerze
Tischdecke: bunt – Blumen	**Poster:** groß – Hund
Uhr: gelb – Zahlen	**Teppich:** scheußlich – Farbe
Tisch: dick – Platte	**Besteck:** schön – Messer
Vorhänge: groß – Vögel	**Gläser:** bunt – Früchte
Lampe: rot – Glas	**Schüssel:** toll – Salatbesteck
Bild: schön – Berg	**Vase:** rot – Blumen aus Plastik
Schrank: schmal – Tür	**Puppe:** blond – Haare

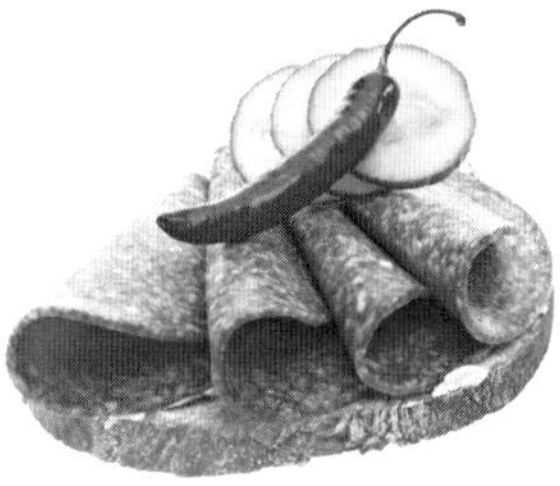

Jacke © iStock/Green_Leaf; Hamburger © Thinkstock/iStockphoto/nevodka; Sessel © Thinkstock/iStock/Dumitru Zubarciuc; Fahrrad © iStock/Nikada; Mantel © Thinkstock/PhotoObjects.net/Getty Images; Käsebrötchen © Thinkstock/iStock/creativesunday2016; Motorrad © Thinkstock/iStock/AlexVarlakov; Pullover © iStock/Pakhnyushchyy; Salamibrötchen © MFV; Stuhl © fotolia/James Phelps Jr; Auto © Thinkstock/iStock/Vladimiroquai

1 Lesen Sie den Text (Kursbuch, S. 30) noch einmal und kreuzen Sie an: richtig oder falsch?

		richtig	falsch
a	Die Porzellanpuppe hat viel Geld gekostet.	○	○
b	Bei jedem Besuch sucht die Tante die Puppe in Valentinas Regal.	○	○
c	Valentina hat die Figur beim Umzug weggeworfen.	○	○
d	Vor fünf Jahren war Valentina arbeitslos.	○	○
e	Ernesto hat ihr einen Harlekin gemacht, weil sie nicht mehr gelacht hat.	○	○
f	Valentina findet Ernesto sehr süß.	○	○
g	Alexander hat Valentina den Drachen geschenkt, weil sie sich schon so viele Jahre kennen.	○	○
h	Der Drache hatte eine Liebeserklärung für Valentina im Mund.	○	○

2 Was bedeuten die Sätze in diesem Kontext? Kreuzen Sie an.

a Ich wollte meiner Tante nicht wehtun.
   ○ Meine Tante hatte große Schmerzen. Ich wollte ihr helfen.
   ○ Ich wollte meine Tante nicht traurig machen.

b Die Porzellanpuppe ist ein wertvolles Geschenk.
   ○ Die Tante hat viel zu viel Geld für eine billige Puppe bezahlt.
   ○ Die Puppe ist etwas ganz Besonderes und sie war auch nicht billig.

c Damals ist es mir ziemlich schlecht gegangen.
   ○ Valentina hatte viele verschiedene Probleme zur gleichen Zeit.
   ○ Valentina war sehr krank und hatte große Schmerzen.

d Später sehe ich mir den Drachen noch einmal an.
   ○ Ich sitze da und schaue den Drachen an.
   ○ Ich sehe mir den Drachen von allen Seiten an und untersuche ihn genau.

e Drachen bringen Glück.
   ○ Wer einen Drachen hat, hat auch Glück.
   ○ Drachen bringen kleine Geschenke in ihrem Mund mit.

Lösung: 1 richtig: a, b, d, e, h; 2 a2, b2, c1, d2, e1

Was passt? Ordnen Sie zu. Es gibt oft mehrere Möglichkeiten!

	das Paket, -e
	der Brief, -e
	die Adresse, -n
bekommen	der Karton, -s
zukleben	die Paketkarte, -n
kaufen	die Waage, -n
eintragen	der Briefkasten, ¨
einwerfen	die Briefmarke, -n
auspacken	das Formular, -e
sich anstellen	das Päckchen, -
leeren	der Absender, -
ausfüllen	der Postbote, -n
verschicken	die Postfiliale, -n
	die Sondermarke, -n
	der Schalter, -
	das Gewicht

die Post

austragen

aufmachen

kontrollieren

suchen

schreiben

wollen

hineingehen

wiegen

legen

einpacken

die Schuhfabrik	die Schule	die Metzgerei	die Bank
das Krankenhaus	das Ausländeramt	die Bäckerei	das Kunstmuseum
die Sparkasse	die Volkshochschule	die Apotheke	die Post
der Supermarkt	das Hotel	das Reisebüro	das Kinocenter
das Autohaus	das Restaurant	die Reinigung	die Computerfirma

Ich möchte einen Brief (18 g) nach Spanien schicken. Was kostet das?

Meine Freundin in München hat Geburtstag. Ich möchte ihr ein Päckchen (ca. 800 g) schicken.
Was kostet das?

Meine Mutter hat Geburtstag. Ich möchte ihr ein Paket (ca. 7 kg) nach Izmir/Türkei schicken.
Was kostet das?

Meine Cousine heiratet. Ich möchte ihr ein Paket (ca. 4 kg) in die USA schicken. Was kostet das?

Ich bin zu Besuch bei einer Freundin in Berlin. Ich möchte meiner Familie in Bukarest eine Postkarte
(12 g) schicken. Was kostet das?

Ich suche eine neue Stelle und möchte eine Bewerbung abschicken. Der Brief (234 g) ist so groß wie
mein Kursbuch. Was kostet das?

Ich möchte meine Wohnung kündigen und ganz sicher sein, dass der Brief (28 g) rechtzeitig vor
Monatsende angekommen ist. Ich möchte ihn deshalb als Einschreiben mit Rückschein schicken.
Was kostet das?

Ich möchte meine Autoversicherung kündigen und ganz sicher sein, dass der Brief (23 g) rechtzeitig
vor Kündigungsfrist angekommen ist. Ich möchte ihn deshalb als Einschreiben mit Rückschein schicken.
Was kostet das?

Ich möchte ein Päckchen (ca. 700 g) in mein Heimatland (= nach ....) schicken. Was kostet das?

Ich möchte einen Brief (57 g) nach Marokko schicken. Was kostet das?

Ich möchte meiner Schwester in Jordanien Geld schicken. Was kostet das?

Ich möchte meinem Bruder in Nürnberg eine Fahrkarte (ca. 50 g) schicken. Der Brief soll unbedingt
schon morgen ankommen. Was kostet das?

Ich möchte meiner Tante in Kanada ein Geschenk (ca. 400 g) schicken. Was kostet das?

1 Ordnen Sie zu.

a Wenn ich über die Straße gehe, schaue ich oft nicht nach rechts und links.
Ich weiß, das ist sehr   ◯ ungern.

b Der Sohn von meiner Nachbarin ist 18 und kann nicht kochen,
nicht waschen und nicht aufräumen. Er ist wirklich sehr   ◯ unvorsichtig.

c Meine Tochter hilft mir kaum im Haushalt. Und wenn sie es tut,
dann leider nur sehr   ◯ unselbstständig.

d Setz dich doch! Aber vielleicht nicht auf das Sofa, das ist ziemlich   ◯ unaufgeräumt.

e Du musst mir doch keine Blumen mitbringen! Das ist wirklich   ◯ unappetitlich!

f Leider kommt der Zug nach Hamburg heute etwas später.
Heute? Der ist doch immer   ◯ unsicher!

g Herr Meier hat mich heute Morgen nicht gegrüßt. Das war sehr   ◯ unbequem.

h Muss dein Zimmer denn immer so … sein?   ◯ unnötig.

i Igitt! Ein kleines Tier im Salat. Wie   ◯ unpünktlich.

j Mein Bruder denkt immer, dass er nichts kann. Er ist so   ◯ unhöflich.

2 Welche „un"-Wörter passen zu Ihnen, welche nicht?
Suchen Sie in der Liste oben und im Wörterbuch.
Arbeiten Sie mit einer Partnerin / einem Partner und erzählen Sie.

> *Also, unpünktlich bin ich nicht, denn ich komme sehr selten zu spät. Vielleicht bin ich manchmal etwas unvorsichtig: …*

1 Lesen Sie die Fragen. Eine Frage passt nicht zur Foto-Hörgeschichte. Markieren Sie.

Bild	Person	
		a Über die Straße?
		b Was möchtest du denn wissen?
		c Gibt's hier denn keinen Zoo?
		d Ist das weit?
		e Wie waren die Tiger?
		f Wollt ihr mit der S-Bahn fahren oder mit dem Auto?
		g Möchten Sie mit mir essen gehen?
		h Ist das nicht wunderbar?
		i Welches Restaurant können Sie mir da empfehlen?
		j Bringst du mir eins mit?

2 Zu welchem Bild passt die Frage? Wer stellt sie?

Tim = T   Frau Heigert = F   Junge (Tommy) = J

Lösung: 1 g; 2 Foto 1: i (F), Foto 2: a, d (F), Foto 3: b (T), Foto 4: c (J), Foto 5: f (T), Foto 6: j (T), Foto 7: e (T), Foto 8: h (T)

Partner A

> Hallo, ich stehe vor dem Krankenhaus und möchte zum Sportplatz. Wie muss ich gehen?

Partner B

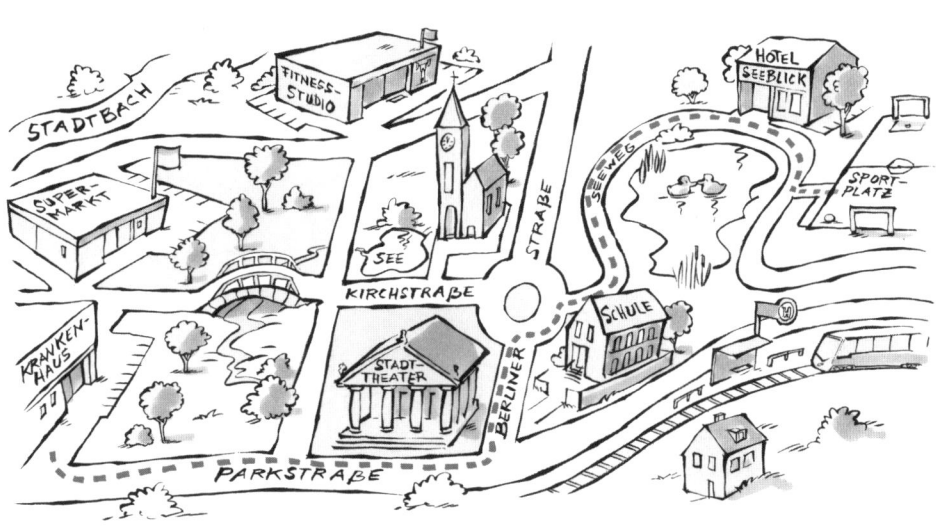

> Hallo, ich stehe an der Straßenbahnhaltestelle und möchte zum Supermarkt. Wie muss ich gehen?

Das „Woher?–Wo?–Wohin?"-Spiel

Tankstelle	Arbeit	Bäckerei	Auto	Fußballplatz
Krankenhaus				Hotel
Büro				Arzt
Metzgerei „Schmitz"				Post
meine Wohnung				Schule
Ärztin	Supermarkt	Friseur	Zoo	Freunde

= Woher?

= Wo?

= Wohin?

Ich bin beim Arzt.

Ich gehe zum Fußballplatz.

Ich komme aus der/ von der Bäckerei.

Mein Fahrrad ist kaputt. Deshalb …	In der Stadt gibt es abends immer Stau, weil …	Ich möchte den Führerschein machen. Deshalb …	Wir finden keinen Parkplatz. Deshalb …
Ich fahre gern mit der U-Bahn, weil …	Ich kann nicht Auto fahren, weil …	Der Weg zum Deutschkurs ist weit. Deshalb …	Ich möchte ein Fahrrad kaufen, weil …
Ich fahre oft mit dem Bus. Deshalb …	An der Kreuzung ist ein Unfall passiert, weil …	Ich muss zur Tankstelle fahren, weil …	Heute Morgen hat es geregnet. Deshalb …
Mein Auto ist plötzlich stehen geblieben. Deshalb …	Ich bin mit dem Fahrrad gestürzt, weil …	Ich brauche ein Pflaster, weil …	Die Batterie in meinem Handy ist leer. Deshalb …

Wohin geht die Frau?

a Sehen Sie den Film <u>ohne</u> Ton und bringen Sie die Sätze in die richtige Reihenfolge.

A	○	Sie _____ links ab.
B	○	Sie geht _____ Brücke.
C	○	Sie geht _____ Geschäft hinein.
D	①	Sie geht *aus dem* Haus.
E	○	Sie geht _____ Fluss _____.
F	○	Sie geht die Straßen entlang.
G	○	Sie geht _____ Park.
H	○	Sie biegt rechts _____.
I	○	Sie geht _____ Tankstelle vorbei.
J	○	Sie geht _____ Fluss.

b Sehen Sie den Film <u>ohne</u> Ton und ordnen Sie in a zu. Ergänzen Sie, wenn nötig, auch den richtigen Artikel.

über   durch   biegt   ~~aus~~   in   an … entlang   ab   bis zu   an

Lösung: a D, F, A, H, G, J, E, B, I, C; b A biegt, B über die, C in das, E den … entlang, G durch den, H ab, I an der, J bis zum

Wien
so gern mal den „Prater" sehen

Fahrradtour an der Donau
so gern mal von Regensburg nach Wien fahren

Venedig
so gern mal mit einer Gondel fahren

Paris
so gern mal den „Eiffelturm" sehen

wandern
so gern mal den „Jakobsweg" entlanglaufen

Istanbul
so gern mal die Stadt auf zwei Kontinenten besuchen

München
so gern mal das „Oktober-fest" besuchen

Füssen
so gern mal „Schloss Neu-schwanstein" sehen

Berlin
so gern mal die „East Side Gallery" sehen

Fahrradtour an der Donau
so gern mal von Wien nach Budapest fahren

wandern
so gern mal auf einer Hütte schlafen

Fahrradtour um den Bodensee
so gern mal von Lindau nach Konstanz fahren

Schritte plus Neu 4, Lehrerhandbuch, 978-3-19-611083-8, © Hueber Verlag; Wien © fotolia/Franz Wagner; Paris © Thinkstock/Zoonar/J.Wachala; München © Superjuli; Budapest © Thinkstock/iStock/sharrocks; tock/iStock; Füssen/Neuschwanstein © fotolia/IFL Photography; wandern/Hütte © Thinkstock/iStock/FooTToo; Venedig © Thinkstock/Zoonar; Istanbul © Getty Images/iStock/silverjohn; Berlin © Getty Images/E+/querbeet; Bodensee © PantherMedia/Gerald Böllmann

Wald | Insel | Mosel

See | Küste | Berge

Süden | Meer | Ostsee

Österreich | Schweiz | Berg

Land | Paris | Hauptstadt

Wald © Christoph Dyroff - stock.adobe.com; Insel © Thinkstock/iStock/CreativeImages; Mosel © Thinkstock/iStock/Meinzahn; See © Thinkstock/iStock/NatureNow; Küste © iStock/Maxlevoyou; Berge © Thinkstock/iStock; Süden © Thinkstock/iStock/arsenisspyros; Meer © Thinkstock/iStockphoto; Ostsee © Thinkstock/iStock/ antagonist74; Berg © GettyImages/E+/neirfy; Land © Thinkstock/iStock/Frank Lichert; Paris © GettyImages/E+/fotoVoyager; Hauptstadt © GettyImages/E+/TommL

---

1 Hören Sie noch einmal. Bringen Sie die Redemittel in die richtige Reihenfolge. 5 ▶ 34

◯	Wollen wir ...?
◯	Oh nein, ich bin dagegen.
◯	Also, ich weiß nicht.
◯	Oh ja, ich bin dafür.
◯	Dann lass uns doch ...
①	Oh ja, gute Idee!
◯	Da hast du recht. Dann machen wir es so.
◯	Das geht nicht. Das ist zu ...
◯	Ich habe einen Vorschlag: ...
◯	Das ist keine so gute Idee.

2 Schneiden Sie die Redemittel aus. Ordnen Sie zu und kleben Sie sie in die Tabelle. ▶

Vorschläge machen	einen Vorschlag annehmen	einen Vorschlag ablehnen

Lösung: (von oben nach unten): 1 4, 2, 7, 9, 3, 10, 5, 8, 6

Suchen Sie im Internet Informationen zu Ihrem Heimatort oder zu einem anderen Ort in Deutschland. Markieren Sie Ihren Ort in der Karte. Notieren Sie dann.

Mein Ort:

Einwohner:

Lage:

Verkehr:

Sehenswürdigkeiten:

Das finden wir besonders interessant:

Karte © fotolia / Kaarsten

Was du heute kannst besorgen ...

Bild 1

Tim: Stimmt was nicht? ①

Frau Sicinski: Die haben einfach Geld von meinem Konto abgebucht. ①

Tim: Wer hat was abgebucht? ①

Frau Sicinski: Na, DIE da, diese N – M – C! Wissen Sie, wer das ist? ①

Tim: Nein. ①

Frau Sicinski: Sie haben doch Internet. Könnten Sie mal nachsehen,
ob das Kriminelle sind? ①

Tim: Später gern, aber jetzt muss ich zur Arbeit. ①

Bild 2

Frau Sicinski: Was soll ich denn jetzt machen? ②

Tim: Gehen Sie zu Ihrer Bank. Die helfen Ihnen. ②

Frau Sicinski: Nein, da gehe ich nicht hin. ②

Tim: Warum nicht? Dort können Sie Ihr Konto prüfen lassen. ②

Frau Sicinski: Die wollen mir immer was verkaufen: Aktien und so. Ich kenne mich
überhaupt nicht aus. Und das merken die! ②

Tim: Na, dann gehen wir zu meiner Bank. Die sind total okay. Hätten Sie denn heute
Nachmittag Zeit? ②

Bild 3

Tim: Frau Sicinski, das ist Frau Wätzig, die Chefin hier. Frau Wätzig, das ist
meine Nachbarin, Frau Sicinski. ③

Frau Wätzig: Guten Tag, Frau Sicinski! ③

Frau Sicinski: Guten Tag! ③

Tim: Frau Sicinski hat Probleme mit ihrer Bank. ③

Frau Wätzig: Aha ...? ③

Tim: Sie möchte sich von Ihnen beraten lassen. Wäre das möglich? ③

Frau Wätzig: Natürlich! Kommen Sie, Frau Sicinski, gehen wir in mein Büro. ③

Bild 4

Tim: Frau Sicinski fühlt sich bei ihrer Bank nicht mehr wohl. ④

Frau Sicinski: Das stimmt. Sie wollen immer, dass ich Aktien kaufe. ④

Frau Wätzig: Und Sie wollen das nicht. ④

Frau Sicinski: Nein. Ich will nur ein Konto. Können Sie mir sagen, was ich da tun muss? ④

Frau Wätzig: Ganz einfach: Sie eröffnen ein Konto. Punkt. ④

Frau Sicinski: Das war's? ④

Frau Wätzig: Das war's. Einen Moment! Ich bin gleich wieder da. ④

Bild 5

Tim: Wissen Sie noch, was ich gesagt habe: Meine Bank ist okay. ⑤

Frau Sicinski: Richtig! Ihre Bank ist viel besser als meine Bank. ⑤

Frau Wätzig: So! Da bin ich schon wieder. ⑤

Frau Sicinski: Und was muss ich jetzt machen? ⑤

Frau Wätzig: Nichts. Wir füllen zusammen ein Formular aus, Sie unterschreiben
und fertig. ⑤

Bild 6

Frau Sicinski: Und wie geht das mit meiner alten Bank? Wissen Sie, was ich
da machen muss? ⑥

Frau Wätzig: Da müssen Sie gar nichts machen. Darum kümmern WIR uns. ⑥

Frau Sicinski: Oh, wie schön! ⑥

Frau Wätzig: Ach, übrigens, haben Sie vielleicht einen Kontoauszug dabei?
Ich brauche Ihre alte Kontonummer. ⑥

Frau Sicinski: Hier, das ist mein neuester Kontoauszug, sehen Sie?
Und ich habe da auch gleich noch eine Frage an Sie. ⑥

Bild 7

Frau Sicinski: Sehen Sie mal, hier. Diese N – M – C ...
Die haben einfach Geld von meinem Konto abgebucht. ⑦

Frau Wätzig: 29,99 Euro, stimmt. ⑦

Frau Sicinski: Und ich weiß gar nicht, wer das ist. ⑦

Frau Wätzig: NMC? Nun ja, das ist eine bekannte Telefongesellschaft.
Wie heißt denn Ihre Telefongesellschaft? ⑦

Frau Sicinski: Tja, ich habe jetzt eine neue, wie heißt die denn? ⑦

Frau Wätzig: Heißt sie vielleicht NewMediaCom? ⑦

Frau Sicinski: Ja, genau! Woher wissen Sie das? ⑦

Frau Wätzig: New Media Com: N – M – C. ⑦

Bild 8

Frau Sicinski: Ach Tim, ich danke Ihnen! ⑧

Tim: Danken? Warum denn? ⑧

Frau Sicinski: Endlich habe ich mein Bankproblem gelöst. ⑧

Tim: H-hm ... Das ist prima! Hm, dieser Kuchen! ⑧

Frau Sicinski: Ja, der ist gut hier, nicht? Wissen Sie was? Ich bestelle
uns gleich noch einen! ⑧

Tim: Meinen Sie? ⑧

Frau Sicinski: Aber sicher! Was du heute kannst besorgen,
das verschiebe nicht auf morgen. ⑧

Partner A

Sie sind neu in der Stadt und haben viele Fragen. Fragen Sie Ihre Partnerin / Ihren Partner!
Beginnen Sie mit „Können Sie mir sagen, …?" oder mit „Wissen Sie, …?". Notieren Sie die Antworten in der Tabelle.

Ihre Partnerin / Ihr Partner hat auch Fragen an Sie. Helfen Sie. Sie finden die Antworten in Ihrer Tabelle.

Beispiel: ~~Wo gibt es hier eine Bank?~~ → Können Sie mir sagen, wo es hier eine Bank gibt?

Wo gibt es hier eine Bank?	Geldautomat?	Gibt es hier ein günstiges Hotel?	Kreditkarten?	Wie bedient man den Automaten?
	Neben der Apotheke ist einer.		*Das ist ganz unterschiedlich. Manche akzeptieren Kreditkarten, andere nicht.*	
Kann ich die Waschmaschine in Raten bezahlen?	Banken länger geöffnet?	Wie viel Prozent Zinsen bekomme ich auf ein Sparbuch?	Konto-auszüge?	Wie hoch sind die Zinsen für einen Kredit?
	Jeden Donnerstag. Die Banken schließen dann erst um 18 Uhr.		*An jedem Service-terminal Ihrer Bank, also an einem Automaten.*	
EC-Karte?	Wo kann ich außerhalb der Öffnungszeiten Geld überweisen?	Kontoauszüge zuschicken?	Brauche ich zur Konto-eröffnung einen Ausweis?	Karte aus dem Automaten?
Nein, in circa einer Woche bekommen Sie Ihre EC-Karte per Post.		*Sie bekommen Ihre Kontoauszüge einmal im Monat per Post.*		*Weil Sie dreimal die falsche Geheimzahl eingegeben haben.*

Partner B

Sie sind neu in der Stadt und haben viele Fragen. Fragen Sie Ihre Partnerin / Ihren Partner!
Beginnen Sie mit „Können Sie mir sagen, …?" oder mit „Wissen Sie, …?". Notieren Sie die Antworten in der Tabelle.

Ihre Partnerin / Ihr Partner hat auch Fragen an Sie. Helfen Sie. Sie finden die Antworten in Ihrer Tabelle.

Beispiel: ~~Wo finde ich hier einen Geldautomaten?~~ → Können Sie mir sagen, wo ich hier einen Geldautomaten finde?

eine Bank?	Wo finde ich hier einen Geldautomaten?	günstiges Hotel?	Akzeptieren die Geschäfte hier Kreditkarten?	Automat bedienen?
Gleich hier um die Ecke in der Blumenstraße.	?	*Ja, gegenüber dem Bahnhof ist das „Go In". Die Zimmer sind günstig und sauber.*	?	*Das ist ganz einfach. Sie drücken hier und folgen den Anweisungen.*
in Raten bezahlen?	An welchem Tag haben die Banken hier länger geöffnet?	Zinsen?	Wo kann ich meine Kontoauszüge selbst ausdrucken?	Zinsen für einen Kredit?
Ja, aber dann kostet sie mehr.	?	*Auf ein normales Sparbuch bekommen Sie 1 Prozent Zinsen.*	?	*Das ist sehr unterschiedlich. Zwischen 4 und 6 Prozent.*
Muss ich lange auf meine EC-Karte warten?	Geld überweisen?	Wie oft schicken Sie mir die Kontoauszüge zu?	Ausweis für Kontoeröffnung?	Warum kommt meine Karte nicht mehr aus dem Automaten?
?	*An jedem Serviceterminal Ihrer Bank.*	?	*Ja, Sie brauchen Ihren Personalausweis oder Reisepass.*	?

Partner A

Fragen Sie Ihre Partnerin / Ihren Partner.
◆ Lässt Klaus die Reifen wechseln?
◁ Ja, er lässt die Reifen wechseln. / Nein, er wechselt die Reifen selbst.

	Klaus	Sara	Elfi	Ludwig
das Auto waschen	Das macht er selbst.	?	Das macht sie selbst	?
die Reifen wechseln	?	Das macht sie nicht selbst.	?	Das macht er nicht selbst.
das Auto kontrollieren	Das macht er nicht selbst.	Das macht sie nicht selbst.	Das macht sie nicht selbst.	?
eine neue Batterie einbauen	?	Das macht sie nicht selbst.	?	Das macht er nicht selbst.
das Auto zur Werkstatt bringen	Das macht er selbst.	?	Das macht sie nicht selbst.	?
die Reparatur bezahlen	?	Das macht sie selbst.	?	Das macht er selbst.

Partner B

Fragen Sie Ihre Partnerin / Ihren Partner.
- Lässt Klaus das Auto waschen?
- Ja, er lässt das Auto waschen. / Nein, er wäscht das Auto selbst.

	Klaus	Sara	Elfi	Ludwig
das Auto waschen	?	Das macht sie selbst.	?	Das macht er selbst.
die Reifen wechseln	Das macht er nicht selbst.	?	Das macht sie selbst.	?
das Auto kontrollieren	?	Das macht sie nicht selbst.	?	Das macht er nicht selbst.
eine neue Batterie einbauen	Das macht er selbst.	?	Das macht sie nicht selbst.	?
das Auto zur Werkstatt bringen	?	Das macht sie nicht selbst.	?	Das macht er selbst.
die Reparatur bezahlen	Das macht er selbst.	?	Das macht sie nicht selbst. Das machen ihre Eltern.	?

Schneiden Sie die Bilder aus. Legen Sie die Bilder in eine Reihenfolge und erzählen
Sie die Geschichte.

Werden Lara und Tim ein Paar oder bleiben sie nur Freunde?
Schreiben Sie die Geschichte weiter. Gehen Sie dabei auf die verschiedenen
Lebensstationen ein.

Morgen   Lara und Tim

In einem Jahr

In fünf Jahren

In zehn Jahren

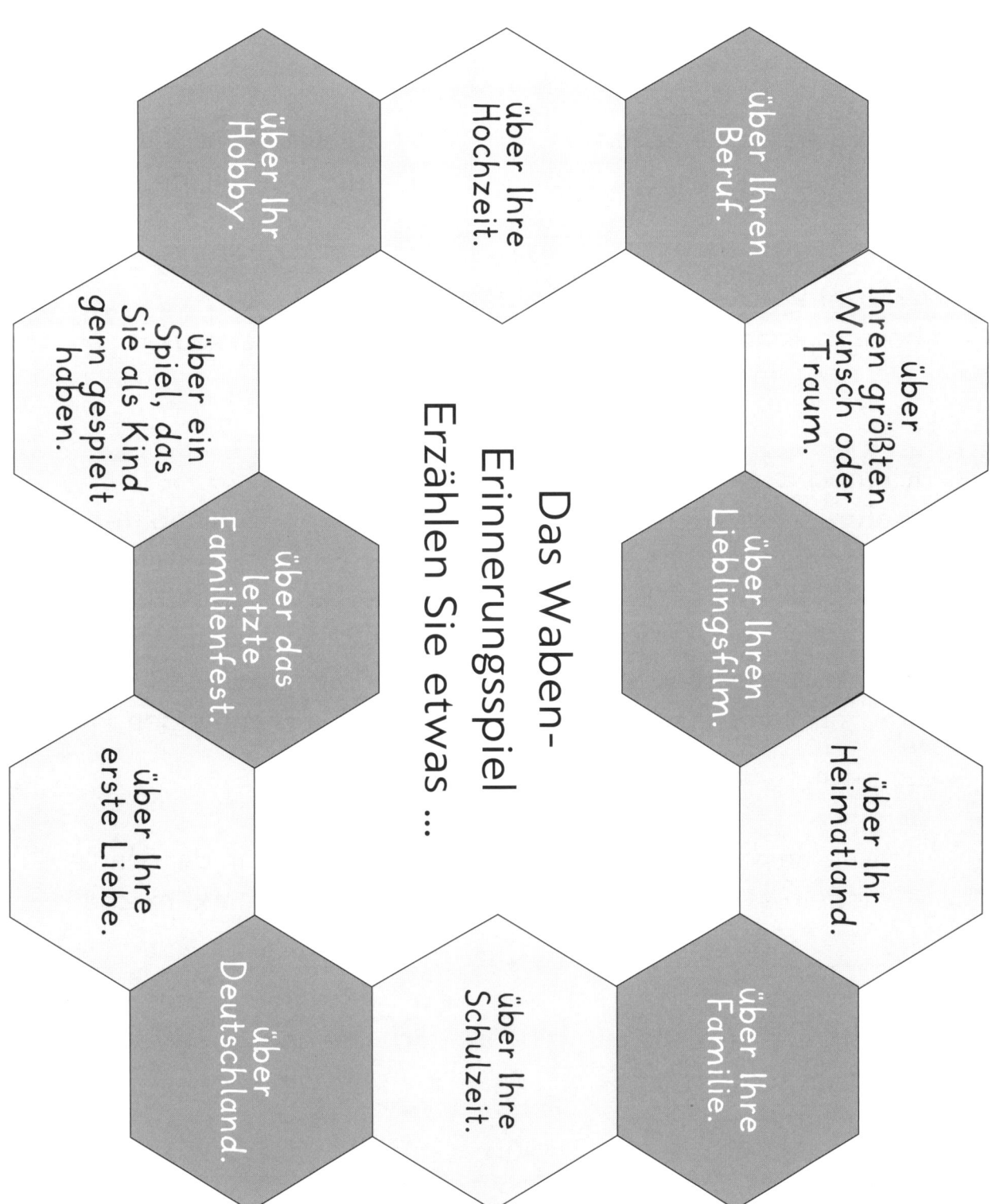

Das Waben-Erinnerungsspiel
Erzählen Sie etwas …

über Ihr Hobby.

über Ihre Hochzeit.

über Ihren Beruf.

über Ihren größten Wunsch oder Traum.

über ein Spiel, das Sie als Kind gern gespielt haben.

über den letzte Familienfest.

über Ihren Lieblingsfilm.

über Ihr Heimatland.

über Ihre erste Liebe.

über Deutschland.

über Ihre Schulzeit.

über Ihre Familie.

Ich kenne meine neuen Nachbarn noch nicht.	sie zu einer Tasse Kaffee oder Tee einladen
Ich möchte gern ein Haustier haben. Aber meine Wohnung ist sehr klein.	einen Vogel kaufen
Ich möchte gern meinen Wohnzimmerschrank an die andere Wand stellen.	Nachbarn um Hilfe bitten
Ich kann überhaupt nicht kochen.	dich in einem Kochkurs anmelden
Ich würde gern in einer Gruppe Musik machen.	einen Aushang in der Schule oder im Supermarkt machen
Ich möchte mehr Deutsch sprechen.	dich in einem Sportverein anmelden

Diminutiv-Memo- Spiel

das Haus	das Häuschen	die Maus	das Mäuschen
der Schatz	das Schätzchen	der Engel	das Engelchen
der Hase	das Häschen	das Huhn	das Hühnchen
der Bär	das Bärchen	die Karte	das Kärtchen
die Tasse	das Tässchen	das Glas	das Gläschen
die Flasche	das Fläschchen	der Bruder	das Brüderchen
die Schwester	das Schwesterchen	das Heft	das Heftchen
die Stadt	das Städtchen	der Garten	das Gärtchen
das Rad	das Rädchen	der Mann	das Männchen
der Fluss	das Flüsschen	die Brücke	das Brückchen
das Bild	das Bildchen	das Bett	das Bettchen
der Teller	das Tellerchen	der Topf	das Töpfchen

Lektion 8, Wiederholung: Würfelspiel „Was wäre, wenn …?"

Seite/Aufgabe	Material	Aufbau
	KV L8/Wiederholung, Spielfiguren, Würfel	Kopieren Sie die Kopiervorlage mehrmals. Die TN finden sich in Kleingruppen von 3–4 TN zusammen. Jede Gruppe erhält ein Spielbrett, Spielfiguren und einen Würfel. Die TN setzen ihre Spielfiguren aufs Startfeld und würfeln reihum. Wer die höchste Augenzahl würfelt, beginnt. Die TN würfeln, rücken ihre Spielfigur entsprechend viele Felder vor und lesen die Aufgabe vor. Ist die Antwort richtig (die Gruppe bestimmt), darf der Spieler auf dem Feld stehen bleiben. Ist die Antwort (auch teilweise) falsch, muss der TN die entsprechende Augenzahl wieder zurückgehen. Gewonnen hat, wer zuerst ins Ziel kommt. Dabei ist es nicht wichtig, die genaue Augenzahl zu haben, sondern einmal „eine Runde gedreht" zu haben. Gehen Sie herum und achten Sie darauf, dass die Formen von „wäre", „hätte" und „würde" richtig verwendet werden. Gruppen, die schneller fertig sind, spielen eine weitere Runde. *Hinweis:* Wenn viele Ihrer TN in der Konjunktiv-II-Bildung noch unsicher sind, können die Gruppen die Grammatikübersicht 1 (Kursbuch, S. 18) als Gedankenstütze aufschlagen.

Lektion 9, Wiederholung: Partnerspiel

Seite/Aufgabe	Material	Aufbau
	KV L9/Wiederholung	Die TN sitzen sich gegenüber. Partner A erhält Kopie A, Partner B Kopie B. Die TN halten die Kopien so, dass der Partner nicht hineinsehen kann. Der erste TN nennt eine Zahl zwischen 1 und 5 und einen Buchstaben A, B, oder C, z. B. C3. Der Partner sucht aus seiner Kopie das entsprechende Feld und liest die Frage vor. Die Partnerin / der Partner antwortet. Wenn die Antwort richtig ist, markiert der fragende TN das Feld mit einem „X". Ist die Antwort falsch, bleibt das Feld leer und der erste TN kann das Feld noch einmal anwählen. Dann wählt der andere TN eine Buchtstaben-Zahlen-Kombination etc. Die Paare spielen, bis einer der TN alle Felder markiert hat. *Binnendifferenzierung:* In Kursen mit überwiegend ungeübten TN arbeiten die TN immer paarweise mit einer Kopie. Hierbei können Sie auch festlegen, dass einer der Partner zunächst nur die Rolle des Helfenden hat. Nach einer Zeit werden die Rollen dann getauscht.

Lektion 10, Wiederholung: Quiz

Seite/Aufgabe	Material	Aufbau
	KV L10/Wiederholung	Kopieren Sie die Kopiervorlage mehrmals, schneiden Sie die Kärtchen aus und verteilen Sie die Kartensets an Vierergruppen. Jeweils zwei TN spielen als Team zusammen. Die Teams ziehen abwechselnd eine Karte: Team A beginnt und liest die Frage laut vor. Team B versucht, die Aufgabe zu lösen. Ist die Antwort richtig, erhält Team B die Karte. Ist dies nicht der Fall, wird die Lösung für alle vorgelesen und dann die Karte wieder unter den Stapel gelegt. Sie kann also später noch einmal gezogen werden und wer gut aufgepasst hat, kann punkten. Dann ist Team B an der Reihe. Das Spiel ist zu Ende, wenn alle Karten gezogen wurden. Das Team, das am Schluss die meisten Karten hat, gewinnt. *Hinweis:* Die richtige Antwort ist jeweils hervorgehoben, sodass die Richtigkeit vom gegnerischen Team leicht überprüft werden kann.

Lektion 11, Wiederholung: Wissen und markieren

Seite/Aufgabe	Material	Aufbau
	KV L11/Wiederholung, Buntstifte	Die TN arbeiten paarweise. Achten Sie darauf, dass die Paare aus möglichst gleich starken TN bestehen. Jeder Partner hat einen andersfarbigen Buntstift. Kopieren Sie für jedes Paar ein Antwortblatt. Die Paare legen das Antwortblatt gut sichtbar vor sich hin. Lesen Sie den ersten Satz vor: „Eins: Wenn Sie zum Theater wollen, müssen Sie noch ... die Brücke dort fahren." Machen Sie die Lücke deutlich, indem Sie „hmhm" summen und/oder malen Sie mit der Hand ein Fragezeichen in die Luft. Die TN markieren ihre Antwort möglichst schnell auf dem Antwortbogen, indem sie in jeweils ihrer Farbe eine große „1" über das richtige Wort schreiben. Damit die TN die Aufgabe verstehen, machen Sie mit der ersten Frage ein Beispiel. Wenn beide die gleiche Antwort markieren wollen, darf immer nur der schnellere TN seine Zahl schreiben. Sind die Antworten unterschiedlich, dürfen beide markieren. Dann kann es passieren, dass eine Antwort später nochmals markiert wird. Da dann die Zahlen und Farben unterschiedlich sind, ist das zulässig. Lesen Sie dann die zweite Frage vor: „Zwei: Wenn sehr starker Wind ist, sagt man auch: Es ist ...". Die TN markieren mit „2" etc. Die TN legen die Buntstifte weg und markieren bei der Kontrolle in einer dritten Farbe. Zur Kontrolle werden noch einmal alle Fragen mit den Antworten vorgelesen. Die TN markieren, ob ihre Antwort richtig oder falsch war. Wer die meisten richtigen Antworten markiert hat, hat gewonnen. Achtung: Zwei Antworten passen nicht! *Binnendifferenzierung:* In Kursen mit überwiegend ungeübten TN arbeiten die TN der Paare nicht gegeneinander, sondern miteinander, markieren also zusammen eine Antwort. In Kursen mit überwiegend geübten TN können Sie die TN auch in Gruppen spielen lassen. Dann spielen jeweils fünf TN zusammen. Einer übernimmt das Vorlesen der Fragen, während zwei Paare gegeneinander spielen.

Lektion 12, Wiederholung: „Kopf oder Zahl?"

Seite/Aufgabe	Material	Aufbau
	KV L12/Wiederholung, Spielfiguren, Münzen	Kopieren Sie die Kopiervorlage mehrmals. Die TN finden sich paarweise zusammen. Jedes Paar erhält ein Spielbrett, Spielfiguren und eine Münze. Die TN setzen ihre Spielfiguren auf das Startfeld und entscheiden, wer A und wer B ist. A beginnt und wirft die Münze. Zeigt die Münze mit der Zahl nach oben, darf der Spieler ein Feld vorgehen, zeigt sie mit dem Bild nach oben, darf er zwei Felder vorrücken. Um auf dem Feld stehen bleiben zu dürfen, muss die Aufgabe gelöst werden. Kann der Spieler die Aufgabe nicht lösen, muss er ein Feld zurückgehen. Dann ist B an der Reihe und wirft die Münze. Gewonnen hat, wer zuerst das Ziel erreicht.

Lektion 13, Wiederholung: „Vier gewinnt"

Seite/Aufgabe	Material	Aufbau
	KV L13/Wiederholung, Papier in zwei Farben	Jedes Paar erhält einen Spielplan. Zusätzlich brauchen Sie buntes Papier. Jeder Partner schneidet sich acht bis zehn Stückchen Papier in je einer Farbe ab. Partnerin / Partner 1 sucht sich ein Feld aus und beantwortet die Frage. Ist die Antwort richtig, darf sie/er ein Papierstückchen auf das Feld legen. Dann ist Partnerin / Partner 2 an der Reihe. Gewonnen hat, wer zuerst vier seiner Papierschnipsel in einer Reihe (senkrecht, waagerecht oder diagonal) liegen hat. Gehen Sie herum und helfen Sie bei Schwierigkeiten.
		Binnendifferenzierung: Geübtere TN, die schneller sind, spielen weiter, bis alle Felder belegt sind. Dann zählen die TN aus, wer mehr Viererreihen geschafft hat. In Kursen mit überwiegend ungeübten TN spielen jeweils zwei Paare gegeneinander.

Lektion 14, Wiederholung: Quiz

Seite/Aufgabe	Material	Aufbau
	KV L14/Wiederholung, 42 weiße Zettel zum Abdecken der Felder	Kopieren Sie den Spielplan so oft, dass immer fünf TN einen Spielplan und einen Satz mit 42 weißen Karten in Feldgröße erhalten. Die weißen Karten werden auf die Felder gelegt, sodass diese verdeckt sind. Die TN spielen in zwei Teams zu je zwei Spielern und einem Spielleiter. Team A beginnt und nennt die Koordinaten eines beliebigen Feldes, z. B. A5. Der Spielleiter deckt das Feld ab und liest die Frage vor. Team A beantwortet die Frage. Der Spielleiter entscheidet mithilfe der Lösung, ob das Team die Frage richtig beantwortet hat. Wenn ja, bekommt Team A einen Punkt und das Feld bleibt aufgedeckt. Kann Team A die Frage nicht beantworten, wird das Feld wieder abgedeckt und kann vom gegnerischen Team oder auch später noch einmal von Team A gewählt werden. Dann ist Team B dran. Das Team, das die meisten Punkte hat, wenn alle Fragen aufgedeckt sind, gewinnt.

„Was wäre, wenn …?"

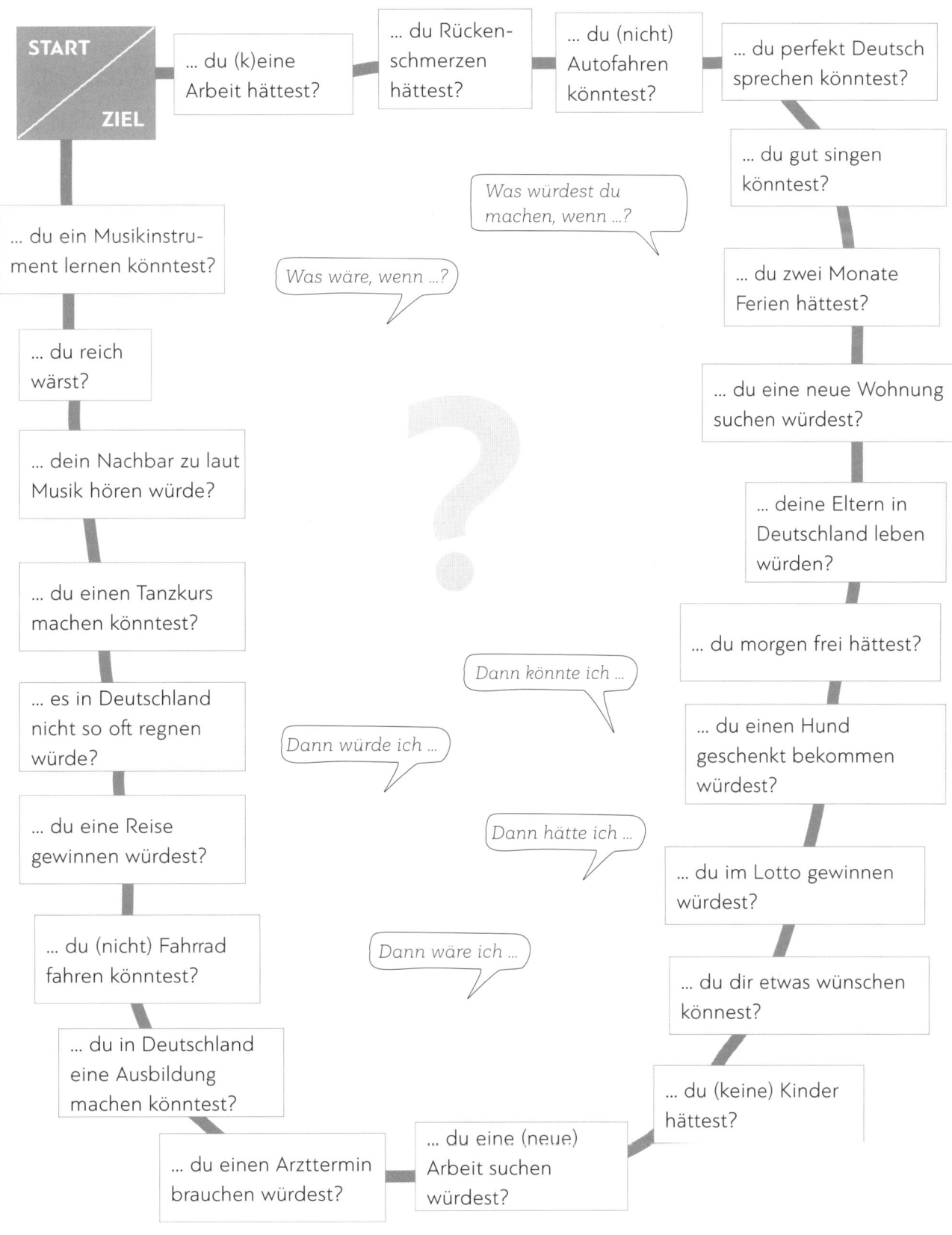

Partner A

	A	B	C	
1	Ergänzen Sie: billig, billiger, am billigsten; hoch, … *(höher, am höchsten)*	Was ist richtig? „Hey, du wohnst aber in einem **tolles/tollem/tollen** Haus." *(tollen)*	Antworten Sie skeptisch: Mensch, das war aber ein toller Film. Findest du nicht? *(z. B. Also, ich weiß nicht.)*	1
2	Was ist richtig? Ich bin genauso alt **wie/als** du. *(wie)*	Erzählen Sie: Wie wichtig ist Ihnen ein interessanter Beruf? *(freie Lösung)*	Nennen Sie mindestens zwei Beispiele: Aus welchem Material kann ein Tisch sein? *(z. B. Holz, Glas, Metall …)*	2
3	Ergänzen Sie: Reis esse ich gern. Nudeln esse ich lieber. Kartoffeln esse ich … *(am liebsten)*	Erzählen Sie: Wofür sparen Sie gerade? *(freie Lösung)*	Was ist richtig? „Nein, ich habe keinen **schnelle/schnellen/schneller** Computer." *(schnellen)*	3
4	Aus welchem Material können Schuhe sein? *(aus Leder, aus Stoff, aus Holz, aus Plastik)*	Was ist richtig? Mein Smartphone ist größer **wie/als** deins. *(als)*	Vergleichen Sie ein Fahrrad mit einem Auto. *(z. B. Das Auto ist schneller als das Fahrrad.)*	4
5	Erzählen Sie: Welche von Ihren Sachen mögen Sie am liebsten? Warum? *(freie Lösung)*	Ergänzen Sie: billig, billiger, am billigsten; groß, … *(größer, am größten)*	Ergänzen Sie: Fatma hat nachts überhaupt nicht geschlafen. Sie hatte eine … Nacht. *(schlaflose)*	5
	A	B	C	

Partner B

	A	B	C	
1	Nennen Sie mindestens drei Nahrungsmittel. *(z. B. Brot, Kartoffeln, Milch …)*	Ergänzen Sie: Eine Hose ist aus … *(Stoff)*	Was ist richtig? Morgen kaufe ich mir ein richtig **dicke/dicker/dickes** Wörterbuch. *(dickes)*	1
2	Was ist richtig? Ein Zugticket nach Köln ist genauso teuer **wie/als** eins nach Düsseldorf. *(wie)*	Erzählen Sie: Wie wichtig sind Ihnen gute Freunde? *(freie Lösung)*	Was ist richtig? Ich gehe mal zu dem **neuen/ neuem/neuer** Laden. *(neuen)*	2
3	Erzählen Sie: Wofür geben Sie Ihr Geld am liebsten aus? *(freie Lösung)*	Ergänzen Sie: klein, kleiner, am kleinsten; lang, … *(länger, am längsten)*	Erzählen Sie: Welche von Ihren Sachen mögen Sie überhaupt nicht? Warum? *(freie Lösung)*	3
4	Vergleichen Sie eine Tasche mit einem Rucksack. *(z. B. Der Rucksack ist praktischer als die Tasche.)*	Ergänzen Sie: Eine Reise nach München wäre schön. Eine Reise nach Rom wäre schöner. Eine Reise nach Moskau wäre … *(am schönsten)*	Aus welchem Material können Schüsseln sein? *(aus Glas, aus Metall, aus Holz, aus Plastik)*	4
5	Ergänzen Sie: klein, kleiner, am kleinsten; dumm, … *(dümmer, am dümmsten)*	Antworten Sie skeptisch: Schau mal, das ist aber ein toller Pullover. Findest du nicht? *(z. B. Wirklich?)*	Was ist richtig? Cola ist süßer **wie/als** Limonade. *(als)*	5
	A	B	C	

POST	POST	POST	POST
Wenn man einen Brief verschicken will, braucht man …	Wenn man sicher sein möchte, dass der Brief ankommt, schickt man ihn als …	Wenn ein Brief schnell ankommen soll, verschickt man ihn als …	Wenn man Briefmarken braucht, geht man …
a eine Zollerklärung. b *eine Briefmarke.* c eine Verpackung.	a Paket. b E-Mail. c *Einschreiben.*	a Einschreiben. b *Eilsendung.* c Päckchen.	a zum Kiosk. b zur Bank. c *zur Post.*

POST	GESUNDHEIT	HANDY	INTERNET
Wenn man bei der Post ein Paket abholen möchte, braucht man …	Wenn man keine Grippe bekommen möchte, geht man zum Arzt …	Wenn ich Freunden kurz etwas mitteilen möchte, schicke ich ihnen …	Wenn man sich über ein bestimmtes Thema informieren möchte, kann man …
a einen Ausweis. b einen Abholschein. c *einen Abholschein und einen Ausweis.*	a zur Sprechstunde. b *zur Impfung.* c zur Untersuchung.	a einen Anruf. b *eine Nachricht.* c ein Einschreiben.	a eine E-Mail schreiben. b *im Internet surfen.* c eine Anzeige aufgeben.

INTERNET	GESUNDHEIT	POST	ENTSCHULDIGUNG
In sozialen Netzwerken kann man mit …	Wenn man krank ist und auf der Arbeit anruft, nennt man das eine …	Wenn etwas mehr als 2 kg wiegt, muss man es als …	Wenn man sich bei Freunden entschuldigt, kann man sagen: Ich hoffe, du bist nicht …
a Postkarten b E-Mails c *Chats* kommunizieren.	a Absage. b Verspätung. c *Krankmeldung.*	a Päckchen b Maxibrief c *Paket* verschicken.	a *sauer.* b unpünktlich. c komisch.

POST	HANDY	HANDY	HANDY
Wenn man an einem Termin nicht kommen kann, fragt man: Können wir den Termin bitte …	Wenn jemand nicht ans Handy geht, kann man …	Wenn man das Handy jeden Tag nutzt, kann man sagen: Ich nutze es …	Auf der Mailbox kann man …
a melden? b erhalten? c *verschieben?*	a *auf der Mailbox* b im Briefkasten c im Netzwerk eine Nachricht hinterlassen.	a aktiv. b *täglich.* c ordentlich.	a eine Sprachnachricht verschicken. b eine Sprachnachricht abschicken. c *eine Sprachnachricht abhören.*

 Schritt für Schritt in Alltag und Beruf 4 | Lehrerhandbuch | 978-3-19-101087-4 | © Hueber Verlag 2020

Fragenblatt

Frage		richtige Antwort
1	Wenn Sie zum Theater wollen, müssen Sie noch … die Brücke dort fahren.	über
2	Wenn sehr starker Wind ist, sagt man auch: Es ist …	windig
3	Wenn du zu Fuß gehst, bist du ein …	Fußgänger
4	Bei schlechtem Wetter ist der Himmel voller …	Wolken
5	Am … gab es heute keine Starts und Landungen.	Flughafen
6	Wenn Sie zum Tennisclub wollen, müssen Sie hier am Park … fahren.	entlang
7	Gleich kommt mein Sohn … der Schule.	aus
8	Wenn im Winter viel Schnee liegt, gibt es viele … auf den Straßen.	Staus
9	Ich weiß nicht genau, wann mein Flugzeug landet, … um 21 Uhr.	voraussichtlich
10	Morgens ist es im Herbst oft … Man sieht fast nichts.	neblig
11	Zu „Auto" sagt man auch oft der …	Wagen
12	Abends gehe ich nicht gern … den Park.	durch
13	An der nächsten … müssen Sie nach links abbiegen.	Kreuzung
14	Sie müssen hier … den Sportplatz herumgehen.	um
15	Vielleicht gibt es gleich ein Gewitter. Es sieht den ganzen Tag schon so … aus.	gewittrig
16	Sag mal, wann kommst du … Sport nach Hause?	vom

Antwortblatt

Schritt für Schritt in Alltag und Beruf 4 | Lehrerhandbuch | 978-3-19-101087-4 | © Hueber Verlag 2020

Kopf oder Zahl?

A	Ziel	B	Ziel

A 10

_____ April _____ mache ich einen Monat Urlaub. Dann fahre ich _____ Madrid und mache einen Spanischkurs. Darauf freue ich mich schon.

Hola, ¿cómo te llamas?

B 10

_____ Hamburg haben wir _____ vier Stunden Aufenthalt. Wir könnten uns die berühmte Reeperbahn und andere Sehenswürdigkeiten ansehen.

A 9

Hotel in Strandnähe bietet preiswert_____ Zimmer übers Wochenende. Herrlich_____ Blick aufs Meer.

B 9

Kleines Sporthotel mit zahlreich_____ Sportangeboten hat noch günstig_____ Zimmer frei.

A 8

Kulturfreak sucht kulturinteressiert_____ Begleitung für Ausstellungsbesuch oder Stadtführung.

B 8

Genießerin sucht fröhlich_____ Reisebegleitung mit Spaß am Faulenzen.

A 7

Letztes Jahr war ich zum ersten Mal _____ Küste. Das war ein ganz besonderes Erlebnis.

B 7

Fußball mit gut_____ Freunden ist für mich die beste Erholung.

A 6

Entschuldigung, wo geht's hier an _____ Strand?

B 6

Wer hat Lust, mit mir eine Fahrradtour _____ _____ Donau zu machen?

A 5

Nun tanze ich schon _____ ein Jahr regelmäßig Tango. Jetzt möchte ich mal nach Argentinien fahren und dort tanzen.

B 5

_____ nächster Woche _____ besuche ich einen Salsa-Kurs. Ich möchte nämlich im Herbst nach Kuba fahren und Salsa tanzen.

A 4

Abenteurer sucht abenteuerlustig_____ Reisebegleitung für gefährlich_____ Dschungeltour.

B 4

Sportlich_____ Typ sucht unkompliziert_____ Leute für gemeinsam_____ Aktivurlaub.

A 3

_____ Urlaub fliege ich am liebsten _____ Meer. Dort kann man _____ Strand _____ Sonne faulenzen.

B 3

Nächstes Wochenende fahren wir _____ Land. Wir besuchen meine Großeltern _____ einem kleinen Dorf _____ Bayerischen Wald.

A 2

Diesen Sommer fahren wir _____ _____ Süden. Wir wollen _____ Italien fahren und uns die berühmten Sehenswürdigkeiten Venedig, Florenz und Pisa ansehen.

B 2

Lass uns am Wochenende _____ Berge fahren! Wir könnten _____ Bergen wandern.

A 1

Wir waren am Sonntag _____ Schwarzwald. Und ihr?

B 1

Ich würde gern mal Urlaub _____ einsamen Insel machen.

A	↑ **Start** ↑	B	↑ **Start** ↑

A2 © Thinkstock/iStock/justinroque

Vier gewinnt
(senkrecht ↕, waagerecht ↔ oder diagonal ↖↘)

Wie heißt das Wort richtig? Ich möchte am Geldautomaten Geld *heabben*.	**Bitten Sie höflich um Hilfe:** Sie stehen am Fahrkartenautomaten und wissen nicht, wie er funktioniert.	**Ergänzen Sie Artikel und Pluralformen:** _____ Konto → die _____ _____ Betrag → die _____	**Fragen Sie höflicher:** Wie komme ich zum Bahnhof?	**Ergänzen Sie:** Sie bekommen Münzen und Geldscheine. Sie bekommen _____ .
Fragen Sie höflicher: Ist das Konto kostenlos?	**Ergänzen Sie:** ◆ Schneidet ihr eure Haare selbst? ▼ Nein, das machen wir nicht selbst. Wir _____ .	**Wie heißt das Wort richtig?** Ich habe nicht so viel Geld dabei. *zeprenAktie* Sie auch Kreditkarten?	**Ergänzen Sie:** Die Hose ändern? Das kann ich nicht. Ich _____ .	**Ergänzen Sie Artikel und Pluralformen:** _____ Bestätigung → die _____ _____ Spende → die
Ergänzen Sie Artikel und Pluralformen: _____ Summe → die _____ _____ Betrag → die _____	**Warnen Sie Ihre Freundin:** Ihre Freundin will über die Straße gehen. Aber es kommt ein Auto.	**Fragen Sie höflicher:** Ist der Bus schon weg?	**Sie wissen es auch nicht. Antworten Sie höflich:** Können Sie mir sagen, wie der Kaffeeautomat funktioniert?	**Ergänzen Sie die Artikel:** _____ Bargeld _____ Girokonto _____ EC-Karte
Ergänzen Sie: Nein, ich kann deinen Computer auch nicht reparieren. Du musst ihn _____ .	**Fragen Sie höflicher:** Was hast du gesagt?	**Ergänzen Sie:** Sie brauchen ein neues Konto. Auf der Bank _____ Sie ein neues Konto.	**Wie heißt das Wort richtig?** Kann ich das Geld auch *weiberüsen*?	**Fragen Sie höflicher:** Wird der Kontoauszug mit der Post zugeschickt?
Ergänzen Sie: Meine Kleidung ändern? Nein, das mache ich nicht selbst. Ich _____ .	**Wie heißt das Wort richtig?** Sind nun alle Ihre Fragen *worbetetant*?	**Ergänzen Sie die Artikel:** _____ Kleingeld _____ Zinsen _____ Kontoauszug	**Fragen Sie höflicher:** Wo ist der nächste Geldautomat?	**Ergänzen Sie:** Zahlen in den Geldautomaten eingeben = die Geheimzahl _____

Quiz

	A	B	C	D	E	F
1	der Raucher → die ___in	Ich fühle mich heute nicht wohl, ___ ich zu viel Kaffee getrunken habe.	Tim hat Lara im Deutschkurs ___ (kennenlernen).	Letztes Jahr ___ (sein) Tim allein im Urlaub.	der Arbeiter → die ___in	Lara und Tim ___ (haben) letzte Woche in Wien viel Spaß.
2	Haus → Häuschen Maus → ___	Lara ist in München manchmal mit Tim ___ (ausgehen).	Meine Freunde sind alle verheiratet, aber ich ___ (wollen) nicht heiraten.	Anita hat sich im Urlaub in einen Spanier ___ (verlieben).	Bär → Bärchen Engel → ___	Laras Lehrerin hat jeden Tag die Hausaufgaben ___ (kontrollieren).
3	Ich glaube, ___ du bestimmt mal im Lotto gewinnst.	Peters Mutter ist vor zwei Tagen ___ (sterben).	Ach, ich ___ eigentlich lieber nach Hause gehen.	Hase → Häschen Schatz → ___	Vielleicht hast du ___ auf Rad fahren morgen?	Lara und Tim sind zusammen in den Urlaub ___ (fahren).
4	Wenn ich Geld hätte, ___ ich gern nach Rom fahren.	Als Kind ___ (dürfen) ich nicht allein ins Schwimmbad gehen.	Ich war gestern wegen des Tests so aufgeregt, dass ich erst spät ___ (einschlafen) bin.	Gestern ___ (wollen) ich ins Theater gehen, aber es ist immer noch geschlossen.	Ich bin in einem kleinen Dorf ___ (aufwachsen).	Früher habe ich immer auf die Kinder der Nachbarn ___ (aufpassen).
5	Mein Mann und ich haben uns oft in einem Café ___ (treffen).	Als Kind ___ (müssen) ich immer auf meine kleinen Geschwister aufpassen.	Esel → Eselchen Dicker → ___	Für mich war immer klar, ___ ich Ärztin werden möchte.	Ich weiß nicht, das finde ich ___ so interessant.	Im Kurs war es immer lustig. Das hat mir gut ___ (gefallen).
6	Wenn ich erwachsen bin, ___ (haben) ich gern Kinder. Das wünsche ich mir.	das Tier + das Haus = das H___	Es geht mir gut, ___ ich mit meinen Freunden zusammen bin.	Ich ___ gern Architektur studieren, aber ich habe leider kein Abitur.	Am Sonntag ___ wir zum Flohmarkt gehen. Was meinst du?	Hast du gewusst, ___ es bei der Bahn viele Sonderangebote gibt?
7	Das ___ von klein ist groß.	Nach dem Deutschkurs ist Lara nach Polen ___ (zurückgehen).	Gestern ___ (müssen) ich mit meinem Sohn zum Arzt.	Ich gehe schwimmen, ___ das Wetter morgen schön ist.	Meine Oma hat sich immer um uns Kinder ___ (kümmern).	Tobias hat seinem Vater für die Hilfe ___ (danken).

Lösung für die Spielleiterin / den Spielleiter

	A	B	C	D	E	F
1	die Raucherin	weil	kennengelernt	war	die Arbeiterin	hatten
2	Mäuschen	ausgegangen	wollte	verliebt	Engelchen	kontrolliert
3	dass	gestorben	würde	Schätzchen	Lust	gefahren
4	würde	durfte	eingeschlafen	wollte	aufgewachsen	aufgepasst
5	getroffen	musste	Dickerchen	dass	nicht	gefallen
6	hätte	das Haustier	wenn	würde	können	dass
7	Gegenteil	zurückgegangen	musste	wenn	gekümmert	gedankt

Name: ....

WORTSCHATZ

1 Was passt? Ordnen Sie zu.

Vorschlag ~~Flohmarkt~~ Konzert Spielzeug Werkzeug

Lieber Arif,

morgen ist hier in meiner Straße ein *Flohmarkt* . Kommst du mit? Ich will für meine Tochter

.... kaufen, sie wird nächste Woche fünf. Und bestimmt gibt es auch

.... Du hast doch gesagt, dass du einen Hammer brauchst. Und abends gibt der Rapper

Puschido ein .... – kostenlos. Unternimm mal was und sitz nicht immer zu Hause.

Komm, nimm meinen .... doch an!

Liebe Grüße, Mary

Punkte .... /4

GRAMMATIK

2 Verbinden Sie die Gegensätze und schreiben Sie Sätze mit *trotzdem.*

a Es regnet.
b Er liegt im Bett.
c Ich bin zu dick.
d Ich bin erkältet.
e Er hat ein Auto.

1 Ich esse jeden Abend Schokolade.
2 Er fährt mit dem Bus zur Arbeit.
3 Ich gehe ohne Mantel zum Supermarkt.
4 Er schläft nicht.
5 Ich gehe ohne Regenjacke zur Arbeit.

Beispiel: **a** *Es regnet. Trotzdem gehe ich ohne Regenjacke zur Arbeit.*

b ....

c ....

d ....

e ....

Punkte .... /4

3 Schreiben Sie die Sätze mit *wäre, hätte, würde.*

Beispiel: Sie muss zur Schule gehen, *aber sie hätte lieber Ferien.* (*Ferien haben*).

a Sie muss eine Diät machen, aber ....

.... (*Süßigkeiten essen*).

b Er hat ein Fahrrad, aber ....

.... (*ein Auto haben*).

c Sie ist Köchin von Beruf, aber ....

.... (*Ärztin sein*).

d Wir müssen früh aufstehen, aber ....

.... (*lange schlafen*).

Punkte .... /4

KOMMUNIKATION

4 Bringen Sie das Gespräch in die richtige Reihenfolge.

○ Okay. Holst du mich ab?
○ Klar, das mache ich. Bis Montag!
○ Sagen wir um 19 Uhr?
○ Ja, gern. Wann denn?
○ Ja, das geht. Um wie viel Uhr denn?

① Ich möchte mal wieder essen gehen. Hast du Lust?
○ Wie wäre es am Sonntagabend?
○ Am Sonntagabend? Da geht es leider nicht.
○ Und am Montagabend? Kannst du da?

Punkte .... /8

Gesamt .... /20

Name:

WORTSCHATZ

1 Woraus sind die Gegenstände? Ergänzen Sie mit Artikel.

Beispiel: Die Eintrittskarte ist aus Papier.

a _____ ist aus _____ .

b _____ ist aus _____ .

c _____ ist aus _____ .

Punkte ____ / 3

2 Was passt? Ordnen Sie zu.

damals   Platte   ~~Erinnerungen~~   eingerichtet   entfernt   Kerzen   Gas

Erinnerungen an das Haus meiner Eltern: Meine Eltern hatten das Haus sehr schön
_____. Besonders den Küchentisch mit der dicken _____ habe
ich geliebt. Meine Mutter hat oft _____ angemacht, das war sehr gemütlich. Aber
es war immer kalt: Meine Eltern haben mit dem _____ für die Heizung gespart.
Schade, dass das Haus so weit _____ ist. Es war _____ das schönste Haus für mich.

Punkte ____ / 3

GRAMMATIK

3 Ergänzen Sie.

▲ Oh, Franz, schau mal dort! Ist das nicht eine schöne Lampe?
● Ich weiß nicht, schwarz_____ Lampen finde ich nicht so toll.
▲ Also keine neu_____ Lampe!
● Aber da vorn, da steht ein groß_____ Schrank mit einer weiß_____ Glastür. Wie findest du den?
▲ Der gefällt mir gar nicht. Ich glaube auch nicht, dass er in unseren klein_____ Flur passt.
● Vielleicht sollten wir zuerst eine groß_____ Wohnung suchen. Was meinst du, Schatz?
▲ Ja, das ist eine gut_____ Idee!

Punkte ____ / 7

KOMMUNIKATION

4 Was passt? Kreuzen Sie an.

Beispiel: Meine Freundin Pia ist genauso alt ○ als ⊗ wie meine Schwester.
a   Ich mag Tennis lieber ○ als ○ wie Fußball.
b   Mein neues Smartphone hat so viel gekostet ○ als ○ wie deins.
c   Deniz ist bald größer ○ als ○ wie sein Vater.

Punkte ____ / 3

5 Was passt? Verbinden Sie.

a   Guck mal hier, das ist aber ein
    interessantes Bild.

b   Wie wichtig ist dir Schmuck?

c   Ich spare für ein neues Smartphone.
    Und du?

d   Was soll ich meiner Freundin schenken?
    Eine Kette? Einen Rucksack?

1   Ich wünsche mir einen Laptop.
    Dafür spare ich.

2   Also, ich weiß nicht ...

3   Also ich finde eine Kette schöner als einen
    Rucksack.

4   Schmuck ist mir überhaupt nicht wichtig.

Punkte ____ / 4

Gesamt ____ / 20

Name:

WORTSCHATZ

1 Wie heißt das Gegenteil? Ergänzen Sie.

Beispiel: angenehm – *unangenehm*

a reif – _____   c wichtig – _____   e selbstständig – _____
b möglich – _____   d gern – _____   f ordentlich – _____

Punkte _____ /3

2 Markieren Sie die Wörter.

BRIEFKOMOBILTELEFONTEPOSTKARTEGRIPBAMAILBOXUMINTERNETSTER

Punkte _____ /4

GRAMMATIK

3 Ergänzen Sie *Was für ein/eine/einen/-*.

Beispiel: ● Ich hätte gern Briefmarken.   ■ *Was für* Briefmarken möchten Sie denn?
a ● Entschuldigung, haben Sie auch Mobiltelefone?
   ■ _____ Mobiltelefon suchen Sie denn?
b ● Haben Sie Geschenkverpackungen?
   ■ _____ Geschenkverpackung suchen Sie denn?
c ● Haben Sie Briefumschläge? Ich möchte einen Brief verschicken.
   ■ _____ Briefumschlag möchten Sie denn?

Punkte _____ /3

4 In der Brotfabrik. Was wird hier gemacht? Schreiben Sie.

a Teig machen *Der Teig wird gemacht.*
b Brote backen (gebacken) _____
c Brote herausholen (herausgeholt) _____
d Brote verpacken _____
e Brote an den Supermarkt liefern _____

Punkte _____ /4

5 Ergänzen Sie.

Meine Damen und Herren, kaufen Sie das neu**e** Handy von BABBEL. Und gratis zu dem
neu_____ Handy gibt es die rot_____ Handytasche. Heute ist der perfekt_____ Tag für Ihren Kauf.

Punkte _____ /3

KOMMUNIKATION

6 Ordnen Sie zu.

Ich hoffe, das ist in Ordnung   Vielen Dank für Ihren Anruf   Ich melde mich wieder
~~Es tut mit schrecklich leid~~

Beispiel: Hallo, guten Tag! Hier ist Schneider. Ich habe heute um 15.00 einen Termin bei Dr. Graf.
Es tut mir schrecklich leid, aber ich kann leider nicht kommen. Ich bin krank.

a ● Guten Tag, Frau Schneider. Das ist kein Problem. _____ .
   Wollen Sie einen neuen Termin?
b ■ Nein danke, im Moment nicht. _____ , wenn ich wieder gesund bin.
   _____ .

Punkte _____ /3

Gesamt _____ /20

Name: _____

WORTSCHATZ

1 Ergänzen Sie die Adjektive.

Lieber Khalid,

jetzt bin ich schon drei Tage in Wien und habe noch fast nichts gesehen. Gestern war es furchtbar
neblig (Nebel), heute ist es _____ (Sturm). Am Anfang der Woche waren die Temperaturen _____ (Eis), obwohl es _____ (Sonne) war. Fehlt nur noch, dass es
morgen _____ (Gewitter) wird. Der Wetterbericht sagt, es wird _____ (Wolken)
und _____ (Wind). Ich hoffe es, denn dann kann ich mir endlich die Stadt ansehen.
Liebe Grüße, Elzbieta

Punkte _____ /3

GRAMMATIK

2 Woher kommt Rosi? Ordnen Sie zu.

aus dem | ~~aus der~~ | von der | von ihren | vom

Beispiel: Rosi kommt _aus der_ Bäckerei.

a   Rosi kommt _____ Tankstelle.
b   Später kommt Rosi _____ Zoo.
c   Mittags kommt Rosi _____ Zahnarzt.
d   Nachmittags kommt Rosi _____ Freunden.

Punkte _____ /4

3 Wie sind Linus und Ava gelaufen? Ergänzen Sie.

Zuerst sind sie _am_ Fluss _entlang_ und _bis_ _zur_ Brücke
gelaufen. Dann sind sie _____ Brücke und _____
Wald gelaufen. Hinter dem Wald sind sie _____ gelaufen.
Sie sind _____ Spielplatz gegangen und _____ Spielplatz
herumgelaufen. Danach sind sie die Kirchstraße _____ gegangen
und stehen nun _____ Kirche.

Punkte _____ /7

4 *Weil* oder *deshalb*. Kreuzen Sie an.

Beispiel: Klaus steht mal wieder zu spät auf, ○ weil ☒ deshalb verpasst er den Bus.
a   Mona hat kein Auto, ○ weil ○ deshalb sie in der Großstadt keins braucht.
b   Philip fährt gern mit dem Zug, ○ weil ○ deshalb wohnt er in der Nähe des Bahnhofs.
c   Sara bekommt auf der Autobahn schnell Angst, ○ weil ○ deshalb fährt sie nie schnell.

Punkte _____ /3

5 Was passt? Ordnen Sie zu.

Am besten gefallen mir | ~~gefallen mir am besten~~ | Ich fahre gern | In meiner Heimat ist das anders

Beispiel: In Deutschland _gefallen mir am besten_ die Ampeln für Fußgänger.

a   _____ mit der Straßenbahn zur Schule.
b   _____ die vielen Radwege hier.
c   _____, es gibt viel mehr Mopeds.

Punkte _____ /3
Gesamt _____ /20

Name:

WORTSCHATZ

1 Was passt? Ordnen Sie zu.

besichtigen   annehmen   geeignet   ~~machen~~   überlegen   dagegen

Beispiel: Heute wollen wir eine Stadtführung machen.

a   Ich kann deinen Vorschlag wirklich nicht _____.

b   Immer bist du _____. Du kannst auch mal machen, was ich möchte.

c   Sollen wir am Wochenende den Kölner Dom _____? Er soll ganz toll sein.

d   Nein, ich glaube, das Hostel ist nicht sehr _____.

e   Ich weiß nicht, wohin wir fahren sollen. Lass uns morgen weiter _____.

Punkte _____ / 5

GRAMMATIK

2 Was ist richtig? Kreuzen Sie an.

Beispiel: Morgen fahre ich mit Freunden	○ am Meer.	☒ ans Meer.
a Am Wochenende war ich	○ am Meer.	○ ans Meer.
b Familie Steinmeyer macht Urlaub	○ im Schwarzwald.	○ in den Schwarzwald.
c Bettina wohnt seit einem Jahr	○ auf dem Land.	○ aufs Land.
d Nächste Woche fahren wir	○ im Gebirge.	○ ins Gebirge.
e Ich verbringe meinen Urlaub	○ an der Küste.	○ an die Küste.
f Letztes Jahr war ich zum ersten Mal	○ im Süden.	○ in den Süden.
g Warst du schon einmal	○ am See?	○ an den See?
h Möchtest du morgen mit mir	○ in der Stadt	○ in die Stadt fahren?

Punkte _____ / 8

3 Was passt? Ordnen Sie zu.

-en   -en   -er   -er   -er   ~~-es~~   -es

> Klein**es** Zimmer gesucht!
>
> Ich suche für nächst_____ Monat ein Zimmer mit nett_____ Mitbewohnern
>
> mit preiswert_____ Miete in ruhig_____ Lage. Gemütlich_____ Sofa und
>
> groß_____ Fernseher wären toll! Melde dich unter 0178/646968.

Punkte _____ / 3

KOMMUNIKATION

4 Ordnen Sie zu.

Wollen wir   Das geht nicht   ~~Ich habe einen Vorschlag~~   Dann lass uns doch   gute Idee

■   Ich habe einen Vorschlag. _____ morgen mal in den Zoo gehen?

▲   _____. Ich bin bei Frida eingeladen.

■   Hm, schade. _____ am Sonntag in den Zoo gehen?

▲   Oh ja, _____.

Punkte _____ / 4

Gesamt _____ / 20

Name: ....

WORTSCHATZ

1 Markieren Sie die Wörter und ordnen Sie zu.

SUMMEKLEINGELDRTSPENDEAIZINSENUBHIGELDAUTOMATGEENIMECKARTEKARLIZU

Beispiel: Ich möchte gern eine ___Spende___ an das „Rote Kreuz" überweisen.

a Hast du etwas _____ für mich? Ich möchte mir einen Kaffee am Automaten holen.

b Der nächste _____ steht in der Wallstraße.

c Puh, das ist viel Geld. Ich kann nicht die ganze _____ auf einmal bezahlen.

d Manchmal muss man bei Ratenzahlung richtig viel _____ zahlen.

e Das gibt's nicht! Meine _____ ist weg. Was mache ich denn jetzt bloß?

Punkte ____ /5

GRAMMATIK

2 Was passt? Ordnen Sie zu.

ob   ob   wohin   ob   ~~wo~~   was   ob

● Kannst du mir sagen, _wo_ du den Autoschlüssel hingelegt hast?

▲ Schatz, der liegt auf dem Küchentisch. Darf ich dich fragen, _____ du fährst?

● In die Stadt. Ach, ich wollte dich noch fragen, _____ du das Auto vollgetankt hast.

▲ Nein, das habe ich vergessen. Aber kannst du mir sagen, _____ du schon wieder in der Stadt willst?

● Ich möchte mir ein neues Kleid kaufen. Gertrud hat uns zu ihrer Hochzeit eingeladen. Weißt du, ich frage mich wirklich, _____ du dich überhaupt noch für mich interessierst.

▲ Du willst wissen, _____ ich dich noch liebe?

● Ach, ich weiß nicht, _____ ich das wissen will.

Punkte ____ /6

3 Ergänzen Sie und schreiben Sie die Fragen höflicher.

Beispiel: (Wie spät ist es?) K ö n n e n S i e m i r s a g e n, wie spät es ist?

a (Wo finde ich ein Taxi?) I ___ w ___ d e g ___ w ___ s s ___,

b (Wo ist hier eine Toilette?) W i ___ S ___,

c (Fährt der Bus zum Zoo?) K ö ___ n ___ S ___ m ___ r ___ s ___ g ___,

d (Wie teuer war der Wein?) D ___ f i ___ f r ___ g ___,

e (Lernst du mit mir für die Prüfung?) I ___ w ___ l ___ te d ___ h f ___ a g ___,

Punkte ____ /5

4 Familie Moritz macht ab morgen nichts mehr selbst. Schreiben Sie Sätze mit *lassen*.

heute

Die Familie wäscht die ganze Wäsche selbst.

a Mein Vater repariert das Auto selbst.

b Julia schneidet sich die Haare selbst.

c Ich repariere mein Fahrrad selbst.

d Meine Eltern renovieren das Haus selbst.

ab morgen

Beispiel: Die Familie *lässt die ganze Wäsche waschen.*

a Mein Vater _____

b _____

c _____

d _____

Punkte ____ /4

Gesamt ____ /20

Name: ....

WORTSCHATZ

1 Ordnen Sie zu und ergänzen Sie mit -chen.

Tochter Tasse ~~Tisch~~ Haus

Beispiel: Habt ihr für euren Balkon ein ___Tischchen___ gefunden? Euer alter Tisch war ja zu groß.

a Möchtest du ein _____ Kaffee oder Tee? Ich koche uns gern eins.

b Hast du gehört, dass Familie Müller noch ein _____ bekommen hat?

c In den Ferien mieten wir ein _____ am Strand. Darauf freue ich mich schon!

Punkte _____ / 3

GRAMMATIK

2 Pauls Kindheit. Ergänzen Sie.

Beispiel: Als Paul klein ___war___ (sein), ___hat___ ihm sein Opa oft ___vorgelesen___ (vorlesen).

a Mit 10 _____ *(sein)* Paul viel draußen, denn er _____ gern Fußball
   _____ *(spielen).*

b Als er auf das Gymnasium _____ *(gehen),* _____ *(haben)*
   er nur noch wenig Zeit für Sport, weil er viel lernen _____ *(müssen).*

c Mit 14 _____ er einen Computer _____ *(bekommen)* und er
   _____ sich tagelang nur mit dem Computer _____ *(beschäftigen).*

d Oft _____ er dabei die Zeit _____ *(vergessen),* besonders wenn er mit
   anderen im Internet Computerspiele _____ *(spielen).*

e Manchmal _____ er aber auch mit Freunden Skateboard _____ *(fahren).*

f Mit 16 _____ *(wollen)* er eine Fahrradtour nach Berlin machen, aber das _____
   (dürfen) er nicht.

g Seine Eltern _____ es ihm nicht _____ *(erlauben).* Sie _____
   (haben) Angst, dass ihm etwas passiert.

h Mit 18 _____ *(können)* ihm seine Eltern das Reisen nicht mehr verbieten und er
   _____ mit seiner Freundin nach Frankreich _____ *(reisen).*

Punkte _____ / 8

KOMMUNIKATION

3 Was ist richtig? Notieren Sie die richtige Nummer.

① einen Vorschlag machen   ② einen Vorschlag annehmen   ③ einen Vorschlag ablehnen

◆ Hallo, Louise! Hast du heute schon was vor? Wir könnten zusammen ins Kino gehen. _1_
▼ Schöne Idee! Aber ich habe für heute Abend Theaterkarten. _____ Komm doch mit ins Theater! _1_
◆ Super Idee! _____

◆ Hallo Stefan! Wie wäre es mit einem Kartenspiel? _____
▼ Das ist doch langweilig! _____ Aber hast du Lust auf ein Computerspiel? _____
◆ Toller Vorschlag! Gern! _____

Punkte _____ / 6

4 Wünsche. Ergänzen Sie.

Beispiel: Ich möchte gern ___einmal nach Venedig fahren___.

a Ich hätte gern _____.

b Ich würde gern _____.

c Ich wäre gern _____.

Punkte _____ / 3

Gesamt _____ / 20

Ü2 © Getty Images / E+ / CAP53

Lektion 8 Am Wochenende

Folge 8: Wo er recht hat, hat er recht.

Bild 1

Betty: Hey, Tim! Was ist denn los?
Tim: Die Musik ...
Betty: Was?
Tim: Ich hätte gern ein bisschen Ruhe!
Betty: Paul!
Tim: Ich kann so nicht lernen.
Paul: Hey Tim! Was ist?
Betty: Tim würde gern lernen.
Paul: Du würdest gern lernen? Am Sonntag?
Tim: Ich würde ja lieber rausgehen. Aber es regnet.
Paul: Ach so! Möchtest du eine Tasse Tee?
Tim: Ja, warum nicht?

Bild 2

Betty: Wir könnten was spielen. Was meint ihr?
Paul: Spielen? Warum nicht?
Tim: Einverstanden. Aber was?
Betty: Ich würde gern Karten spielen. Wie wäre es mit Poker?
Tim: Gute Idee! Das machen wir.
Paul: Ich würde lieber Monopoly spielen.
Betty: Tut mir leid, aber darauf hab' ich keine Lust.
Tim: Wir könnten Scharade spielen.
Paul & Betty: Scharade? Zu dritt?
Tim: Das geht schon. Ich zeig's euch.

Bild 3

Tim: Also, erstes Wort: Na?
Paul: Hm? Was soll das sein?
Betty: Ein „T", oder?
Tim: Genau. Jetzt das zweite Wort
Paul: Eine Schüssel vielleicht?
Tim: N-nn!
Betty: Eine Kanne?
Paul: Aah! Tee, Kanne ... Teekanne!
Tim: Genau!
Betty: Oh Mann! Ich habe beide Wörter gewusst.
Paul: Trotzdem habe ich gewonnen.
Betty: Okay, aber jetzt bin ich dran!

Bild 4

Betty: Erstes Wort.
Tim: Ein Hut?
Betty: N-nn ...
Tim: Eine Mütze?
Betty: N-nn ...
Paul: Ein Dach! Ein Hausdach!
Betty: N-nn ...
Tim: Ein Haus?
Betty: H-hm! Zweites Wort.
Paul: Paul? Tim? Hauspaul? Haustim?
Betty: N-nn ...
Tim: Ich weiß es: Hausmann!
Betty: Hmm, fast ...
Tim: Paul und ich, zwei ...
Paul: Hausmänner!
Tim: Das wollte ich auch sagen!
Paul: Hehe! Zu langsam!
Betty: Wer ist das denn jetzt?

Bild 5

Betty: Hey! Niki!
Niki: Hallo!
Betty: Was gibt's?
Niki: Unsere Spülmaschine ist kaputt.
Betty: Schon wieder? Das ist ja blöd!
Niki: Mama hätte gern deinen Werkzeugkoffer. Kannst du uns den leihen?
Betty: Klar, kein Problem. Warte!
Paul: Hallo Niki!
Niki: Hallo!
Paul: Wir spielen Scharade. Du könntest auch mitmachen. Hast du Lust?
Niki: Hmm, ich weiß nicht.
Paul: Komm schon! Tim ist auch da.
Niki: In Ordnung. Ich mache mit.

Bild 6

Tim: Du bist dran, Niki!
Niki: Hier kommt mein erstes Wort ...
Tim: Hmm ...
Paul: Was ist das?
Paul: Ich würde sagen, er gibt mir was.
Niki: Hm-hm.
Betty: Ein Geschenk vielleicht?
Niki: Ta-ta-ta-taa!
Paul: Na gut. Und das zweite Wort?
Tim & Paul: Zeitung? Illustrierte? Zeitschrift?
Niki: N-nn!
Betty: Er meint das Papier! Geschenkpapier!
Niki: Richtig!
Betty: Juhu, gewonnen!

Bild 7

Paul: Hallo Eva!
Eva: Entschuldige Paul, ich suche Niki. Ist er bei euch?
Paul: Ja, er ...
Niki: Hier bin ich!
Eva: Wärst du bitte so nett und kommst mal hier raus?
Niki: Nein, komm du lieber rein!
Eva: Niki, du weißt: ich hab keine Zeit.
Niki: Du könntest trotzdem reinkommen. Es ist lustig. Wir spielen Scharade.
Eva: Na super!
Paul: Komm doch rein, Eva! Wo er recht hat, hat er recht.

Bild 8

Tim: Ein Handwerker?
Eva: N-nn ...
Paul: Ein Hammer?
Eva: N-nn ... Der Hammer ist ein ..., na?
Betty: Ein Werkzeug!
Eva: Richtig! Und jetzt das zweite Wort.
Niki: Einkaufen gehen?
Eva: Nein.
Tim: Eine Tüte?
Eva: N-nn ...
Betty: Ein Koffer! Ein Werkzeugkoffer!
Eva: Ganz genau! Ich gehe jetzt die Spülmaschine reparieren.

Niki: Ach, nee! Ein paar Scharaden könnten wir noch machen.
Eva: Meinst du?
Tim: Klar! Deine Spülmaschine läuft schon nicht weg.
Paul: Wo er recht hat, hat er recht.

Schritt B, B2
Frau 1: Was machst du denn heute?
Frau 3: Ich mache eine Radtour.
Frau 1: Aber du bist doch erkältet.
Frau 3: Na und? Ich mache trotzdem eine Radtour.

Schritt C, C2
Jana: Hallo, Merle.
Merle: Hi, Jana! Wie geht's?
Jana: Alles gut. Und dir?
Merle: Auch gut. Du, wir könnten doch am Sonntag mal wieder zusammen frühstücken. Hast du Lust?
Jana: Hm … Da kann ich leider nicht. Ich treffe mich mit Anna.
Merle: Oh schade. Wie wäre es am Donnerstag?
Jana: Schade, das geht leider auch nicht. Ich würde gern mit dir frühstücken, aber du weißt doch: am Donnerstagvormittag muss ich arbeiten.
Merle: Ach ja, klar, stimmt. Und am Freitag?
Jana: Warum nicht? Um wie viel Uhr wollen wir uns treffen?
Merle: Vielleicht um 10 Uhr? Bei mir?
Jana: Gut, ich bringe Brötchen mit.
Merle: Dann bis Freitag, Ich freue mich schon! Tschüüssss!
Jana: Tschüs.

Schritt E, E2
A
Radiomoderatorin: Und nun eine Information für unsere Filmfreunde: Die Sommerpause vom Kino im Ziegenstall ist zu Ende. Das Programm liegt ab sofort im Kino und in verschiedenen Geschäften der Region aus. Neu im Programm: Donnerstags, freitags und sonntags um 15 Uhr gibt es Kinderkino. Tolle, spannende Filme – und Kinder bis zwölf zahlen nur den halben Preis.

B
Radiomoderator: Ein Tipp fürs Wochenende für Kultur zum Nulltarif. Am Samstag von 10 bis 20 Uhr können Sie beim dritten Stadtfest mitten in der Innenstadt wieder Straßenkünstler aus ganz Europa sehen. Fahren Sie am besten mit den öffentlichen Verkehrsmitteln dort hin, und nicht mit dem Auto. Sie wissen ja: Es gibt nur wenige Parkplätze im Zentrum und die sind teuer!

C
Radiomoderator: Endlich ist es wieder so weit: Wie jedes Jahr im Frühling findet auch dieses Jahr der große Theresienflohmarkt statt. Samstag und Sonntag, von 6 Uhr morgens bis 19 Uhr. Besonders interessant: Dieses Jahr gibt es zum ersten Mal einen eigenen Bereich für Kindersachen. Unser Tipp für Sie: Kommen Sie so früh wie möglich, am besten gleich um 6 Uhr. Dann haben Sie die meiste Auswahl und es ist noch nicht so voll.

Lektion 8, Audiotraining 1
Sprecher: Ich mache das trotzdem! Antworten Sie mit „Ja. Trotzdem …“. Hören Sie zuerst ein Beispiel:
Sprecherin: Bist du krank? arbeiten
Sprecher: Ja. Trotzdem arbeite ich.

Und jetzt Sie:
Sprecherin: Bist du krank? arbeiten
Sprecher: Ja. Trotzdem arbeite ich.
Sprecherin: Kannst du Gitarre spielen? viel üben müssen
Sprecher: Ja. Trotzdem muss ich viel üben.
Sprecherin: Musst du heute lernen? zum Sport machen
Sprecher: Ja. Trotzdem mache ich Sport.
Sprecherin: Machst du eine Diät? einen Kuchen essen
Sprecher: Ja. Trotzdem esse ich einen Kuchen.
Sprecherin: Hast du bald Prüfungen? drei Tage Urlaub machen
Sprecher: Ja. Trotzdem mache ich drei Tage Urlaub.
Sprecherin: Bist du sehr müde? heute in eine Bar gehen
Sprecher: Ja. Trotzdem gehe ich heute in eine Bar.

Lektion 8, Audiotraining 2
Sprecher: Wünsche! Sagen Sie es höflich.
Hören Sie zuerst ein Beispiel:
Sprecherin: Ich will zwei Monate Urlaub.
Sprecher: Ich hätte gern zwei Monate Urlaub.

Und jetzt Sie:
Sprecherin: Ich will zwei Monate Urlaub.
Sprecher: Ich hätte gern zwei Monate Urlaub.
Sprecherin: Ich will am Wochenende ausschlafen.
Sprecher: Ich würde gern am Wochenende ausschlafen.
Sprecherin: Ich will wieder Yoga machen.
Sprecher: Ich würde gern wieder Yoga machen.
Sprecherin: Ich will mehr Zeit für mich.
Sprecher: Ich hätte gern mehr Zeit für mich.
Sprecherin: Am Samstag will ich im Wald spazieren gehen.
Sprecher: Am Samstag würde ich gern im Wald spazieren gehen.
Sprecherin: Ich will andere Arbeitszeiten.
Sprecher: Ich hätte gern andere Arbeitszeiten.
Sprecherin: Ich will mal wieder etwas unternehmen.
Sprecher: Ich würde gern mal wieder etwas unternehmen.

Lektion 8, Audiotraining 3
Sprecher: Wir könnten am Freitag … Wiederholen Sie.
Hören Sie zuerst ein Beispiel:
Sprecherin: Wir könnten am Freitag mal wieder etwas unternehmen.
Sprecher: Wir könnten am Freitag mal wieder etwas unternehmen.

Und jetzt Sie:
Sprecherin: Wir könnten am Freitag mal wieder etwas unternehmen.
Sprecher: Wir könnten am Freitag mal wieder etwas unternehmen.
Sprecherin: Am Freitag? Da kann ich leider nicht.
Sprecher: Am Freitag? Da kann ich leider nicht.
Sprecherin: Und wie wäre es mit einem Ausflug am Samstag?
Sprecher: Und wie wäre es mit einem Ausflug am Samstag?
Sprecherin: Schade, das geht leider auch nicht.

Sprecher: Schade, das geht leider auch nicht.
Sprecherin: Hast du vielleicht Lust auf Kino am Samstagabend?
Sprecher: Hast du vielleicht Lust auf Kino am Samstagabend?
Sprecherin: Gute Idee, aber ich würde eigentlich lieber in die Disko gehen.
Sprecher: Gute Idee, aber ich würde eigentlich lieber in die Disko gehen.
Sprecherin: Okay, dann gehen wir in die Disko.
Sprecher: Okay, dann gehen wir in die Disko.
Sprecherin: In Ordnung, das machen wir.
Sprecher: In Ordnung, das machen wir.

Lektion 9   Meine Sachen

Folge 9: Schauen wir mal …

Bild 1
Tim: Hey, Sandra! Guten Morgen! Na, schon in der Arbeit? Ach, du hast heute frei. Ich muss ab 14 Uhr arbeiten. Wohin gehst du? In einen neuen Laden? Ein neues Einrichtungshaus. Du möchtest deine Wohnung schöner einrichten. Ich soll dich beraten? Hahaha, du hast meine Wohnung noch nicht gesehen! Na gut, wenn du meinst. Um zehn bei dir? Wo ist das? Sonnenstraße 12. Bis gleich!

Bild 2
Tim: Hey Sandra!
Sandra: Hallo Tim! Komm rein!
Tim: Wow! Du, das ist ja eine tolle Wohnung!
Sandra: Ja? Findest du?
Tim: Was brauchst du hier denn noch?
Sandra: Och, ich weiß nicht. Ein toller Kerzenständer wäre schön, ein paar bunte Kerzen vielleicht, ein interessantes Bild, so was, verstehst du?
Tim: H-hm. Und das gibt es da alles in diesem Geschäft?
Sandra: Ich denke schon. Schauen wir mal.
Tim: Ja, genau: Schauen wir mal, dann sehen wir es schon.

Bild 3
Tim: Hier, guck mal! Ist das nicht ein hübsches Poster?
Sandra: Hm ja, ganz nett. Aber es passt nicht zu meinen Möbeln.
Tim: Bist du sicher? Also ich finde eigentlich, dass …
Sandra: Nein, nein! Das geht auf keinen Fall.
Tim: Hm, na schön. Und der Wandteppich dort? Der ist doch super, oder? Den finde ich noch toller als das Poster.
Sandra: Ich mag keine Wandteppiche.
Tim: H-hh! Wahnsinn! Weißt du, was der kostet?
Sandra: Fünfzig Euro?
Tim: N-nn …
Sandra: Siebzig?
Tim: Neunzehnneunundneunzig! Den nehm' ich!

Bild 4
Tim: Guck mal hier: Das sind ja tolle Saftgläser! Sechs Stück kosten acht Euro neunundneunzig. Das ist ja fast wie geschenkt!
Sandra: Jaja …
Tim: Willst du auch welche?
Sandra: Nein. Ich habe schon Saftgläser.
Tim: Ach so. Diese Kerzenhalter da, …

Sandra: Ja?
Tim: Wie findest du die?
Sandra: Na ja, ich weiß nicht.
Tim: Oh! Schau mal, da!

Bild 5
Tim: Kerzen machen so ein gemütliches Licht! Was ist besser: Eine große Kerze oder zwei kleine? Was meinst du, Sandra?
Sandra: Tja, ich weiß nicht. Das musst du selbst entscheiden.
Tim: Ich nehme die hier. Die ist auch billiger. Guck mal: Zwei kleine kosten zwei Euro achtundneunzig und eine große nur zwei Euro neunundvierzig.
Sandra: Aha …
Tim: Super! Heute ist ein richtig guter Einkaufstag. Findest du nicht?
Sandra: Na ja, geht so.

Bild 6
Tim: Boah! Schau mal, wie viele Sachen ich schon habe.
Sandra: Ja, stimmt. Und eigentlich wollte ICH ja einkaufen.
Tim: Und dann kaufe ICH pausenlos ein. Jetzt suchen wir was für dich.
Sandra: Du, nein, danke. Ich glaube, ich …
Tim: Hey! Guck mal da drüben! Die Tischdecken! Wow, sind die bunt!
Sandra: Die sind aber aus Plastik!
Tim: Ja eben! Das ist doch das Beste! Die muss man nicht waschen!
Sandra: Oh mein Gott! Männer!

Bild 7
Tim: Und? Wie findest du meine Wohnung?
Sandra: Joah. Schon ziemlich … ähm … ziemlich … gemütlich!
Tim: Stimmt! Gemütlich ist es.
Sandra: Bist du denn zufrieden mit deinem Einkauf?
Tim: Ja! Ich bin restlos glücklich. Das war eine wunderbare Idee von dir.
Sandra: Wirklich? Was gefällt dir denn am besten?
Tim: Ich weiß nicht. Am lustigsten finde ich die Plastiktischdecke, am schönsten den Wandteppich. Los, du musst mir jetzt helfen. Wir machen das Zimmer richtig schön.
Sandra: So? Meinst du, das schaffen wir?
Tim: Na klar doch! Mit DIR als Beraterin!

Bild 8
Tim: Na, das sieht doch schon super aus, oder?
Sandra: Ja? Wirklich?
Tim: Komm, jetzt trinken wir auf unseren schönen Einkaufsvormittag. Vielen Dank, liebe Sandra!
Sandra: Hm, das ist aber ein leckerer Saft. Was ist das? Ananas-Orange-Mango?
Tim: Nein, das, das ist … Ah! Mist!
Sandra: Wie bitte!?
Tim: Zehn nach eins! Die Arbeit! Ich muss los! Tut mir leid … äh, … ich muss mich ganz schnell umziehen. Aber nächste Woche: da gehen wir mal nur für dich einkaufen.
Sandra: Schauen wir mal, dann sehen wir es schon.

Schritt A, A4a
Mann: Ich brauche einen guten Computer.
Frau: Wirklich? Du hast doch schon einen guten Computer.

Schritt B, B1
Mann: Hier guck mal: Ist das nicht ein hübsches Poster?
Frau: Ja, ganz nett, aber es passt nicht zu meinen braunen Möbeln.

Schritt D, D2
Gespräch A
Radiosprecherin: Und willkommen zurück. Das Stadtradio mit der Nachmittagsshow. Wir wollen wissen: Wofür geben die Leute ihr Geld aus? Mein Kollege Jan war in der Stadt unterwegs und hat gefragt.
Jan: Hallo, ich bin Jan vom Stadtradio. Kann ich Sie etwas fragen?
Junge Frau: Äh, ja.
Jan: Sie sind in der Stadt, weil Sie etwas einkaufen wollen?
Junge Frau: Ja klar. Hier gibt es einfach die besten Geschäfte.
Jan: Das heißt: Sie kaufen nicht im Internet ein?
Junge Frau: Nur selten. Ich gehe gern in die Geschäfte und schaue, was es gibt.
Jan: Und wofür geben Sie Ihr Geld am liebsten aus?
Junge Frau: Für mich sind Lebensmittel sehr wichtig. Ich achte auf gute Qualität.
Jan: Am liebsten kaufen Sie also Lebensmittel?
Junge Frau: Nein, ich liebe schöne Kleidung. Dafür gebe ich am liebsten mein Geld aus.
Jan: Danke schön und viel Spaß beim Einkaufen!

Gespräch B
Jan: Für was geben Sie am meisten Geld aus?
Junger Mann: Wissen Sie, ich bin vor zwei Jahren hierher gekommen. Ich arbeite seit einem halben Jahr bei einem Lieferservice. Das ist gut, denn nun verdiene ich Geld. Ich spare, weil ich ein neues Fahrrad kaufen möchte. Deshalb gebe ich gerade fast kein Geld aus. Mir sind schicke Kleidung oder ein teures Handy aber auch nicht so wichtig. Ich möchte einfach gern ein neues Fahrrad haben. Und das ist teuer!
Jan: Ah, also geben Sie ...

Gespräch C
Jan: Entschuldigung, darf ich Sie was fragen?
Mann: Ja, bitte?
Jan: Wofür geben Sie am meisten Geld aus?
Mann: Am meisten Geld ... hm ... ich denke, ... ja, am meisten zahle ich für die Miete, fürs Auto, für Versicherungen, ach ja, und fürs Gas, das wird auch immer teurer.
Jan: Aha, vielen Dank.
Mann: Bitte, gern

Gespräch D
Jan: Und wofür geben Sie Ihr Geld am liebsten aus?
Frau: Ach, ich brauche nicht viel. Lebensmittel natürlich, und ich bezahle meine Miete und die Versicherungen und so. Aber ich habe kein Auto und kein Handy.
Jan: Und sonst geben Sie gar kein Geld aus?
Frau: Doch: Am wichtigsten ist mir, dass es meinen Enkelkindern gut geht. Ich habe sechs Enkel und die Ausbildung ist richtig teuer. Aber ich finde es wichtig, dass man heute eine gute Ausbildung hat.
Jan: Danke schön! Ihre Enkel haben ja großes Glück, dass sie so eine tolle Oma haben.

Lektion 9, Audiotraining 1
Sprecher: Beim Einkaufen! Antworten Sie.
Hören Sie zuerst ein Beispiel:
Sprecherin: Guck mal, der Kerzenständer! toll
Sprecher: Oh, das ist aber ein toller Kerzenständer.

Und jetzt Sie.
Sprecherin: Guck mal, der Kerzenständer! toll
Sprecher: Oh, das ist aber ein toller Kerzenständer.
Sprecherin: Guck mal, die Salatschüssel! hübsch
Sprecher: Oh, das ist aber eine hübsche Salatschüssel.
Sprecherin: Guck mal, die Espressomaschine! günstig
Sprecher: Oh, das ist aber eine günstige Espressomaschine.
Sprecherin: Guck mal, das Handy! teuer
Sprecher: Oh, das ist aber ein teures Handy.
Sprecherin: Guck mal, der Küchentisch! schön
Sprecher: Oh, das ist aber ein schöner Küchentisch.
Sprecherin: Guck mal, das Fahrrad! billig
Sprecher: Oh, das ist aber ein billiges Fahrrad.
Sprecherin: Guck mal, der Rucksack! praktisch
Sprecher: Oh, das ist aber ein praktischer Rucksack.

Lektion 9, Audiotraining 2
Sprecher: Groß, größer, am größten! Antworten Sie.
Hören Sie zuerst ein Beispiel:
Sprecherin: Hamburg ist größer als München. Berlin
Sprecher: Aber Berlin ist am größten.

Und jetzt Sie.
Sprecherin: Hamburg ist größer als München. Berlin
Sprecher: Aber Berlin ist am größten.
Sprecherin: Dresden finde ich schöner als Chemnitz. Leipzig
Sprecher: Aber Leipzig finde ich am schönsten.
Sprecherin: Der Feldberg ist höher als der Fichtelberg. die Zugspitze
Sprecher: Aber die Zugspitze ist am höchsten.
Sprecherin: Das Sportmuseum finde ich interessanter als das Stadtmuseum. Technikmuseum
Sprecher: Aber das Technikmuseum finde ich am interessantesten.
Sprecherin: Tischtennis mag ich lieber als Fußball. Tennis
Sprecher: Aber Tennis mag ich am liebsten.
Sprecherin: Ein Tablet finde ich praktischer als einen PC. Smartphone
Sprecher: Aber ein Smartphone finde ich am praktischsten.

Lektion 9, Audiotraining 3
Sprecher: Wofür gibt Tom Geld aus? Wiederholen Sie.
Hören Sie zuerst ein Beispiel:
Sprecherin: Tom gibt viel Geld für die Miete aus.
Sprecher: Tom gibt viel Geld für die Miete aus.

Und jetzt Sie.
Sprecherin: Tom gibt viel Geld für die Miete aus.
Sprecher: Tom gibt viel Geld für die Miete aus.
Sprecherin: Am liebsten gibt er Geld für einen schönen Urlaub aus.
Sprecher: Am liebsten gibt er Geld für einen schönen Urlaub aus.
Sprecherin: Er kauft am liebsten Bio-Lebensmittel.
Sprecher: Er kauft am liebsten Bio-Lebensmittel.
Sprecherin: Kleidung ist ihm überhaupt nicht wichtig. Da spart er.

Sprecher: Kleidung ist ihm überhaupt nicht wichtig.
Da spart er.
Sprecherin: Und jetzt noch einmal Sie: Antworten Sie mit
Ihren Informationen.
Sprecher: Wofür geben Sie viel Geld aus?
Sprecher: Wofür geben Sie am liebsten Geld aus?
Sprecher: Was kaufen Sie am liebsten?
Sprecher: Was ist Ihnen überhaupt nicht wichtig.

Zwischendurch mal ... Gedicht
Keine Asche in der Tasche?
Vgl. KB S. 35

Lektion 10   Kommunikation

Folge 10: Immer auf den letzten Drücker

Bild 1
Tim: Oh, schon halb sechs. Ich muss noch ein Paket
zur Post bringen.
Lara: Ein Paket? Für mich?
Tim: Nein, mein Bruder hat Geburtstag.
Lara: Ah, Ben! Er wird siebzehn, oder? Was schenkst
du ihm denn?
Tim: Erstens: Ein T-Shirt extra für ihn. Hier, sieh mal!
Lara: „Hier wird gefeiert!" Hihi, lustig!
Tim: Hab ich selbst gemacht. Ist doch super geworden,
oder?
Lara: Ja, finde ich auch.

Bild 2
Lara: Und was bekommt Ben noch?
Tim: Die zwanzig verschiedenen Bierdeckel hier.
Lara: Bierdeckel? So viele? Trinkt er so gern Bier?
Tim: Nein, er sammelt nur Bierdeckel.
Lara: Ach so? Was man alles sammeln kann! Zeig doch mal!
Tim: Roaaarr!
Lara: Du Tim, jetzt ist es zwanzig vor sechs!
Tim: Hhh!
Lara: Die Post macht bald zu.
Tim: Und ich muss das alles noch verpacken.
Lara: Also wirklich! Immer auf den letzten Drücker!
Tim: Tschüs, Lara!
Lara: Bis bald!
Tim: Ja.

Bild 3
Tim: Hm, wo ist denn jetzt der kleine Karton? Komisch! Wo
hab ich bloß den kleinen Karton hingelegt? Das ist doch
unmöglich. Irgendwo muss das doofe Ding ja sein! Hach!
Warum bin ich so unordentlich? Ah, da ist er ja. Jetzt aber
schnell! Gleich macht die Post zu.

Bild 4
Tim: Guten Abend!
Postmitarbeiterin: Guten Abend!
Tim: Ähm, ich habe eine Frage.
Postmitarbeiterin: Ja?
Tim: Diese Sendung soll in fünf Tagen in Kanada sein,
in Ottawa. Meinen Sie, das geht noch?
Postmitarbeiterin: Warum kommen die Leute immer
auf den letzten Drücker?

Tim: Ich weiß, ich bin spät dran.
Postmitarbeiterin: Na, dann geben Sie mal her.

Bild 5
Postmitarbeiterin: 550 Gramm, tja, das sind leider
50 Gramm zu viel.
Tim: Aha! Und jetzt?
Postmitarbeiterin: Wir müssen es als „Maxibrief
international" versenden.
Tim: Maxibrief?
Postmitarbeiterin: Der geht bis 2000 Gramm.
Tim: Ah! Gut.
Postmitarbeiterin: Mit „Eil international" dauert es
drei bis sechs Werktage.
Tim: „Eil international"? Was ist das?
Postmitarbeiterin: Das ist eine Zusatzleistung.
Das kostet aber extra.
Tim: H-hm sechs Tage, also, das wäre dann aber zu spät.
Postmitarbeiterin: Na ja, nach Kanada sind es normaler-
weise nur vier Tage.
Tim: Oh! Das geht ja gerade noch.

Bild 6
Postmitarbeiterin: Was ist denn da drin?
Tim: Das sind Geburtstagsgeschenke für meinen Bruder,
ein T-Shirt und ein paar Bierdeckel.
Postmitarbeiterin: Gut. Dann müssen Sie das Formular
CN 22 ausfüllen.
Tim: Wie bitte? Was für ein Formular muss ich ausfüllen?
Postmitarbeiterin: Ein Formular CN 22. Hier, da muss genau
draufstehen, was in der Sendung drin ist. Sehen Sie, hier
wird das reingeschrieben. In Kanada wird doch Englisch
und Französisch gesprochen, oder?
Tim: Ja, genau
Postmitarbeiterin: Dann müssen Sie es auf Englisch oder
auf Französisch reinschreiben.
Tim: Kein Problem.
Postmitarbeiterin: Und hier oben bitte „Geschenk"
ankreuzen. Das ist wichtig.

Bild 7
Tim: Prima! Und was kostet das jetzt?
Postmitarbeiterin: Das macht zwölf Euro sechsunddreißig,
bitte.
Tim: Hui! Das ist ja ein teurer Brief. Hier bitte.
Postmitarbeiterin: Einen Euro vierundsechzig zurück.
Und Ihr Beleg.
Tim: Danke schön! Und vielen Dank für die gute Beratung!

Bild 8
Lara: Na, hat's noch geklappt?
Tim: Was meinst du?
Lara: Na, das mit dem Paket ...
Tim: Was für ein Paket? Ach so! Das war kein Paket.
Das war ein „Maxibrief international".
Lara: Ein Maxibrief?
Tim: Ja, sogar mit „Eil international".
Lara: Oha!
Tim: Zwölf Euro sechsunddreißig.
Lara: Boah!
Tim: Aber immerhin: Er ist genau an Bens Geburtstag
angekommen.
Lara: Na, also! Hat er sich gefreut?
Tim: Warte, ich zeig ihn dir. Hier, sieh mal!

Lara: Oh, was für ein hübsches Foto!!
Tim: Hübsch? Na klar, er ist mein Bruder! Da musst du gar nicht lachen! Hey, hör auf, du!

Schritt A, A1
Postmitarbeiterin: Dann müssen Sie das Formular CN 22 ausfüllen. Sehen Sie: Hier wird das reingeschrieben. In Kanada wird doch Englisch und Französisch gesprochen, oder?

Schritt B, B2a
Gespräch 1
Kundin: Guten Tag. Ich möchte einen wichtigen Brief verschicken. Ich muss sicher sein, dass er ankommt. Was für eine Möglichkeit gibt es denn da?
Postmitarbeiter: Dann müssen Sie diesen Brief als Einschreiben senden.

Gespräch 2
Kundin: Ich möchte ein Päckchen abholen.
Postmitarbeiter: Haben Sie die Benachrichtigungskarte und Ihren Ausweis dabei?
Kundin: Was für eine Karte?
Postmitarbeiter: Die Benachrichtigungskarte. Sie war in Ihrem Briefkasten.

Gespräch 3
Kunde: Ich habe hier einen Brief nach Südafrika. Was kostet der denn?
Postmitarbeiterin: Geben Sie mal her – hm, 650 Gramm. Das ist dann ein Maxibrief international, das macht sieben Euro.
Kunde: Gut, dann brauche ich Briefmarken.
Postmitarbeiterin: Was für Briefmarken möchten Sie? Sondermarken oder normale Briefmarken?
Kunde: Normale Briefmarken, bitte.

Gespräch 4
Kundin: Ich habe hier eine Sendung nach Ägypten.
Postmitarbeiterin: Da müssen Sie diese Zollinhaltserklärung ausfüllen.
Kundin: Was für eine Erklärung?
Postmitarbeiterin: Eine Zollinhaltserklärung. Sehen Sie: dieses Formular hier. Da müssen Sie reinschreiben: Was ist in dem Paket und was ist es wert?

Schritt C, C2
1
Moderatorin: Heute wollen wir wissen: Sammeln Sie etwas? Wenn ja: was?
Frau: Oh ja, ich sammle Münzen: 1-Euro-Münzen. Sehen Sie mal: Münzen aus 18 verschiedenen Ländern habe ich schon. Hier: eine griechische, eine spanische, eine italienische, eine österreichische, eine niederländische, eine französische, und hier: eine irische. Na ja, und viele mehr. Ein paar Länder fehlen mir natürlich noch. Aber das schaffe ich schon noch. Die griechische Münze ist übrigens meine Lieblingsmünze. Ich finde die Eule so toll!

2
Mann: Mein Hobby ist Modelleisenbahnen sammeln. Ich habe schon über 100 Stück aus vielen verschiedenen Jahren. Ich mag das! Man kann sehen: Wie hat die Technik sich weiterentwickelt. Leider ist das ein nicht ganz billiges Hobby! Aber ich suche viel im Internet nach guten Angeboten und auf Messen und in speziellen Geschäften. Die grüne Bahn hier gefällt mir am besten. Das war ein Geschenk: Meine Frau hat sie mir zu meinem 50. Geburtstag geschenkt. Die Bahn ist aus der Schweiz und ich glaube, sie war ganz schön teuer. Ist sie nicht lustig? Sie sieht aus wie ein Krokodil.

3
Frau: Meine große Leidenschaft sind Dosen! Alte, neue, große, bunte, einfarbige … Fast jedes Wochenende gehe ich auf Flohmärkte und schaue, ob es schöne Dosen gibt. Aber für so viele Dosen habe ich leider gar keinen Platz, sie stehen ja alle in meinem Küchenregal. Also muss ich mich immer wieder von alten Dosen trennen, wenn ich neue kaufe. Meistens biete ich sie in einem Online-Auktionshaus an. In jeder Dose hier im Regal ist auch etwas. In der roten ist zum Beispiel schwarzer Tee, in der grünen Dose ist Zucker und in der blauen ist Mehl. So sieht alles auch immer hübsch aufgeräumt aus.

Schritt E, E1a
1
Libuša: Guten Tag, hier spricht Libuša Karlova. Meine S-Bahn hat leider Verspätung. Ich komme eine halbe Stunde später. Ich hoffe, das ist in Ordnung. Tut mir sehr leid! Auf Wiederhören.

2
Namika: Hallo, hier ist Namika Osman. Ich kann heute leider nicht ins Büro kommen. Ich fühle mich gar nicht gut. Ich gehe heute Vormittag zum Arzt und rufe dann später noch einmal an und gebe Bescheid, wann ich wieder kommen kann. Auf Wiederhören.

3
Naomi: Hallo, Gerd. Hier ist Naomi. Es tut mir schrecklich leid, aber ich kann heute Abend nicht zum Essen kommen. Emmi ist krank! Ich war schon mit ihr beim Arzt, sie hat ganz hohes Fieber und schrecklichen Husten. Ich kann sie auf keinen Fall allein lassen. Ich hoffe, du bist nicht sauer. Bitte entschuldige. Ich melde mich wieder! Tschüüüüs.

4
Alisa: Hallo, hier ist Alisa. Du, Mama, kannst du vielleicht für mich bei der Praxis Dr. Camerer anrufen? Ich bin unterwegs und erreiche dort niemanden. Könntest du dort Bescheid sagen, dass ich nicht zur Grippe-Impfung kommen kann und auch mein Rezept nicht abholen kann. Vielleicht könntest du einen neuen Termin für mich ausmachen? Ich hoffe, das macht dir nichts aus. Danke danke danke, du bist ein Schatz! Tschüüüüs, muss weiter …

Lektion 10, Audiotraining 1
Sprecher: Was für Münzen? Fragen Sie nach.
Hören Sie zuerst ein Beispiel:
Sprecherin: Ich sammle Münzen.
Sprecher: Aha. Was für Münzen sammelst du denn?

Und jetzt Sie.
Sprecherin: Ich sammle Münzen.
Sprecher: Aha. Was für Münzen sammelst du denn?
Sprecherin: Ich spreche viele Sprachen.
Sprecher: Aha. Was für Sprachen sprichst du denn?

Sprecherin: Ich habe ein tolles Buch gelesen.
Sprecher: Aha. Was für ein Buch hast du denn gelesen?
Sprecherin: Ich sammle Postkarten.
Sprecher: Aha. Was für Postkarten sammelst du denn?
Sprecherin: Ich kaufe gern Schmuck.
Sprecher: Aha. Was für Schmuck kaufst du denn?
Sprecherin: Ich muss ein Formular ausfüllen.
Sprecher: Aha. Was für ein Formular musst du denn ausfüllen?

Lektion 10, Audiotraining 2
Sprecher: Eine Nachricht auf der Mailbox! Wiederholen Sie. Hören Sie zuerst ein Beispiel: Guten Morgen. Hier ist Frank Sommerfeld.
Sprecher: Guten Morgen. Hier ist Frank Sommerfeld.

Und jetzt Sie.
Sprecher: Guten Morgen. Hier ist Frank Sommerfeld.
Sprecher: Guten Morgen. Hier ist Frank Sommerfeld.
Sprecher: Ich kann heute leider nicht zur Arbeit kommen, weil meine Tochter krank ist.
Sprecher: Ich kann heute leider nicht zur Arbeit kommen, weil meine Tochter krank ist.
Sprecher: Ich hoffe, dass ich morgen wieder kommen kann.
Sprecher: Ich hoffe, dass ich morgen wieder kommen kann.
Sprecher: Bitte verschieben Sie meinen Termin mit Herrn Schulz auf nächste Woche.
Sprecher: Bitte verschieben Sie meinen Termin mit Herrn Schulz auf nächste Woche.
Sprecher: Ich melde mich später noch einmal.
Sprecher: Ich melde mich später noch einmal.
Sprecher: Auf Wiederhören.
Sprecher: Auf Wiederhören.

Lektion 10, Audiotraining 3
Sprecher: Wann denn endlich? Bilden Sie Sätze.
Hören Sie zuerst ein Beispiel:
Sprecherin: Wann liefern Sie endlich unseren Fernseher?
Sprecher: Wann wird endlich unser Fernseher geliefert?

Und jetzt Sie.
Sprecherin: Wann liefern Sie endlich unseren Fernseher?
Sprecher: Wann wird endlich unser Fernseher geliefert?
Sprecherin: Wann reparieren Sie endlich meinen Laptop?
Sprecher: Wann wird endlich mein Laptop repariert?
Sprecherin: Wann schicken Sie uns endlich die Rechnung?
Sprecher: Wann wird uns endlich die Rechnung geschickt?
Sprecherin: Wann unterschreiben Sie endlich das Formular?
Sprecher: Wann wird endlich das Formular unterschrieben?
Sprecherin: Wann verpacken Sie endlich die Geschenke?
Sprecher: Wann werden endlich die Geschenke verpackt?
Sprecherin: Wann bringen Sie endlich die Pakete zur Post?
Sprecher: Wann werden endlich die Pakete zur Post gebracht?

Zwischendurch mal ... Lied
Weg mit dem „un"!
Vgl. KB S. 46

Zwischendurch mal ... Hören
Macht uns das Handy blöd?
Radiosprecher: Macht uns das Hand blöd? Diese freche Frage stellt unser Reporter verschiedenen Leuten in der Fußgängerzone. Hören Sie hier die vier sehr unterschiedlichen Antworten.

Interviewer: Entschuldigung, eine Frage: Macht uns das Handy blöd? Was meinen Sie?
Passantin 1: Klar macht uns das blöd. Gehen Sie doch mal durch die Stadt und schauen Sie sich die Leute an! Fast alle haben ihr Smartphone in der Hand. Und da gucken sie die ganze Zeit rein. Von der Welt um sie herum sehen sie fast gar nichts. Das sind doch fast alle schon richtige Roboter!
Interviewer: Was sagen Sie: Macht uns das Handy blöd?
Passant 2: Blöd? Was meinen Sie denn damit? Ich brauche mein Handy, verstehen Sie? Meine Familie ist in Syrien. Finden Sie es blöd, wenn ich gern mit meiner Mutter oder mit meiner Schwester telefoniere? Nein? Na, sehen Sie.
Interviewer: Macht uns das Handy blöd? Haben Sie darauf eine Antwort?
Passantin 3: Was ist das denn für eine dumme Frage? Fast jeder hat doch heute ein Handy. Sind deshalb gleich alle blöd, oder was? Man kann mit dem Handy intelligente Sachen machen oder dumme Sachen. Und jeder kann das selbst entscheiden. Also, mich macht mein Handy nicht blöd.
Interviewer: Darf ich Sie kurz was fragen? Macht uns das Handy blöd?
Passant 4: Blöd? Nein. Aber ich finde, dass Handys ziemlich gefährliche Geräte sind. Unsere Smartphones sammeln den ganzen Tag Daten: Mit wem wir telefonieren, wo wir gerade sind, was wir einkaufen, welche Fotos wir machen und so weiter. Die Frage ist: Wer kriegt all diese Daten?

Lektion 11   Unterwegs

Folge 11: Fragen kostet nichts.

Bild 1
Frau Heigert: Hallo!
Sandra: Einen Moment! Ja, bitte?
Frau Heigert: Ich möchte gern etwas spazieren gehen und dann eine Kleinigkeit essen. Welches Restaurant können Sie da empfehlen?
Sandra: Tja, also, direkt neben dem Hotel ist das Café Wurm ...
Frau Heigert: Ich habe gesagt, ich möchte spazieren gehen.
Sandra: Ich verstehe nicht ...
Tim: Kann ich helfen?
Sandra: Ja bitte, Tim. Frau Heigert hätte gern ein paar Tipps.

Bild 2
Tim: Also, wenn Sie aus dem Hotel kommen, gehen Sie über die Straße, ...
Frau Heigert: Über die Straße?
Tim: Ja, dann sind Sie direkt am Stadtpark.
Frau Heigert: Das klingt gut.
Tim: Gehen Sie dann durch den Stadtpark. Da kommen Sie dann an dem kleinen See vorbei.
Frau Heigert: Ein See? Ach, wie schön!
Tim: Am anderen Ende sehen Sie gleich links das Restaurant.
Frau Heigert: Durch den Stadtpark ... und links?
Tim: Genau. „Restaurant am Park", dort isst man sehr gut.

Bild 3

Frau Heigert: Aah! Wunderbar! Haben Sie vielen Dank!

Tim: Ich wünsche Ihnen einen schönen Spaziergang und guten Appetit!

Frau Heigert: Danke!

Tim: Uff!

Tommy: Hallo!

Tim: Na, hallo! Wer bist du denn?

Tommy: Ich bin Tommy. Und wer bist du?

Tim: Ich bin Tim.

Tommy: Aha. Darf ich dich mal was fragen, Tim?

Tim: Na klar. Fragen kostet nichts. Was möchtest du denn wissen?

Bild 4

Tommy: Mein Papa sagt, du weißt, wo die Tiger sind. Stimmt das?

Tim: Na klar: Die Tiger sind in Asien.

Tommy: Nein! Ich will doch nicht nach Asien. Gibt's denn hier keinen Zoo?

Tim: Doch, stimmt! Im Zoo gibt es auch Tiger.

Tommy: Das weiß ich. Deshalb möchte ich ja in den Zoo, verstehst du?

Tim: Na klar …

Tommy: Aber wo ist denn der Zoo?

Tim: Der Zoo ist im Westend.

Tommy: Im Westend. Aha. Und wie kommt man da hin?

Bild 5

Tim: Wollt ihr mit der S-Bahn fahren oder mit dem Auto?

Tommy: Mit der S-Bahn.

Tim: Guck mal: Hier sind wir. Also, ihr kommt aus dem Hotel und geht rechts die Straße entlang bis zum Opernplatz.

Tommy: Rechts die Straße entlang bis zum Opernplatz. Ist das weit?

Tim: Nein, gar nicht. Nur hundert Kilometer.

Tommy: Hahaha! So ein Quatsch! Du meinst hundert Meter, oder?

Tim: Ach ja, stimmt. Hundert Meter.

Tommy: Und wie geht es dann weiter?

Tim: Also, ihr geht um die Oper herum und nach ein paar Metern seid ihr schon an der S-Bahn-Station.

Tommy: Okay. Und dann?

Tim: Dann nehmt ihr die S8 und fahrt bis zum Westend.

Bild 6

Tommy: Und dann?

Tim: Dann seid ihr da. Der Eingang zum Zoo ist genau gegenüber der S-Bahn-Station. Was möchtest du denn im Zoo sehen?

Tommy: Na, Tiger! Das weißt du doch!

Tim: Sonst nichts? Nur Tiger?

Tommy: Keine Ahnung. Zebras vielleicht?

Tim: Oh ja! Zebras finde ich super. Bringst du mir eins mit?

Tommy: Haha! Du bist lustig! Das darf man doch gar nicht!

Tim: Schade! Auf jeden Fall wünsche ich dir viel Spaß im Zoo! Hier, dein Zettel!

Tommy: Danke! Du bist nett!

Tim: Hach, es gibt nette Gäste!

Sandra: Ja stimmt! Nette gibt's auch …

Bild 7

Tommy: Hallo! Hallo! Hallo Tim!

Tim: Hey, Tommy! Na, habt ihr den Zoo gefunden?

Tommy: Ja klar!

Tim: Und? Wie waren die Tiger?

Tommy: Toll! Aber die Zebras waren noch besser.

Tim: Wirklich?

Tommy: Ja, ich hab dir sogar eins mitgebracht.

Tim: Ehrlich? Wie hast du DAS denn gemacht?!

Tommy: Ganz einfach: So!

Tim: Oh! Wow! Hast DU das gemalt?

Tommy: Ja!

Tim: Das ist ja wunderschön! Darf ich das behalten?

Tommy: Na klar!

Tim: Vielen Dank!

Tommy: Bitte schön! Tschüs!

Tim: Tschüs!

Bild 8

Tommy: Zebra, Zebra, Zebra! Tiger, Tiger, Tiger!

Frau Heigert: Na, das ist aber ein sehr lebendiger Junge!

Tim: Ja! Ist das nicht wunderbar? Er kommt gerade aus dem Zoo. Er hat mir ein Zebra mitgebracht! Sehen Sie?

Frau Heigert: Ein Zebra? Soso.

Tim: Und Sie, Frau Heigert? Hatten Sie einen schönen Spaziergang?

Frau Heigert: Oh ja! Und das Essen war auch super.

Tim: Na, da freuen wir uns doch alle. Hier, Ihr Schlüssel, Frau Heigert.

Schritt A, A2 a und b

1

Tim: Gehen Sie über die Straße, dann sind Sie direkt am Stadtpark. Gehen Sie dann durch den Stadtpark. Da kommen Sie an dem kleinen See vorbei. Am anderen Ende sehen Sie gleich links das Restaurant.

2

Tim: Geht rechts die Straße entlang bis zum Opernplatz. Ihr geht um die Oper herum und nach ein paar Metern seid ihr schon an der S-Bahn-Station. Dann nehmt ihr die S8 und fahrt bis zum Westend. Der Eingang zum Zoo ist genau gegenüber der S-Bahn-Station.

Schritt A, A3b

Sandra: Hallo, Milan. Das ist gar nicht so schwierig. Du musst über die Brücke fahren und dann nach rechts abbiegen. Dann fährst du immer den Fluss entlang und immer geradeaus bis zu einer Kreuzung. Dort biegst du nach links ab. Du fährst durch das Zentrum, am Mozartplatz vorbei bis zu einem Kreisverkehr. Du fährst um den Kreisverkehr herum und nimmst die dritte Ausfahrt. Nach 200 Metern siehst du schon unser Haus. Ruf an, wenn du Probleme hast! Ich freue mich auf dich!

Schritt A, A4a

Frau: Hallo, Daniel. Ich habe mich total verfahren. Ich stehe jetzt mit meinem Fahrrad auf dem Penzberger Platz und habe keine Ahnung, wo die Post ist. Mein Navi funktioniert irgendwie nicht. Und die Post macht doch schon um 12 Uhr zu. Kannst du mir helfen?

Daniel: Die Post findest du ganz leicht, wenn du schon am Penzberger Platz bist. Also, du fährst jetzt die Kochelstraße entlang bis zur nächsten Kreuzung. Da biegst du links ab, fährst um den Kreisverkehr herum und nimmst die zweite Ausfahrt, also du fährst geradeaus weiter, bis zur nächsten Kreuzung. Dort biegst du rechts ab, fährst durch den Tunnel

– es gibt dort einen Fahrradweg – über den Walchensee-
platz, immer geradeaus, über die Brücke. Gleich hinter der
Brücke biegst du links ab und auf der rechten Seite ist
schon die Post, gleich gegenüber vom Franz-Marc-Platz.
Ich denke, du bist in acht bis zehn Minuten dort. Da hat die
Post auf jeden Fall noch auf.

Schritt B, B2

a
Hörbild: einfahrender Zug bleibt mit Quietschen stehen,
Türen öffnen sich, aussteigende Leute, Durchsage wird
mit Gong angekündigt
Durchsage: Meine Damen und Herren, willkommen in
Frankfurt. Ihre nächsten Reisemöglichkeiten ...

b
Hörbild: Bohr-und Sauggeräusche, dann spült jemand den
Mund aus und erhebt sich vom Stuhl
Sprecher: In zwei Stunden dürfen Sie wieder etwas essen,
Frau Amiri.

c
Hörbild: jemand kommt und öffnet den Briefkasten mit
Schlüsselklappern, entnimmt Post, schließt den Briefkasten
wieder und geht die Treppe hoch
Sprecher: Ach Gott, wieder nur Rechnungen und Reklame ...

Schritt C, C4

a
Moderator: Guten Abend, liebe Autofahrer, der Verkehr um
18.30 Uhr: In weiten Teilen Baden Württembergs dichter
Nebel mit Sichtweiten unter 50 Metern. Fahren Sie bitte
ganz besonders vorsichtig. A81 Singen Richtung Stuttgart:
zwischen Herrenberg und Gärtringen Unfall, die rechte
Fahrspur ist blockiert und es sind derzeit schon drei Kilometer Stau. Das war's vom Verkehr. Wir wünschen gute und
sichere Fahrt, wo immer Sie unterwegs sind!

b
Moderator: Eine kurze Zwischenmeldung an alle, die auf
der A4 Richtung Dresden unterwegs sind: In der Nähe der
Ausfahrt Berbersdorf befinden sich Tiere auf der Fahrbahn.
Bitte fahren Sie in diesem Bereich besonders vorsichtig.

c
Moderatorin: Ja, liebe Hörerinnen und Hörer, das war's
vom Verkehr. Und hier noch ein Hinweis vom Service
S-Bahn Frankfurt: Wegen des starken Schneefalls haben
derzeit alle S-Bahnen bis zu 20 Minuten Verspätung. Und
damit kommen wir zu unserem heutigen Gast im Sonntags-
frühstück. Ich begrüße ganz herzlich die Schauspielerin
Gitte Holbein ...

d
Moderatorin: ... und nun zum Verkehr. Staus und Behinde-
rungen auf folgenden Strecken: auf der A5 in Richtung Bad
Nauheim auf circa fünf Kilometern Länge wegen eines
Unfalls. Achtung! Das Stauende liegt hinter einer Kurve. Und
A3 Richtung Würzburg Baustelle zwischen Seligenstädter
Dreieck und Aschaffenburg-West. Derzeit zwei Kilometer
Stau.

e
Moderator: Achtung, Autofahrer! Auf der A63 Mainz Richtung Kaiserslautern kommt Ihnen zwischen Kreuz Mainz Süd
und Niederolm ein Falschfahrer entgegen. Bitte fahren Sie
nicht nebeneinander und überholen Sie nicht. Wir melden,
wenn die Gefahr vorüber ist.

Lektion 11, Audiotraining 1
Sprecher: Woher kommst du? Antworten Sie auf die Fragen.
Hören Sie zuerst ein Beispiel: Hallo Sina! Woher kommst
du? Arzt
Sprecherin: Ich komme vom Arzt.

Und jetzt Sie.
Sprecher: Hallo Sina! Woher kommst du? Arzt
Sprecherin: Ich komme vom Arzt.
Sprecherin: Hallo Milan! Woher kommst du? Meer
Sprecher: Ich komme vom Meer.
Sprecher: Hallo Sandra! Woher kommst du? Supermarkt
Sprecherin: Ich komme aus dem Supermarkt.
Sprecherin: Hallo Alex! Woher kommst du? S-Bahn
Sprecher: Ich komme aus der S-Bahn.
Sprecher: Hallo Laura! Woher kommst du? Friseur
Sprecherin: Ich komme vom Friseur.
Sprecherin: Hallo Theo! Woher kommst du? Stadt
Sprecher: Ich komme aus der Stadt.

Lektion 11, Audiotraining 2
Sprecher: Den Weg beschreiben. Wiederholen Sie.
Hören Sie zuerst ein Beispiel:
Sprecherin: Sie möchten zur Oper? Kein Problem.
Gehen Sie diese Straße entlang.
Sprecher: Sie möchten zur Oper? Kein Problem.
Gehen Sie diese Straße entlang.

Und jetzt Sie.
Sprecherin: Sie möchten zur Oper? Kein Problem.
Gehen Sie diese Straße entlang.
Sprecher: Sie möchten zur Oper? Kein Problem.
Gehen Sie diese Straße entlang.
Sprecher: Nehmen Sie die Straßenbahn und fahren
Sie bis zum Augustusplatz.
Sprecherin: Nehmen Sie die Straßenbahn und fahren
Sie bis zum Augustusplatz.
Sprecher: Laufen Sie dann durch den Park.
Sprecherin: Laufen Sie dann durch den Park.
Sprecher: Sie kommen danach an einer Kirche vorbei.
Sprecherin: Sie kommen danach an einer Kirche vorbei.
Sprecher: An der nächsten Kreuzung müssen Sie rechts
abbiegen.
Sprecherin: An der nächsten Kreuzung müssen Sie rechts
abbiegen.
Sprecher: Nach 200 Metern sind Sie schon an der Oper
angekommen.
Sprecherin: Nach 200 Metern sind Sie schon an der
Oper angekommen.

Lektion 11, Audiotraining 3
Sprecher: So ein Wetter! Antworten Sie mit „Das stimmt!"
Hören Sie zuerst ein Beispiel:
Sprecherin: Heute scheint die Sonne so schön!
Sprecher: Das stimmt. Es ist wirklich sonnig.

Und jetzt Sie:
Sprecherin: Heute scheint die Sonne so schön!
Sprecher: Das stimmt. Es ist wirklich sonnig.
Sprecherin: Heute Morgen war Nebel, ich habe kaum etwas gesehen.
Sprecher: Das stimmt. Es war wirklich neblig.
Sprecherin: Bei uns war gestern vielleicht ein Sturm!
Sprecher: Das stimmt. Es war wirklich stürmisch.
Sprecherin: Puh. Es regnet schon seit Tagen.
Sprecher: Das stimmt. Es ist wirklich regnerisch.
Sprecherin: Hoffentlich kann das Flugzeug starten. Bei diesem Wind …
Sprecher: Das stimmt. Es ist wirklich windig.
Sprecherin: Es ist so heiß! Bestimmt gibt es ein Gewitter.
Sprecher: Das stimmt. Es ist wirklich gewittrig.

Zwischendurch mal … Rätsel
Ich fahre mit …
A
Hörbild: Straßenbahn hält, Türen öffnen sich, jemand steigt aus

B
Hörbild: Straße, Bus hält, Türen öffnen sich, Leute steigen aus/ein

C
Hörbild: Hauptbahnhof, Lautsprecheransagen, Türgeräusche, Abpfiff, Zug fährt los

D
Hörbild: Fahrrad besteigen, Abfahrtgeräusch, Fahrradklingel

E
Hörbild: U-Bahn fährt in Station, Lautsprecheransage, Türgeräusche, Ein-und Ausstieg

F
Hörbild: Autoschlossgeräusch, Tür auf, Tür zu, Anlasser, Abfahrt

G
Hörbild: Hafengeräusche, Schiffshorn

Lektion 12   Orte

Folge 12: Die Qual der Wahl!

Bild 1
Tim: Sag mal: Was ist für dich im Urlaub besonders wichtig?
Lara: Hm, gute Frage. Nette Leute um mich herum, zum Beispiel …
Tim: Okay. Und weiter?
Lara: Leckeres Essen vielleicht.
Tim: Und? Was noch?
Lara: Gutes Wetter wäre auch nicht schlecht. Und was ist für dich wichtig?

Bild 2
Tim: Na ja, schöne Landschaften, interessante Städte, so was gehört für mich auf jeden Fall auch dazu. Für dich nicht?

Lara: Doch, doch, natürlich. Hm, ich würde einfach sagen: viel Neues halt. Das meinst du doch, oder?
Tim: Ja, genau: Viel Neues! Und ich habe da auch schon einen Vorschlag. Warte, ich schicke dir ein Foto.

Bild 3
Lara: Hahaha! Das ist ja lustig! Wo ist das denn?
Tim: An der Ostsee.
Lara: Wie man sieht, gibt's da gutes Essen.
Tim: Und schöne Hotels direkt am Meer.
Lara: Und weiter?
Tim: Weiter? Hotel am Meer, interessante Umgebung, tolle Ausflugsmöglichkeiten … genügt das nicht?
Lara: Na ja, das ist ja ganz schön, aber leider zu teuer.
Tim: Nein. Die haben auch preiswerte Angebote.

Bild 4
Tim: Du musst nur genau hinsehen. Die haben auch günstige Zimmer.
Lara: 100 Euro für ein Zweibett-Zimmer? Das nennst du günstig?
Tim: Das ist im Juli und im August. Sieh mal weiter unten: Von September an sind die Zimmer viel billiger. Da kosten sie nur noch 75 Euro.
Lara: NUR? Du bist ja lustig!
Tim: Okay, dann nicht. Hast du eine bessere Idee?
Lara: Vielleicht! Warte eine Sekunde, ich schicke dir ein Foto.

Bild 5
Tim: Was ist denn das jetzt?
Lara: Hättest du vielleicht Lust auf eine Fahrradtour?
Tim: Eine Radtour …
Lara: Wollen wir an die Mosel fahren? Ich habe gehört, die Landschaft soll dort sehr schön sein.
Tim: Ja, wirklich?
Lara: Da gibt es tolle Weinberge und gutes Essen. Komm schon: Was hältst du von einer Radtour?
Tim: Also, ich weiß nicht, … ähm, …
Lara: Ach, Mann! An der Mosel ist es sicher total schön.
Tim: Ich würde mir lieber eine große Stadt ansehen.

Bild 6
Lara: Hey! Das ist Wien!
Tim: Genau. Wir könnten nach Österreich fahren und Wien besichtigen. Das will ich unbedingt mal sehen.
Lara: Ich war schon in Wien.
Tim : Ach so. Okay. Und was ist mit Bergsteigen?
Lara: Bergsteigen?
Tim: Wir könnten in die Berge fahren. Warte! Gib mir eine Minute.

Bild 7
Lara: Iiih! So sehe ich aber nicht aus! Guck mal der Arm!
Tim: Möchtest du mit mir in die Berge fahren?
Lara: Ich weiß nicht, du, wir sammeln jetzt schon über eine halbe Stunde lang Reiseziele. Lass uns doch einfach morgen weitermachen.
Tim: Nein, das ist keine gute Idee, Lara. Wir haben schon zu viele Ziele. Die Qual der Wahl, das ist unser Problem.
Lara: Ha! Jetzt habe ich die Superidee! Warte! Ich schick sie dir sofort.

Bild 8
Tim: Hä!? Was ist das jetzt?
Lara: Na, meine Urlaubsidee: Keine Wahl, keine Qual!
Wir fahren ohne Ziel los.
Tim: Du meinst: Ganz einfach so?
Lara: Ganz einfach so.
Tim: Ohne Ziel und ohne Plan?
Lara: Ohne Ziel und ohne Plan. Ich komme einfach
zu dir. Tim?
Tim: Genau so machen wir es. Du, ich freu' mich schon.
Lara: Na prima! Ich freu' mich auch.
Beide: Hach!

Schritt A, A1a
1
Lara: Wollen wir an die Mosel fahren?

2
Tim: Wir könnten nach Österreich fahren.

3
Tim: Wir könnten in die Berge fahren.

Schritt A, A2
1
Hörbild: Pferdewiehern und Vogelzwitschern

2
Hörbild: Bergsteiger ächzen, Schritte, Klettern

3
Hörbild: Meeresrauschen, Tuten von Dampfer

4
Hörbild: Stadtgeräusche

Schritt B, B1
Tim: Sag mal: Was ist für dich im Urlaub besonders wichtig?
Lara: Hmm, gute Frage. Nette Leute um mich herum,
zum Beispiel ...
Tim: Okay. Und weiter?
Lara: Leckeres Essen vielleicht.
Tim: Und? Was noch?
Lara: Gutes Wetter wäre auch nicht schlecht. Und was
ist für dich wichtig?
Tim: Na ja, schöne Landschaften, interessante Städte,
so was gehört für mich auf jeden Fall auch dazu. Für dich
nicht?
Lara: Doch, doch, natürlich.

Schritt C, C1
Shima: Warum fliegen wir nicht einfach nach Berlin. Das
geht schnell. Und manchmal ist es gar nicht so teuer.
Farshad: Oh ja, gute Idee. Moment, ich schaue mal nach.
Ah ja, hier ... München ... nach Berlin ... Wann wollen wir
denn losfahren?
Shima: Sehr früh, oder? Dann können wir gleich bei Onkel
Ali frühstücken ...
Farshad: Sehr früh? Oh nein, ich bin dagegen. Ich arbeite
am Donnerstag ja noch bis 22 Uhr.
Shima: Na gut. Dann lass uns doch um 10 Uhr oder so
fliegen.
Farshad: Okay ... ich schau mal ... da: München – Berlin um
10.05 Uhr für ... oh nein ... Das kostet 76 Euro. Und warte,

dann kostet das Handgepäck noch ... Moment ... 54 Euro für
uns beide. Das sind ja dann über 100 Euro für jeden!
Shima: Das geht nicht. Das ist zu teuer.
Farshad: Ja, aber es dauert nur eine Stunde 20 Minuten.
Shima: Nein, das ist keine gute Idee. Das können wir uns
definitiv nicht leisten. Wollen wir nicht mit dem Zug fahren?
Farshad: Also, ich weiß nicht ...
Shima: Sehen wir doch wenigstens mal nach.
Farshad: Okay, also ... Deutsche Bahn, München, 9. November ... 10 Uhr ... ah ja, das dauert viereinhalb Stunden, das
geht ja auch.
Shima: Und wie viel kostet das?
Farshad: 136 Euro pro Person!
Shima: Was? So teuer? Oh Mann!
Farshad: Und jetzt?
Shima: Hm ... warte ... ich habe einen Vorschlag:
Wir könnten auch mit dem Bus fahren.
Farshad: Na gut. Also: Fluxbus – München-Berlin. Was?
Das dauert bis zu 10 Stunden! Oh nein, das dauert zu lang!
Und man hat über eine Stunde Aufenthalt in Leipzig!
Shima: Und kostet?
Farshad: Ähm, ab 9, 90 Euro
Shima: Wow, super! Ich bin dafür!
Farshad: Ähm, Moment, von Oktober an ist es teurer. Das
kostet dann 24 Euro pro Person.
Shima: Das geht ja. Dann zahlen wir zusammen 48 Euro.
Das kriegen wir hin.
Farshad: Ja schon. Aber 10 Stunden im Bus.
Shima: Ja, aber es geht nicht anders.
Farshad: Da hast du recht. Dann machen wir es so. Soll ich
gleich buchen?
Shima: Ja, das ist doch gut. Warte, dann sind wir um 8 Uhr
in Berlin ...

Lektion 12, Audiotraining 1
Sprecher: Ist ja lustig! Antworten Sie.
Hören Sie zuerst ein Beispiel:
Sprecherin: Wir waren letztes Jahr am Gardasee.
Sprecher: Ist ja lustig! Wir fahren dieses Jahr an den
Gardasee.

Und jetzt Sie.
Sprecherin: Wir waren letztes Jahr am Gardasee.
Sprecher: Ist ja lustig! Wir fahren dieses Jahr an den
Gardasee.
Sprecherin: Wir waren letztes Jahr in Schweden.
Sprecher: Ist ja lustig! Wir fahren dieses Jahr nach
Schweden.
Sprecherin: Wir waren letztes Jahr an der Ostsee.
Sprecher: Ist ja lustig! Wir fahren dieses Jahr an die Ostsee.
Sprecherin: Wir waren letztes Jahr in Leipzig.
Sprecher: Ist ja lustig! Wir fahren dieses Jahr nach Leipzig.
Sprecherin: Wir waren letztes Jahr im Erzgebirge.
Sprecher: Ist ja lustig! Wir fahren dieses Jahr ins Erzgebirge.
Sprecherin: Wir waren letztes Jahr in der Türkei.
Sprecher: Ist ja lustig! Wir fahren dieses Jahr in die Türkei.
Sprecherin: Wir waren letztes Jahr am Mittelmeer.
Sprecher: Ist ja lustig! Wir fahren dieses Jahr ans Mittelmeer.

Lektion 12, Audiotraining 2
Sprecher: Eine Einladung. Wiederholen Sie. Hören Sie
zuerst ein Beispiel:
Sprecherin: Komm doch mal nach Leipzig. Du bist
herzlich eingeladen.

Sprecher: Komm doch mal nach Leipzig. Du bist herzlich eingeladen.

Und jetzt Sie.
Sprecherin: Komm doch mal nach Leipzig. Du bist herzlich eingeladen.
Sprecher: Komm doch mal nach Leipzig. Du bist herzlich eingeladen.
Sprecherin: Ich möchte dir so gern die Innenstadt zeigen.
Sprecher: Ich möchte dir so gern die Innenstadt zeigen.
Sprecherin: Wir könnten die Nikolaikirche besichtigen.
Sprecher: Wir könnten die Nikolaikirche besichtigen.
Sprecherin: Magst du klassische Musik? Wollen wir in ein Konzert gehen?
Sprecher: Magst du klassische Musik? Wollen wir in ein Konzert gehen?
Sprecherin: Du musst unbedingt mit mir in den Zoo gehen.
Sprecher: Du musst unbedingt mit mir in den Zoo gehen.
Sprecherin: Möchtest du vielleicht eine Bootsfahrt machen?
Sprecher: Möchtest du vielleicht eine Bootsfahrt machen?
Sprecherin: Lass uns doch auch eine Ausstellung ansehen.
Sprecher: Lass uns doch auch eine Ausstellung ansehen.
Sprecherin: Bis bald! Ich freue mich auf dich.
Sprecher: Bis bald! Ich freue mich auf dich.

Lektion 13   Auf der Bank

Folge 13: Was du heute kannst besorgen, …

Bild 1
Frau Sicinski: Also so was. NMC? 29,99 Euro? Unglaublich!
Tim: Hallo! Guten Morgen, Frau Sicinski.
Frau Sicinski: Unglaublich ist das … äh, … hallo Tim!
Tim: Stimmt was nicht?
Frau Sicinski: Die haben einfach Geld von meinem Konto abgebucht.
Tim: Wer hat was abgebucht?
Frau Sicinski: Na, DIE da, diese N–M–C! Wissen Sie, wer das ist?
Tim: Nein.
Frau Sicinski: Sie haben doch Internet. Könnten Sie mal nachsehen, ob das Kriminelle sind?
Tim: Später gern, aber jetzt muss ich zur Arbeit.

Bild 2
Frau Sicinski: Was soll ich denn jetzt machen?
Tim: Gehen Sie zu Ihrer Bank. Die helfen Ihnen.
Frau Sicinski: Nein, da gehe ich nicht hin.
Tim: Warum nicht? Dort können Sie Ihr Konto prüfen lassen.
Frau Sicinski: Die wollen mir immer was verkaufen: Aktien und so. Ich kenne mich überhaupt nicht aus. Und das merken die!
Tim: Na, dann gehen wir zu meiner Bank. Die sind total okay. Hätten Sie denn heute Nachmittag Zeit?
Frau Sicinski: Heute Nachmittag? Aber … aber …
Tim: Kein aber! Sie kennen doch das Sprichwort: „Was du heute kannst besorgen, …"
Frau Sicinski: „… das verschiebe nicht auf morgen!" Da haben Sie recht.

Bild 3
Frau Wätzig: Hallo, Herr Wilson!
Tim: Hallo, Frau Wätzig! Hätten Sie einen Moment Zeit für uns?
Frau Wätzig: Um was geht's denn?
Tim: Frau Sicinski, das ist Frau Wätzig, die Chefin hier. Frau Wätzig, das ist meine Nachbarin, Frau Sicinski.
Frau Wätzig: Guten Tag, Frau Sicinski!
Frau Sicinski: Guten Tag!
Tim: Frau Sicinski hat Probleme mit ihrer Bank.
Frau Wätzig: Aha …?
Tim: Sie möchte sich von Ihnen beraten lassen. Wäre das möglich?
Frau Wätzig: Natürlich! Kommen Sie, Frau Sicinski, gehen wir in mein Büro.
Frau Sicinski: Kommen Sie mit, Tim?
Tim: Natürlich!
Frau Sicinski: Ah, gut!

Bild 4
Tim: Frau Sicinski fühlt sich bei ihrer Bank nicht mehr wohl.
Frau Sicinski: Das stimmt. Sie wollen immer, dass ich Aktien kaufe.
Frau Wätzig: Und Sie wollen das nicht.
Frau Sicinski: Nein. Ich will nur ein Konto. Können Sie mir sagen, was ich da tun muss?
Frau Wätzig: Ganz einfach: Sie eröffnen ein Konto. Punkt.
Frau Sicinski: Das war's?
Frau Wätzig: Das war's. Ähm, darf ich fragen, ob Sie Ihren Personalausweis dabeihaben?
Frau Sicinski: Ja. Hier bitte!
Frau Wätzig: Danke schön! Einen Moment! Ich bin gleich wieder da.
Frau Sicinski: DIE ist ja nett!

Bild 5
Frau Sicinski: Sehr sympathisch, diese Frau!
Tim: Wissen Sie noch, was ich gesagt habe: Meine Bank ist okay.
Frau Sicinski: Richtig! Ihre Bank ist viel besser als meine Bank.
Tim: Als Ihre alte Bank!
Frau Sicinski: Genau!
Frau Wätzig: So! Da bin ich schon wieder. Hier, Frau Sicinski, Ihr Ausweis.
Frau Sicinski: Danke! Und was muss ich jetzt machen?
Frau Wätzig: Nichts. Wir füllen zusammen ein Formular aus, Sie unterschreiben und fertig.
Frau Sicinski: Sehr gut!

Bild 6
Frau Sicinski: Und wie geht das mit meiner alten Bank? Wissen Sie, was ich da machen muss?
Frau Wätzig: Da müssen Sie gar nichts machen. Darum kümmern WIR uns.
Frau Sicinski: Oh, wie schön!
Frau Wätzig: Ach, übrigens, haben Sie vielleicht einen Kontoauszug dabei? Ich brauche Ihre alte Kontonummer.
Frau Sicinski: Hier, das ist mein neuester Kontoauszug, sehen Sie? Und ich habe da auch gleich noch eine Frage an Sie.
Frau Wätzig: Ja?

....

Bild 7

Frau Sicinski: Sehen Sie mal, hier. Diese N–M–C

Frau Wätzig: Ja?

Frau Sicinski: Die haben einfach Geld von meinem Konto abgebucht.

Frau Wätzig: 29,99 Euro, stimmt.

Frau Sicinski: Und ich weiß gar nicht, wer das ist.

Frau Wätzig: NMC? Nun ja, das ist eine bekannte Telefongesellschaft.

Frau Sicinski: Eine Telefongesellschaft? Ja, aber …

Frau Wätzig: Wie heißt denn Ihre Telefongesellschaft?

Frau Sicinski: Tja, ich habe jetzt eine neue, wie heißt die denn?

Frau Wätzig: Heißt sie vielleicht NewMediaCom?

Frau Sicinski: Ja, genau! Woher wissen Sie das?

Frau Wätzig: New Media Com: N-M-C.

Frau Sicinski: Ach, du liebe Güte! Haha! Alles in bester Ordnung!

Bild 8

Tim: Hmm! Lecker!

Frau Sicinski: Ach Tim, ich danke Ihnen!

Tim: Danken? Warum denn?

Frau Sicinski: Endlich habe ich mein Bankproblem gelöst.

Tim: H-hm … Das ist prima! Hm, dieser Kuchen!

Frau Sicinski: Ja, der ist gut hier, nicht? Wissen Sie was? Ich bestelle uns gleich noch einen!

Tim: Meinen Sie?

Frau Sicinski: Aber sicher! Was du heute kannst besorgen, das verschiebe nicht auf morgen.

Tim: Hmm!

Schritt B, B3

a

Mann: Das ist schon sehr viel Geld. Das kann ich nicht auf einmal bezahlen. Weißt du, ob ich in Raten zahlen kann?

Frau 2: Keine Ahnung. Frag doch mal den Verkäufer. Aber pass auf! Da musst du ganz schön Zinsen zahlen.

b

Frau1: Ich wollte fragen, ob Sie auch Kreditkarten akzeptieren?

Frau 2: Nein, tut mir leid, wir nehmen hier nur Bargeld.

Schritt D, D1

Bankangestellte: Guten Tag, was kann ich für Sie tun?

Herr Marzourki: Guten Tag, ich möchte gern ein Konto eröffnen.

Bankangestellte: Gern. Sie sind noch nicht Kunde bei uns?

Herr Marzourki: Nein.

Bankangestellte: Dann brauche ich bitte einen gültigen Personalausweis.

Herr Marzourki: Moment … hier bitte.

Bankangestellte:: Danke! … Ist das ein Gehaltskonto?

Herr Marzourki: Em, Entschuldigung, was bedeutet das?

Bankangestellte: Wird Ihr Gehalt jeden Monat auf dieses Konto überwiesen?

Herr Marzourki: Ja, genau.

Bankangestellte: Ah gut. … Okay, dann müssten Sie nun ein Formular ausfüllen. … Hier dieses Formular. … Ihr Antrag wird dann geprüft und Sie bekommen in nächster Zeit Ihre Debitcard zugeschickt.

Herr Marzourki: Entschuldigen Sie, das habe ich nicht verstanden. Was bedeutet „Debitcard"?

Bankangestellte: Eine Debitcard ist eine EC-Karte. Damit können Sie an allen Geldautomaten unserer Bank kostenfrei Geld abheben und in Geschäften mit dem EC-Zeichen zahlen.

Herr Marzourki: Gut …

Bankangestellte: Die Geheimzahl bekommen Sie separat per Post.

Herr Marzourki: Und Geld überweisen? Das kann ich dann online, oder?

Bankangestellte: Ja, natürlich, das habe ich ganz vergessen zu sagen. Sie können das Konto online verwalten. Die PIN dafür bekommen Sie auch per Post.

Herr Marzourki: Gut, wunderbar. Und dann würde ich gern noch wissen, wie ich eine Kreditkarte bekomme …

Bankangestellte: Ja, klar, also da müssen Sie noch das …

Schritt E, E2

Gespräch A

Räuber: Halt!

Passant: Meinen Sie mich?

Räuber: Na los: Raus mit dem Geld!

Passant: Geld? Sie meinen: Bargeld?

Räuber: Mach keine dummen Späße, Mann!

Passant: Tut mir leid. Ich hab kein Bargeld dabei.

Räuber: Ha-ha-ha! Sehr witzig!

Passant: Nein, ehrlich! Hier, meine Geldbörse. Sehen Sie? Sie ist leer.

Räuber: Ähh … tja.

Passant: Soll ich Ihnen Geld überweisen?

Räuber: Das geht nicht. Ich hab' kein Konto!

Passant: Oje! Ha, schade! Da kann man nichts machen. Also, tschüs dann! Und viel Erfolg noch!

Räuber: Tschüs!

Gespräch B

Gast: Aah!

Ober: Entschuldigen Sie bitte, wir machen gleich Feierabend, darf ich Ihnen die Rechnung geben?

Gast: Ja, selbstverständlich.

Ober: Also, das war eine Nudelsuppe, …

Gast: Eine Nudelsuppe.

Ober: … ein Rinderbraten mit Extra-Portion Salat, …

Gast: M-hm.

Ober: … ein Eisbecher Royal, …

Gast: Genau.

Ober: … zwei Gläser Rotwein, …

Gast: Ja.

Ober: … ein großes Wasser …

Gast: Richtig.

Ober: … und ein Kaffee …

Gast: Und ein Kaffee.

Ober: Das macht dann zusammen 38 Euro und 40 Cent, bitte.

Gast: 38 Euro und 40 Cent. Hach! Wie schade, dass ich überhaupt kein Geld habe!

Ober: Wie bitte!?

Gast: Ich habe gesagt: Schade, dass ich kein Geld habe!

Ober: Aber, aber … Sie lassen sich von mir ein ganzes Menü bringen und haben kein Geld dabei?

Gast: Keinen einzigen Cent.

Ober: Gut, dann werde ich jetzt die Polizei holen!

Gast: Na, wenn Sie meinen. Glauben Sie wirklich, dass die meine Rechnung bezahlen?

Gespräch C
Kind: Eine kleine Spende für die Kinderhilfe! Eine kleine Spende für die Kinderhilfe!
Ältere Dame: Kannst du mir sagen, ob's schon zwei Uhr ist?
Kind: Eine kleine Spende für die Kinder!
Ältere Dame: Hier, hier hast du einen Euro!
Kind: Danke! Ich glaube, es ist kurz vor zwei.
Ältere Dame: Du glaubst? Weißt du's nicht genauer? Also schön, hier hast du noch mal 50 Cent. Nun?
Kind: Es ist jetzt ... genau 13.56 Uhr.
Ältere Dame: Hach! Da oben ist ja eine Uhr! Na, also so was!
Kind: Eine kleine Spende für die Kinderhilfe! Eine kleine Spende für die Kinderhilfe!

Gespräch D
Autofahrer: 20 Cent pro angefangene 12 Minuten? Das macht dann für eine Stunde: 60 geteilt durch 12 ... das ist 5 ... mal 20 ... ist 100 ... also ein Euro. Hach! Mann! Hallo!? Sie? Entschuldigung!?
Passant: Ja?
Autofahrer: Könnten Sie vielleicht diesen Fünf-Euro-Schein wechseln? Ich brauche dringend Münzen für den Automaten.
Passant: Mal sehen, zwei, vier, hmm, ah ja, da ist noch einer, fünf Euro! Bitte schön!
Autofahrer: Vielen Dank! Das ist sehr nett!
Passant: Kein Problem! Tschüs!
Autofahrer: Tschüs! Hach! Was is'n jetzt wieder? Warum nimmt er die denn nicht? Ach Mann!!! Hey! Moment mal! Was machen Sie denn da? Hey! Moment! Warten Sie!
Politesse: Das ist also Ihr Wagen, ja?
Autofahrer: Ja, aber ...
Politesse: Sie parken ohne Parkschein.
Autofahrer: Ja, ich weiß. Ich wollte doch gerade ...
Politesse: Ja ja, das sagen alle. Hier, bitte!
Autofahrer: 20 Euro? Aber, aber, hören Sie mal, ich ...
Politesse: Schönen Tag noch!
Autofahrer: Das ist unglaublich! So eine Unverschämtheit! Ich werde mich beschweren! Das lasse ich mir nicht gefallen!

Gespräch E
Passant: Halt! Geben Sie das her!
Passantin: Nein, das ist meine.
Passant: Ihre? Meine ist das!
Passantin: Was?
Passant: Ich hab' sie eben verloren.
Passantin: Ich habe sie gerade im Moment verloren!
Passant: Nein, ich!
Passantin: Na schön! Dann wissen Sie sicher auch, wie viel drin ist, oder?
Passant: Natürlich! Ah, ungefähr 20 oder so?
Passantin: Nur 20? Dann ist es meine. In meiner ist viel mehr drin.
Passant: Also bitte, machen Sie sie auf! Dann sehen wir's ja!
Passantin: Hier, bitte schön, nehmen Sie sie!
Passant: Nein, nein, behalten Sie sie nur!
Passantin: Aber es ist doch Ihre.
Passant: Nein, es ist sicher Ihre, sie ist ja braun, braun gefällt mir nicht.
Passantin: Mir auch nicht.

Gespräch F
Sohn: Papa, kaufst du mir ein Eis?
Vater: Ich habe dir gerade schon ein Eis gekauft.
Sohn: Ja, aber das ist runtergefallen. Guck mal! Darüber freut sich jetzt der Hund.
Vater: Dann musst du besser aufpassen.
Sohn: Ach Papa, bitte ...
Ältere Herr: Hier, mein Junge. Ich hoffe, mein Eis schmeckt dir genauso gut, wie meinem Hund dein Eis schmeckt.

Lektion 13, Audiotraining 1
Sprecher: Am Bankschalter. Fragen Sie höflich. Hören Sie zuerst ein Beispiel:
Sprecherin: Wo kann ich ein Konto eröffnen?
Sprecher: Können Sie mir sagen, wo ich ein Konto eröffnen kann?

Und jetzt Sie.
Sprecherin: Wo kann ich ein Konto eröffnen?
Sprecher: Können Sie mir sagen, wo ich ein Konto eröffnen kann?
Sprecherin: Wie lange muss ich auf die EC-Karte warten?
Sprecher: Können Sie mir sagen, wie lange ich auf die EC-Karte warten muss?
Sprecherin: Wo bekomme ich Kontoauszüge?
Sprecher: Können Sie mir sagen, wo ich Kontoauszüge bekomme?
Sprecherin: Wo kann ich Geld abheben?
Sprecher: Können Sie mir sagen, wo ich Geld abheben kann?
Sprecherin: Wie funktioniert Online-Banking?
Sprecher: Können Sie mir sagen, wie Online-Banking funktioniert?
Sprecherin: Wo kann ich Geld ins Ausland überweisen?
Sprecher: Können Sie mir sagen, wo ich Geld ins Ausland überweisen kann?

Lektion 13, Audiotraining 2
Sprecher: Weißt du, ob ...? Fragen Sie. Hören Sie zuerst ein Beispiel:
Sprecherin: Kann ich hier mit EC-Karte zahlen?
Sprecher: Weißt du, ob ich hier mit EC-Karte zahlen kann?

Und jetzt Sie:
Sprecherin: Kann ich hier mit EC-Karte zahlen?
Sprecher: Weißt du, ob ich hier mit EC-Karte zahlen kann?
Sprecherin: Ist Online-Banking sicher?
Sprecher: Weißt du, ob Online-Banking sicher ist?
Sprecherin: Hat die Bank am Samstag geöffnet?
Sprecher: Weißt du, ob die Bank am Samstag geöffnet hat?
Sprecherin: Funktioniert der Geldautomat endlich wieder?
Sprecher: Weißt du, ob der Geldautomat endlich wieder funktioniert?
Sprecherin: Kann man am Schalter Geld einzahlen?
Sprecher: Weißt du, ob man am Schalter Geld einzahlen kann?
Sprecherin: Kann man hier in Raten zahlen?
Sprecher: Weißt du, ob man hier in Raten zahlen kann?

....

Lektion 13, Audiotraining 3
Sprecher: Ich mache das selbst. Antworten Sie mit „Ich nicht, ich lasse ..." Hören Sie zuerst ein Beispiel:
Sprecherin: Ich repariere mein Fahrrad immer selbst.
Sprecher: Ich nicht, ich lasse mein Fahrrad reparieren.

Und jetzt Sie:
Sprecherin: Ich repariere mein Fahrrad immer selbst.
Sprecher: Ich nicht, ich lasse mein Fahrrad reparieren.
Sprecherin: Ich schneide meine Haare immer selbst.
Sprecher: Ich nicht, ich lasse meine Haare schneiden.
Sprecherin: Ich renoviere meine Wohnung immer selbst.
Sprecher: Ich nicht, ich lasse meine Wohnung renovieren.
Sprecherin: Ich ändere meine Kleidung immer selbst.
Sprecher: Ich nicht, ich lasse meine Kleidung ändern.
Sprecherin: Ich wasche mein Auto immer selbst.
Sprecher: Ich nicht, ich lasse mein Auto waschen.

Zwischendurch mal ... Lied
Leben lassen
Mensch: Hach ... Ist das langweilig!
Robot: Was machst du denn da für Sachen?
Mensch: Hmmm?
Robot: Das brauchst du alles nicht mehr machen!
Mensch: Nein?
Robot: Ich bin da. Ich mach' das nun.
Mensch: Hey!
Robot: Ab heute musst du nichts mehr tun.
Mensch: Wow! Das, das ist ja toll!
Mensch: Ich lass es heute richtig krachen!
Robot: Jupp!
Mensch: Ich lasse mir ein Essen machen.
Robot: Jupp!
Mensch: Ich lasse mir Champagner kühlen.
Robot: Jupp!
Mensch: Ich lasse das Geschirr abspülen.
Robot: Jupp!
Mensch: Ich lass' mir die Wäsche waschen. Ich lass' mir die Hemden bügeln. Ich lass' mir die Zeitung bringen. Ich lass' mir ein Lied vorsingen. Ich lasse mir die Haare föhnen.
Robot: Jupp!
Mensch: Ich lasse mich total verwöhnen.
Robot: Jupp!
Mensch: Ich lasse meinen Garten pflegen.
Robot: Jupp!
Mensch: Ich lasse mir die Karten legen.
Robot: Jupp!
Mensch: Ich lass' mir die Welt erklären. Ich lass' mir die Zukunft zeigen. Ich lass' mir mehr Freizeit schenken. Lass' den Robot für mich denken. Hach! ... Wenn's bloß nicht so langweilig wär'! Alles, alles macht jetzt er. Oh, wie ist mein Leben leer! Ich darf leider gar nichts mehr. Weißt du was?
Robot: Nein, was denn?
Mensch: Ich mach jetzt das: ...
Robot: Nein! ... Neineineineinein ...
Mensch: Du bleibst steh'n ... und das ist schön, ... denn: Ich will alles selber machen. Ich will wieder richtig lachen.
Lalalalalala Lalalalalala Lalalaaaaa

Lektion 14   Lebensstationen

Folge 14: Es kommt, wie es kommen soll.

Bild 1
Tim: Hey! Lara!
Lara: Hallo Tim!
Tim: Wie schön, dass du da bist! Komm rein! Na, wie war die Fahrt?
Lara: Alles hat prima geklappt.
Tim: Also?
Lara: Also was?
Tim: Wo fahren wir hin?
Lara: Oh nein! Nicht schon wieder!
Tim: In die Berge oder ans Meer?
Lara: Keine Ahnung, Tim. Ich weiß nur, dass ich Durst habe. Können wir das nicht später besprechen?
Tim: Na klar! War doch nur Spaß!
Lara: Ach so! Puh, war das heiß im Bus! Ich geh mal kurz ins Bad, ja?
Tim: Okay! Und ich mach' uns was zu trinken.

Bild 2
Lara: Das Wetter ist so toll heute!
Tim: H-hm.
Lara: Sag mal, würdest du jetzt gern im Zug sitzen?
Tim: Nein, bloß nicht!
Lara: Oder Busfahren?
Tim: Puh! Das ist keine gute Idee.
Lara: Wir sollten was anderes machen. Aber was?
Tim: Wir könnten rausgehen.
Lara: Ja! Ich würde gern einen Spaziergang machen.
Tim: Frische Luft und ein bisschen Bewegung ...
Lara: Super!

Bild 3
Lara: Schau mal! Das ist ja hübsch!
Tim: Hm-ja, wollen wir weitergehen?
Lara: Nein, warte! Ich möchte ein Foto machen. Hh!
Tim: Was ist?
Lara: Mist!
Tim: Was IST denn?
Lara: Ich habe mein Handy verloren.
Tim: Ach komm! Du hast es nicht verloren.
Lara: Es ist weg.
Tim: Du hast es in der Wohnung liegen lassen.
Lara: Sicher? Ich hatte es doch gerade noch.
Tim: Ganz sicher. Es liegt auf dem Wohnzimmertisch. Ich wollt's dir noch sagen, aber dann habe ich's vergessen.

Bild 4
Lara: Wenn ich mein Handy nicht dabei habe, fühle ich mich unwohl.
Tim: Warum?
Lara: Weil ich dann nicht erreichbar bin.
Tim: Warum musst du erreichbar sein? Ich bin ja da.
Lara: Glaubst du, dass mich sonst niemand anruft?
Tim: Im Gegenteil: Dich ruft alle fünf Minuten jemand an, deshalb finde ich's ja so gut, dass du das Ding mal nicht dabei hast.
Lara: So?
Tim: Ja. Dann macht's nicht dauernd „bimm!" bei dir.
Lara: Und das Foto? Dir ist es egal, dass ich das nicht machen kann.

Tim: Hier, nimm mein Handy!
Lara: Na gut.
Tim: Bist du jetzt zufrieden?
Lara: Nein. Jetzt habe ich Hunger.

Bild 5

Tim: Es ist vielleicht ein bisschen laut hier, trotzdem macht es Spaß.
Lara: Was hast du gesagt?
Tim: Es ist ein bisschen laut, trotzdem macht es Spaß.
Lara: Ja, das stimmt. Das wollte ich auch gerade sagen.
Tim: Was? Was hast du gesagt?
Lara: Ich habe gesagt, dass ich das auch gerade sagen wollte.
Tim: Was wolltest du auch sagen?
Lara: Ich wollte auch sagen, dass es Spaß macht.
Tim: Aha. Vielleicht gehen wir doch lieber da rüber? Was denkst du?
Lara: Was?
Tim: Da drüben ist es leiser, deshalb würde ich gern da rüber gehen.
Lara: Okay, einverstanden.

Bild 6

Tim: Komisch. Es wird schon dunkel.
Lara: Das ist nicht komisch! Das ist normal.
Tim: Du findest es also normal, dass der Tag schon wieder vorbei ist? Ein richtig schöner erster Urlaubstag war das!
Lara: War? Er ist doch noch nicht vorbei.
Tim: Hach, so ein schöner Urlaubstag! Und was machen wir morgen?
Lara: Er fängt schon wieder an!
Tim: Sag doch: was machen wir?
Lara: Keine Ahnung. Vielleicht haben wir einen schönen zweiten Urlaubstag?
Tim: Ja!

Bild 7

Lara: Huh! Jetzt wird's aber kühl, findest du nicht?
Tim: Ja, stimmt.
Lara: Und? Was machen wir jetzt?
Tim: Hihihi! Die Frage könnte von MIR sein.
Lara: Wir könnten ins Kino gehen. Was meinst du?
Tim: Ins Kino? Sehr gute Idee! Was für ein Film kommt denn da?
Lara: Ist doch egal. Das sehen wir dann schon.

Bild 8

Der Sommer ist supertoll
und es kommt, wie es kommen soll!
Der Sommer ist supertoll
und es kommt, wie es kommen soll!

Schritt B, B1

Lara: Wenn ich mein Handy nicht dabei habe, fühle ich mich unwohl.
Tim: Warum?
Lara: Weil ich dann nicht erreichbar bin. ...
Tim: Warum musst du erreichbar sein? Ich bin ja da.
Lara: Glaubst du, dass mich sonst niemand anruft?
Tim: Im Gegenteil: Dich ruft alle fünf Minuten jemand an, deshalb finde ich's ja so gut, dass du das Ding mal nicht dabei hast.

Lara: So? Und das Foto? Dir ist es egal, dass ich das nicht machen kann.
Tim: Hier, nimm mein Handy!

Schritt B, B3a
Gespräch 1

Michael: Kannst du nicht endlich dein Handy weglegen? Schau mal, es ist so schön hier! Die Landschaft. Die Berge, der See und du guckst nur auf dein Handy.
Karina: Moment! Gleich.
Michael: Karina! Hallo! ...
Karina: Ja?
Michael: Ach komm, wir sind im Urlaub. Die Sonne scheint. Wir beide sind zusammen. Wir sind glücklich.
Karina: Moment, gleich, Schatz.
Michael: Karina! Mach das Telefon doch endlich aus!
Karina: Mhmh ...
Michael: Es reicht jetzt. Ich gehe.
Karina: Schau mal, Michael! Markus hat ein tolles Foto aus dem Urlaub geschickt. Tolle Landschaft, was? Michael? Michael? Was ist denn jetzt los?

Gespräch 2

Simon: Schau doch mal – Na? Wie sehe ich aus, Silvia?
Silvia: Was? Hast du dir schon wieder eine neue Hose gekauft? Letzte Woche hast du doch erst zwei Hosen gekauft. Wie viel hat die denn gekostet?
Simon: Ach, die war ganz billig – die habe ich bei R&K gekauft.
Silvia: Simon, ich verstehe das einfach nicht: Wir wollen in den Urlaub fahren, wir brauchen eine neue Spülmaschine, unser Computer ist kaputt – und du kaufst dir dauernd neue Kleidung?
Simon: Jetzt reg' dich doch mal nicht so auf. Du kaufst dir doch auch manchmal was Neues zum Anziehen.
Silvia: Aber nicht so oft wie du. Ich denke nämlich an uns beide und nicht nur an mich!
Simon: Hör mal zu, jetzt reicht es mir aber gleich ...

Gespräch 3

Julia: Du, Schatz, ich komme doch ein bisschen später. Ich muss unbedingt noch etwas hier bei der Arbeit fertig machen.
Paul: Wann kommst du denn?
Julia: So gegen 20 Uhr. Ist das okay?
Paul: Mensch, Julia! Wir haben doch Kinokarten. Der Film fängt um 20 Uhr an.
Julia: Oh! Echt blöd. Das tut mir jetzt leid. Aber heute geht es wirklich nicht anders.
Paul: Es ist immer, immer dasselbe mit dir, Julia! Wir verabreden uns und dann sagst du ab. Die Arbeit ist immer wichtiger.
Julia: Pauli, sei nicht so sauer. Das kommt doch gar nicht so oft vor!
Paul: Was? Es ist eigentlich immer so. Nie nie nie hältst du dich an das, was wir ausgemacht haben. Für alles hast du Zeit, aber nie für mich! Tschüs.
Julia: Pauli? Paul? Oh Mann!

Schritt C, C1

1

Journalist: Und nun zu unserem nächsten Thema: Wir suchen euren Lieblingsort in der Stadt. Wo seid ihr besonders gern? Wir haben auf der Straße nachgefragt. Also, hören wir mal, was ihr uns erzählt habt.

Sandy: Hm, mein Lieblingsort? Da gibt es viele. Ah ja: der Wiener Platz ist besonders schön. Dort spielen am Wochenende fast immer Straßenkünstler und es gibt nette Cafés. Man kann sich aber auch einfach auf eine Bank setzen und den Musikern zuhören.

Journalist: Wie oft warst du schon dort?

Sandy: Ach, so fünf-, sechsmal wahrscheinlich.

Journalist: Und wann warst du das letzte Mal dort?

Sandy: Das ist leider schon wieder ganz schön lang her. Ich glaube, vor einem halben Jahr war ich das letzte Mal am Wiener Platz. Ich muss bald mal wieder hin!

2

Journalist: Und was ist dein Lieblingsort?

Lara: Mein Lieblingsort? Das ist der Stadtpark hier. Mitten im Zentrum und riesengroß!

Journalist: Wie oft warst du denn schon dort?

Lara: Schon ganz oft, eigentlich bin ich fast jede Woche dort. Ich treffe dort meine Freunde, wir grillen, spielen etwas. Aber oft gehe ich auch allein hin und lese einfach nur ein Buch in der Sonne.

Journalist: Und wann warst du das letzte Mal dort?

Lara: Heute. Heute Vormittag. Und morgen gehe ich schon wieder hin.

Lektion 14, Audiotraining 1

Sprecher: Keine Lust! Antworten Sie. Hören Sie zuerst ein Beispiel:

Sprecherin: Das Wetter ist toll. Wir könnten rausgehen. fernsehen

Sprecher: Ach, ich würde eigentlich lieber fernsehen.

Und jetzt Sie:

Sprecherin: Das Wetter ist toll. Wir könnten rausgehen. fernsehen

Sprecher: Ach, ich würde eigentlich lieber fernsehen.

Sprecherin: Kommst du morgen mit auf den Flohmarkt? ein Buch lesen

Sprecher: Ach, ich würde eigentlich lieber ein Buch lesen.

Sprecherin: Wie wäre es mit Kino? früh ins Bett gehen

Sprecher: Ach, ich würde eigentlich lieber früh ins Bett gehen.

Sprecherin: Wir könnten am Samstag eine Wanderung machen! ausschlafen

Sprecher: Ach, ich würde eigentlich lieber ausschlafen.

Sprecherin: Lass uns am Sonntag Freunde einladen! tanzen gehen

Sprecher: Ach, ich würde eigentlich lieber tanzen gehen.

Lektion 14, Audiotraining 2

Sprecher: Viktors Lebensgeschichte. Bilden Sie Sätze. Hören Sie zuerst ein Beispiel:

Sprecherin: Was hat Viktor vor 45 Jahren gemacht? Abitur

Sprecher: Vor 45 Jahren hat Viktor Abitur gemacht.

Und jetzt Sie:

Sprecherin: Was hat Viktor vor 45 Jahren gemacht? Abitur

Sprecher: Vor 45 Jahren hat Viktor Abitur gemacht.

Sprecherin: Was hat Viktor vor 30 Jahren gemacht? Eva treffen

Sprecher: Vor 30 Jahren hat Viktor Eva getroffen

Sprecherin: Was haben Eva und Viktor vor 25 Jahren gemacht? heiraten

Sprecher: Vor 25 Jahren haben Eva und Viktor geheiratet.

Sprecherin: Was haben Eva und Viktor vor 20 Jahren gemacht? zwei Söhne bekommen

Sprecher: Vor 20 Jahren haben Eva und Viktor zwei Söhne bekommen.

Sprecherin: Was hat Viktor vor 10 Jahren gemacht? Chef werden

Sprecher: Vor 10 Jahren ist Viktor Chef geworden.

Sprecherin: Was hat Viktor vor einem Jahr gemacht? in Rente gehen

Sprecher: Vor einem Jahr ist Viktor in Rente gegangen.

Lektion 8   Am Wochenende

Schritt A, Übung 5
Michi: Ja-a?
Rami: Hallo, Michi, ich bin es, Rami. Wie geht es dir? Wo bist du gerade?
Michi: Hallo, Rami. Du, ich bin bei meiner Mutter. ... Du weißt ja, sie lebt allein und – na ja, das Alter. Sie braucht einfach ein bisschen Hilfe.
Rami: Mmh, ja. Nett von dir, dass du dich um sie kümmerst. Wie oft besuchst du sie denn?
Michi: Also ... zurzeit schaue ich jeden Tag vorbei. Vor der Arbeit und nach der Arbeit.
Rami: Ach so ... hm, ich wollte eigentlich fragen ... hast du nicht mal wieder Lust auf ein Feierabend-Bier? In unserer Lieblingskneipe?
Michi: Oh ja, das wäre toll. Aber in der Woche ist es momentan schlecht. Heute muss ich zum Beispiel noch die Wäsche waschen, meiner Mutter was zu essen machen und die Küche aufräumen. ... Aber am Samstag habe ich Zeit. Da fahre ich raus an den Wannsee. Mit Doro und Victor. Komm doch mit.
Rami: Ja-a, warum nicht? Okay, ich komme mit. Wann und wo treffen wir uns?

Schritt A, Übung 6a und b
Vgl. AB S. 101

Schritt C, Übung 13 a und c
Mara: Hallo, Susi. Du, ich würde dich gern zum Frühstück einladen. Hast du Lust?
Susi: Gern. Gute Idee, Mara. Wir haben schon lange nicht mehr gemeinsam gefrühstückt.
Mara: Hast du am Sonntagmorgen Zeit?
Susi: Schade, das geht leider nicht. Meine Mutter kommt am Wochenende zu Besuch. Aber wie wäre es nächste Woche?
Mara: Da kann ich leider nicht. Da bin ich bei Freunden in Dresden.
Susi: Schade. Na dann, vielleicht ein anderes Mal. Ich rufe dich mal an. Oder ... warte mal: Wie wäre es am Mittwochabend? Wir könnten mal wieder etwas trinken gehen.
Mara: Einverstanden. Das machen wir. Ich hole dich um sechs ab.
Susi: In Ordnung. Bis dann. Ich freue mich. Tschüs.
Mara: Tschüs.

Schritt D, Übung 19
Vgl. AB S. 107

Lektion 9   Meine Sachen

Schritt B, Übung 18a
Vgl. AB S. 115

Schritt B, Übung 18b
Vgl. AB S. 115

Schritt E, Übung 31
1
Mann: Hast du meine Schlüssel gesehen? Ich kann sie nicht finden.
Frau: Vielleicht liegen sie auf dem Küchentisch.

Mann: Nein, dort sind sie nicht. Und in meinem Rucksack habe ich auch schon nachgesehen.
Frau: Guck mal. Sie stecken noch im Schloss.
Mann: Na, da kann ich ja lange suchen.

2
Mann: Entschuldigung. Ich interessiere mich für den Küchenschrank dort drüben. Was kostet der denn?
Frau: Das ist ein Sonderangebot. Den Küchenschrank bieten wir zusammen mit dem Küchentisch und den Holzstühlen für nur 1500 Euro an.
Mann: Ich habe schon einen schönen Küchentisch mit Stühlen. Kann ich den Küchenschrank auch ohne Tisch und Stühle bekommen?
Frau: Nein, tut mir leid. Aber hier drüben haben wir noch schöne Küchenschränke.

3
Mann: Hamburg-Ticket, Krüger, guten Tag. Was kann ich für Sie tun?
Frau: Guten Tag. Ich würde gern für nächsten Samstag zwei Theaterkarten für Romeo und Julia bestellen.
Mann: Oh, das tut mir leid. Die Vorstellung ist leider schon ausgebucht.
Frau: Schade, gibt es denn noch Karten für das Konzert in der Laeiszhalle?
Mann: Nein, da haben Sie aber wirklich Pech. Für das Konzert gibt es schon seit einem Monat keine Karten mehr.
Frau: Wie ärgerlich! Gibt es denn noch Karten für das Eishockeyspiel am Samstagabend?
Mann: Ja, da haben Sie Glück. Da gibt es noch Restkarten.

4
Mann: Wie war der Einkauf? Hast du alles bekommen?
Frau: Nein, leider nicht. Eine schöne Tischdecke habe ich nicht gefunden, aber die Kerzenständer sind toll, oder?
Mann: Ja, sehr schön. Und was ist das?
Frau: Das ist eine Porzellanpuppe. Ist die nicht super?
Mann: Na ja. Sie ist vielleicht etwas groß.

Lektion 10   Kommunikation

Schritt A, Übung 5
Vgl. AB S. 123

Schritt A, Übung 6
Vgl. AB S. 123

Schritt B, Übung 13
Vgl. AB S. 126

Schritt D, Übung 25
Gespräch 1
Frau Frey: Hallo, Frau Nusser. Seit wann sind Sie denn wieder zurück aus dem Urlaub?
Frau Nusser: Guten Tag, Frau Frey. Seit heute. Heute ist mein erster Arbeitstag und ich sage Ihnen, es ist schrecklich.
Frau Frey: Was denn? War Ihr Urlaub nicht schön?
Frau Nusser: Doch, doch. Das meine ich nicht. Aber die vielen E-Mails, die man lesen muss, wenn man zurückkommt.

Ich glaube, ich habe mindestens 120 Mails bekommen, die ich jetzt lesen und beantworten muss. So ein Stress schon am ersten Arbeitstag.

Frau Frey: Ja, so geht es uns doch allen meist nach dem Urlaub.

Frau Nusser: Das stimmt. Leider ist meine Kollegin, Frau Neuer, seit zwei Wochen krank und so ist alles für mich liegengeblieben.

Frau Frey: Wissen Sie was? Lesen Sie doch nur die wirklich wichtigen E-Mails heute. Und den Rest lesen Sie morgen. Das ist sicher auch nicht schlimm.

Frau Nusser: Ja, so mache ich es auch. Vielen Dank, dass Sie mir zugehört haben, Frau Frey. Das tut auch mal gut. Wann haben Sie denn Urlaub?

Frau Frey: In zwei Wochen.

Frau Nusser: Ah! Das ist ja schön! Dann wünsche ich Ihnen einen schönen Urlaub, wenn wir uns nicht mehr sehen sollten.

Gespräch 2

Herr Jürgens: Ja, herein.

Frau Davela: Guten Tag, Herr Jürgens, darf ich Sie kurz stören?

Herr Jürgens: Na klar, was gibt es denn?

Frau Davela: Ich hätte da eine Idee. Nächste Woche hat doch Frau Bitter Geburtstag. Ich wollte vorschlagen, dass wir vielleicht eine kleine Feier für sie vorbereiten. Es ist ihr 50. Geburtstag und den sollten wir doch irgendwie feiern, finden Sie nicht?

Herr Jürgens: Ja, das ist eine sehr gute Idee. Darüber freut sie sich bestimmt sehr. Könnten Sie das organisieren, Frau Davela?

Frau Davela: Ja, das mache ich gern. Ich habe auch eine Idee für ein kleines Geschenk und wenn jeder in unserer Abteilung ein bisschen Geld für ein Geschenk und Blumen gibt, dann kaufe ich alles ein. Ich könnte zum Beispiel auch einen Kuchen backen.

Herr Jürgens: Ja, prima. Das ist sehr nett von Ihnen. Ich könnte die Getränke mitbringen, weil ich ein Auto habe. … Das wird bestimmt schön! Wir haben wirklich schon lange nicht mehr zusammen gesessen und etwas gefeiert …

Schritt E, Übung 27b

1

Mira: Hallo, hier ist Mira. Es tut mir sehr leid, dass ich heute nicht zum Treffen kommen kann. Ich kann nicht kommen, weil ich dringend zum Konsulat muss. Ich wollte das schon gestern machen, aber da war Lilja krank. Ich hoffe, ihr seid nicht sauer. Bis bald!

2

Frau Barth: Guten Tag, hier spricht Angela Barth. Ich wollte morgen um 15.30 Uhr zur Grippeimpfung zu Ihnen in die Praxis kommen. Aber ich kann nicht, weil ich erkältet bin. Könnten wir bitte den Termin verschieben? Ich melde mich wieder für einen neuen Termin. Vielen Dank und auf Wiederhören.

Lektion 11   Unterwegs

Schritt A, Übung 6

a

Frau 1: Komm mich doch mal besuchen. Wir könnten zusammen Kaffee trinken. Hast du Lust?

Frau 2: Gern. Wie komme ich zu dir?

Frau 1: Du fährst in den Ort und immer geradeaus bis zur ersten Kreuzung. Dort musst du nach links abbiegen. Dann immer die Wolfstraße entlang an einer Bank und einer Tankstelle vorbei bis zur Hausnummer 25.

b

Mann 1: Ich brauche dringend deine Hilfe. Ich habe mich verfahren. In welche Richtung soll ich fahren?

Mann 2: Wo bist du denn? Frag doch jemanden auf der Straße.

Mann 1: Moment … Auf der anderen Straßenseite ist ein Junge. Entschuldigung, kannst du mir helfen?

c

Mann 1: Hier: Ich habe ein Geschenk für dich.

Mann 2: Oh, wie nett. Danke. Ein Fußball?

Mann 1: Ja, ich gehe am Dienstag ja immer ins Training. Du könntest ja auch mitkommen. Bewegung ist ja sooo wichtig.

Schritt A, Übung 7c

Paul: Hallo?

Franz: Ja hallo, Paul. Du, ich habe mich verlaufen und bin bei der falschen Adresse. Ich bin vor dem Bahnhof nach rechts gegangen und dann bei der Ampel links abgebogen. Danach bin ich dann rechts in die Auenstraße gegangen und bin die Straße entlang gegangen. Dann bin ich links abgebogen und über die Brücke gegangen. Nach der Brücke, also bei der Ampel, bin ich gleich nach rechts in die Querstraße gegangen. Jetzt stehe ich aber vor dem falschen Haus. Wie komme ich denn jetzt zu dir?

Paul: Also, das ist ganz leicht! Du musst erst einmal ….

Schritt B, Übung 14

Katharina: Guten Morgen, Harald.

Harald: Morgen, Katharina.

Katharina: Ach, ich bin wohl die erste?!

Harald: Ja, die Besprechung beginnt eigentlich in … zwei Minuten. Ich habe ja gehofft, dass wir einmal pünktlich anfangen können. Nur Tina und Adem haben angerufen, dass sie später kommen. Tina muss wohl noch tanken. Warum ist sie nicht früher losgefahren? Na ja … Und Adem hat Zahnschmerzen. Er kommt direkt vom Arzt hierher. Aber die anderen? Weißt du etwas?

Katharina: Also, Mario habe ich auf dem Weg zum Besprechungsraum getroffen. Er holt sich noch schnell einen Kaffee aus der Cafeteria. Und Carla steht am Kopierer. Bestimmt kopiert sie noch etwas für uns alle.

Harald: Und was ist mit Oksana?

Katharina: Oksana? Die hat doch heute frei. Sie fährt bei irgendeinem Schulausflug von ihrer Tochter mit. In den Zoo, glaube ich. Oder nein, an die Spree. Sie machen eine Flussfahrt mit Picknick.

Harald: Dann fehlt ja nur noch Robert.

Katharina: Ach ja, Entschuldigung, das habe ich ganz vergessen. Er hat vorhin vom Bahnhof aus angerufen und gesagt, dass sein Zug mal wieder Verspätung hatte. Er kommt sicher jeden Moment.

Harald: Na hoffentlich. Ich glaube, ich muss mal das Thema Pünktlichkeit auf die Tagesordnung setzen. So geht das nicht weiter.

Schritt C, Übung 19a und b
Vgl. AB S. 142

Schritt C, Übung 20b
Vgl. AB S. 143

Schritt C, Übung 21 b
Die Verkehrsmeldungen für Berlin und den Nordosten: A10 Südlicher Berliner Ring: Zwischen der Ausfahrt Ludwigsfelde-Ost und der Ausfahrt Ludwigsfelde-West liegen Gegenstände auf der Fahrbahn. Fahren Sie bitte besonders vorsichtig und überholen Sie nicht. A20 Rostock Richtung Stettin: Zwischen Pasewalk-Süd und Prenzlau-Ost Unfall mit vier Autos. Die rechte Spur ist nicht befahrbar. A24 Berliner Ring Richtung Pritzwalk: Bei Neuruppin Baustelle – zwei Kilometer Stau. Wir wünschen Ihnen eine gute Fahrt.

Schritt D, Übung 24
a
Moderatorin: Und nun die Wetteraussichten für Hessen mit Arne Sigismuth.
Arne: Guten Morgen. ... Heute gibt es noch einmal in einigen Regionen des Landes Regen, besonders im Norden. Aber dann kommt der Sommer endlich: In der Nacht hört der Regen langsam auf, es ist meist klar. Morgen überall freundlich. Die Temperaturen steigen auf angenehme 20 bis 25 Grad. Und am Wochenende gibt es dann die erste richtige Hitzeperiode mit Temperaturen über 30 Grad.
Moderatorin: Vielen Dank, Arne.

b
... die EU-Politiker wollen darüber am Sonntag weiter beraten. Im Harz warnt der Deutsche Wetterdienst vor Schnee und Eisregen. Schon in der Nacht haben kräftige Schneefälle und Blitzeis zu Chaos auf den Straßen und zum Teil zu schweren Verkehrsunfällen geführt. An vielen Orten können keine Schulbusse fahren. In Goslar und Osterode fällt der Unterricht heute aus. Und nun zum Sport: Bereits gestern fand das Spiel zwischen dem 1. FC Köln und Borussia Dortmund statt.

c
Moderator: Sachsens bester Verkehrsservice – Staus und Blitzer, ...
Stefan Kiesel: ... mit Stefan Kiesel, guten Morgen – und gleich ein Hinweis vom Flughafen Halle-Leipzig. Glatteis verhindert zurzeit alle Starts und Landungen. Wie ein Flughafensprecher mitteilt, soll sich die Situation in den nächsten Stunden entspannen. Ab wann die ersten Flüge wieder möglich sind, kann im Moment aber niemand sagen. Fluggäste sollten sich bei ihrer Airline über die aktuelle Situation informieren. Und nun weitere Meldungen vom Verkehr: Auf der A9 Richtung Nürnberg ...

d
Kathi: Das ist die Mailbox von Kathi. Nachrichten nach dem Piep.
Aylin: Hallo, Kathi. Aylin hier. Du, ich rufe dich wegen des Konzerts heute Abend an. Ich habe gerade in den Nachrichten gehört, dass rund um die Oper eine große Baustelle ist. Zwei Straßen sind gesperrt und das Parkhaus kann man auch nicht nutzen. Deshalb sollten wir lieber nicht mit dem Auto in die Stadt fahren. Ich schlage vor, wir fahren mit der S-Bahn. Komm doch um halb sieben zu mir, dann gehen wir gemeinsam zur Station. Bis dann.

e
So, und jetzt kommen wir zu unserer Radio-Umfrage. Immer am Morgen, immer zwischen acht und neun. Unser Thema heute: Wetter. Genauer: Gewitter. Was haben Sie bei Sturm und Gewitter schon erlebt? Egal, ob Ärger mit Staus auf den Straßen oder Chaos zu Hause – wir interessieren uns für Ihre Geschichten. Rufen Sie an, schreiben Sie uns in den sozialen Netzwerken oder per E-Mail.

Schritt E, Übung 27a
1 links
2 rechts
3 Sachsen
4 du tankst
5 Liebling
6 Lieblingstier
7 unterwegs
8 Angst
9 er springt
10 wechseln

Schritt E, Übung 27b
Vgl. AB S. 145

Schritt E, Übung 27c
Mann: Warum fährst du so schnell? Hast du Angst, dass du nicht rechtzeitig ankommst? Wenn du schnell fährst, tankst du öfter. Vielleicht denkst du auch, dass du schneller bist, wenn du ständig die Spur wechselst. Aber am schnellsten ist man unterwegs, wenn man immer das gleiche Tempo fährt. Als Taxifahrer habe ich Erfahrung.

Lektion 12   Orte

Schritt B, Übung 10
Vgl. AB S. 151

Schritt C, Übung 14
Liebe Marjana,
ich schreibe Dir heute von der Nordsee. Ich wollte schon lange einmal in den Norden reisen. Die Landschaft ist hier sehr schön. Aber Stefan und die Kinder waren dagegen. Sie wollten lieber in den Süden fahren, nach Italien. Außerdem dauert die Fahrt von Stuttgart aus zu lange, haben sie gesagt. Na ja! Ich habe trotzdem eine Reise nach Norddeutschland geplant und am Ende waren sie einverstanden. Zuerst sind wir mit dem Zug nach Emden gefahren. Von dort sind wir mit dem Schiff auf die Insel Borkum gefahren. Hier verbringen wir jetzt eine Woche, gehen am Strand spazieren oder wandern im Meer! Das kann man hier nämlich! Es ist sehr ruhig hier, das gefällt mir. Später fahren wir nach Bremen. Zum Schluss reisen wir nach Hamburg. Ich freue mich schon darauf, dass ich die Städte endlich einmal besichtigen kann, denn davon habe ich schon lange geträumt.
Viele Grüße
Inka

Lektion 13   Auf der Bank

Schritt A, Übung 4a
Vgl. AB S. 157

Schritt D, Übung 18
Gespräch 1
Kunde: Guten Tag, können Sie mir helfen? Ich möchte gern ein Konto eröffnen. Können Sie mir sagen, was ich jetzt machen muss?
Angestellter: Soll es ein Gehaltskonto sein oder möchten Sie Geld einzahlen und sparen?
Kunde: Ich brauche ein Konto für meinen Verdienst. Außerdem möchte ich die Miete von dem Konto überweisen.
Angestellter: Also ein Girokonto. Warten Sie, ich hole mal eben ein Antragsformular.

Gespräch 2
Kundin: Guten Tag. Können Sie mir sagen, was bei Ihnen ein Girokonto kostet?
Angestellter: Das ist für alle Kunden kostenlos, wenn jeden Monat mindestens 1000 Euro auf das Konto kommen, z. B. durch Ihren Verdienst. Wenn Sie eine Kreditkarte möchten, kostet das 20 Euro im Jahr.
Kundin: Zurzeit kommen regelmäßig 2000 Euro auf das Konto. Aber was passiert, wenn einmal weniger als 1000 Euro auf das Konto kommen?
Angestellter: Dann bezahlen Sie für jede Überweisung einen Euro und die EC-Karte kostet dann 10 Euro im Jahr. Nur Bar-Ein- und -Auszahlungen am Bankschalter sind auch dann weiterhin kostenlos.

Gespräch 3
Kunde: Können Sie mir sagen, ob ich bei allen Banken an Geldautomaten Geld abheben kann, wenn ich bei Ihnen ein Konto eröffne?
Angestellte: Ja, natürlich. Sie brauchen nur eine EC-Karte mit Geheimzahl.
Kunde: Und was kostet das?
Angestellte: Die EC-Karte ist bei Gehaltskonten immer kostenlos. Auszahlungen am Geldautomaten sind immer dann kostenlos, wenn Sie an unseren Geldautomaten Geld abheben. Wir haben in Deutschland über 2000 Geldautomaten. Wenn Sie einen anderen Geldautomaten benutzen, kostet das 2,50 Euro.

Lektion 14   Lebensstationen

Schritt E, Übung 18b
1 Conni und Fritz streiten manchmal.
2 Denn Conni spricht Fritz nicht mit seinem Namen an.
3 Sie nennt ihn Schätzchen.
4 „Du nimmst mich nicht ernst!", sagt Fritz.
5 „Bitte sag in Zukunft Fritz zu mir."
6 „Das wünsche ich mir."

Lektion 8   Am Wochenende

Foto-Hörgeschichte

vgl. Transkriptionen zum Kursbuch, Seite 150–151

Tims Film

Wünsche

Tim: Hallo, hier ist Tim und ich mache eine Umfrage: Hast du – oder haben Sie – Wünsche? Und wenn ja, welche?
Frau Sicinski: Ich wäre gern noch mal jung.
Tim: Aha, was würden Sie dann machen?
Frau Sicinski: Reisen! Am liebsten würde ich reisen. Einmal rund um die ganze Welt. Na ja, dazu ist es jetzt schon zu spät.
Tim: Und was würden Sie jetzt gern machen?
Frau Sicinski: Jetzt? Hm. Tee trinken vielleicht? Möchten Sie auch einen?
Tim: Oh ja, eine Tasse Tee hätte ich jetzt auch gern!

Niki: Ich wäre gern super in Mathe.
Tim: Du? Wirklich?
Niki: Ja, aber ohne Lernen natürlich.
Tim: Tja, ohne Lernen geht's halt nicht.
Niki: Ja, leider. Am liebsten hätte ich schon das Abitur.

Sandra: Wünsche? Na ja, ich würde gern irgendwo im Süden leben. Mehr Sonne, besseres Wetter, verstehst du? Das hätte ich schon ganz gern. Du nicht?
Tim: Na klar! Wer hätte nicht gern schönes Wetter?

Eva: Ich hätte gern eine neue Geschirrspülmaschine.
Tim: Aber?
Eva: Dimi würde lieber einen neuen Herd kaufen.
Tim: Und beides geht nicht?
Eva: Nee, geht nicht.
Tim: Tja ...

Betty: Ich wäre gern ein Baum.
Tim: Ein Baum? Echt?
Betty: Ja. Ich würde wirklich gern mal wissen, wie das ist. Aber nur für ein paar Minuten. Sonst wird es vielleicht zu langweilig, oder?

Videotraining

Hast du Lust?

Tim: Ich hätte Lust auf ein Stück Fleisch. Wie wäre es mit einem Steak?
Lara: Tut mir leid, aber ich bin Vegetarierin.

Lara: In diesem Videotraining geht es um Vorschläge.
Tim: Wie macht man Vorschläge?
Lara: Wie nimmt man Vorschläge an?
Tim: Wie lehnt man Vorschläge ab?
Lara: Sie sollen uns beim Sortieren helfen.
Tim: Und das geht so: „Wie wäre es mit ...?" So kann man einen Vorschlag machen: „Wie wäre es mit einem Steak?"
Lara: „Tut mir leid, aber ..." So kann man einen Vorschlag ablehnen: „Tut mir leid, aber ich bin Vegetarierin."
Tim: Noch ein Beispiel?
Lara: Bitte schön!
Tim: Ich würde gern ein Eis essen. Hast du Lust?
Lara: Ja, gern.

Tim: „Ich würde gern ... Hast du Lust?" So kann man einen Vorschlag machen: „Ich würde gern ein Eis essen. Hast du Lust?"
Lara: „Ja, gern." So kann man einen Vorschlag annehmen: „Ja, gern."

Tim: So, jetzt sind Sie dran! Sie kennen Ihre Aufgabe:
Lara: Vorschlag machen, Vorschlag annehmen oder Vorschlag ablehnen?
Tim: Was wird blau? Was wird grün? Was wird rot?
Lara: Das schaffen Sie jetzt ohne unsere Hilfe. Viel Spaß dabei!

Tim: Wir könnten morgen eine Wanderung machen. Hast du Lust?
Lara: Hm ... Wandern? Ich würde eigentlich lieber ins Schwimmbad gehen.

Lara: Was machst du heute Abend?
Tim: Keine Ahnung.
Lara: Ich würde gern mal wieder ins Theater gehen.
Tim: Warum nicht? Ich komme gern mit.

Tim: Wir könnten mal wieder gemeinsam kochen.
Lara: Gute Idee. Das machen wir. Wann denn?
Tim: Wie wäre es am Donnerstag? Oder Freitag?
Lara: Am Freitag kann ich leider nicht. Aber Donnerstag geht bei mir.
Tim: In Ordnung. Also am Donnerstag.
Lara: Einverstanden.

Lara: Ich habe Karten für das Fußballspiel am Freitagabend. Kommst du mit?
Tim: Freitagabend? Oh, schade, das geht leider nicht.
Lara: Ach, komm! Bitte.
Tim: Ich würde sehr gern mitkommen, aber ich kann nicht.
Lara: Na, dann vielleicht ein anderes Mal?
Tim: Ja, sehr gern!

Lara: Wir könnten am Sonntagabend ins Kino gehen. Was meinst du?
Tim: Am Sonntagabend? Hm, da kann ich leider nicht. Wie wäre es am Samstagabend?
Lara: Samstagabend? Ja, das geht bei mir auch.

Zwischendurch mal Film

Der Freizeit-Killer

Mann: Heute würde ich gern mal ganz gemütlich frühstücken.
Freizeit-Killer: Chm-chm!
Mann: Huch!
Freizeit-Killer: Tut mir leid, aber erst fährst du ins Einkaufszentrum und erledigst den Einkauf für die nächste Woche. Nicht?
Mann: Ja, ja, okay.

Mann: Hm. Jetzt wäre ein langer Spaziergang schön.
Freizeit-Killer: Ein Spaziergang? Oh, wie schade! Das geht leider nicht.
Mann: Warum denn nicht?
Freizeit-Killer: Du wolltest heute das Auto waschen. Hast du das vergessen?
Mann: Hach! Na gut.

Mann: Heute könnte ich mal was richtig Schönes kochen, ...
Freizeit-Killer: ... aber leider, leider hast du keine Zeit.
Mann: Nein?
Freizeit-Killer: Du musst noch in den Baumarkt.
Du brauchst Schrauben.
Mann: Schrauben?
Freizeit-Killer: Du wolltest den Küchenschrank reparieren.
Mann: Ach ja, der Schrank!

Mann: Hmm. Heute Abend könnte ich mal wieder tanzen gehen.
Freizeit-Killer: Und was ist mit den Hemden?
Mann: Ja, was ist denn mit den Hemden?
Freizeit-Killer: Deine Hemden für die Arbeit. Du wolltest sie an diesem Wochenende bügeln. Hast du das etwa vergessen?
Mann: Ich, hmm na gut. Ich bügle sie. Aber morgen, da will ich endlich Freizeit haben.
Freizeit-Killer: Ja, ja, ja! Morgen!

Mann: Hmmm, heute würde ich gern ganz lange ausschlafen.
Freizeit-Killer: Tut mir leid, aber lange schlafen ist ungesund! Mach lieber deinen Morgensport!
Mann: Na schön!

Mann: Das Wetter ist super, heute. Zum Mittagessen könnte ich in einen Biergarten gehen.
Freizeit-Killer: Wolltest du nicht schon lange deinen Keller putzen?
Mann: Nein, ... ja, ... nein, ich ... ich ... ich möchte ...
Freizeit-Killer: Was du heute kannst besorgen, das verschiebe nicht auf morgen!
Mann: Na gut, das mach ich jetzt noch schnell, aber dann ...
Freizeit-Killer: Gut!

Mann: So, der Keller ist jetzt ganz toll aufgeräumt und geputzt. Aber ich ... ich bin total am Ende.
Freizeit-Killer: Na, dann könntest du jetzt endlich dein Wochenende genießen.
Mann: Ich würde ja gern, aber ...
Freizeit-Killer: Aber?
Mann: Leider bin ich jetzt zu müde.
Freizeit-Killer: Na, dann: Husch, husch! Ab ins Bett!

Mann: Na gut, aber nächstes Wochenende, da hab' ich wirklich frei.
Freizeit-Killer: Ja, ja, ja! Nächstes Wochenende ...
Hahaha!

Lektion 9   Meine Sachen

Foto-Hörgeschichte

vgl. Transkriptionen zum Kursbuch, Seite 152

Tims Film

Ein lustiges Filmchen
Tim: So, jetzt mache ich ein kleines Video über meine neuen Sachen. Gestern war ich nämlich in einem netten Laden. Da habe ich zum Beispiel diesen hübschen Wandteppich gekauft. Und jetzt zeige ich euch, was ich noch alles gekauft habe: Zum Beispiel diese wunderbare Tischdecke

hier: Sie ist aus Plastik. Sie ist viel praktischer als eine Stofftischdecke.
Dann: ein schönes Saftglas! Und was ist noch schöner als EIN schönes Saftglas? Sechs schöne neue Saftgläser! Achtung, es geht weiter! Ich habe eine große Kerze und einen passenden Kerzenständer gekauft. Aah! Ist das nicht gemütlich!?
Jetzt brauche ich nur noch was zu trinken. Tomatensaft. Lecker! Oh! Hoppla!
Sag ich doch: Nichts ist so praktisch wie eine Plastiktischdecke!
Ich glaub', das wird ein lustiges Filmchen.

Videotraining

Wir haben Hunger.
Tim: Ich habe ein rotes Buch.
Lara: Ich habe auch ein rotes Buch.
Tim: Ich habe ein dünnes Buch.
Lara: Ich habe auch ein dünnes Buch.
Tim: Aber mein Buch ist größer als deins.
Lara: Okay. Mein Buch ist kleiner als deins. Na und?
Tim: Ich habe noch ein Buch, ein dickes Buch.
Lara: Mein Buch ist dicker als dein Buch.
Na, was sagst du jetzt?
Tim: Moment mal! Stimmt ja gar nicht! Guck mal! Mein Buch ist genauso dick wie deins.
Lara: Hm, okay. Aber meins ist größer.
Tim: Ja, ja, ist ja gut, Lara!
Lara: Jetzt sind Sie dran.
Tim: Ja, genau. Ergänzen Sie!

Tim: Lara hat ein rotes Buch.
Lara: Tim hat ein gelbes Buch.
Tim: Lara hat ein dickes Buch.
Lara: Tim hat ein dünnes Buch.
Tim: Lara hat ein kleines Buch.
Lara: Tim hat ein großes Buch.
Tims Buch ist größer als Laras Buch.
Tim: Laras Buch ist kleiner als Tims Buch.
Lara: Tims Buch ist genauso dick wie Laras Buch.
Tim: Lara hat eine kleine graue Schüssel.
Lara: Tim hat eine große graue Schüssel.
Tim: Lara hat einen großen Löffel.
Lara: Tim hat einen kleinen Löffel.
Tim: Laras Löffel ist größer als Tims Löffel.
Lara: Tims Hunger ist genauso groß wie Laras Hunger.
Tim: Das haben Sie wirklich gut gemacht!
Lara: Das stimmt! Aber jetzt entschuldigen Sie bitte, wir haben wirklich Hunger!

Lektion 10   Kommunikation

Foto-Hörgeschichte

vgl. Transkriptionen zum Kursbuch, Seite 154 – 155

Tims Film

So wird das gemacht.
Sandra: Lieber Tim, jetzt hast du ja die neuen Saftgläser. Aber du weißt noch nicht, wie man den leckersten alkoholfreien Drink der Welt macht. Er heißt S-E-C! Sandras Eistee-Cocktail. Das kleine Video hier soll dir zeigen: So wird ein

S-E-C gemacht. Es ist ganz einfach. Für ein Glas brauchst du: ein Viertel Bio-Limone, drei Blätter Minze, einen Teelöffel Rohrzucker, einen halben Liter Pfirsich-Eistee und zwei große Eiswürfel.
Also: Zuerst gibst du das Limonenviertel und die frische Minze ins Glas, dann kommt der braune Zucker dazu. So, das Ganze jetzt ein bisschen zerdrücken. Danach kommen die zwei großen Eiswürfel rein und zum Schluss machst du mit dem kalten Pfirsich-Eistee das Glas fast voll. So, fertig! Na, dann: Prost! Vielleicht lädst du mich ja mal zu einem S-E-C ein, hm?

Videotraining

Entschuldigung!
Mark: Hallo Nadja?
Nadja: Hallo Mark. Entschuldige! Es tut mir schrecklich leid, dass ich zu spät komme.
Mark: Ist was passiert?
Nadja: Ich bin zu Fuß unterwegs.
Mark: Zu Fuß? Warum denn?
Nadja: Ich kann nicht S-Bahn fahren, weil ich mein Geld vergessen habe.
Mark: Oje! Wo bist du denn jetzt?
Nadja: Am Stadtplatz.
Mark: Na, dann bleib mal dort. Ich komme zu dir.
Nadja: Ich hoffe, du bist nicht sauer.
Mark: Ach was! Bis gleich.
Nadja: Das ist lieb. Du bist ein Schatz.

Frau Bach: Zahnarztpraxis Dr. Kujau. Sie sprechen mit Frau Bach.
Herr Seppelt: Guten Morgen, hier ist Arno Seppelt. Ich wollte ja heute um 13 Uhr zu Ihnen kommen, aber nun bin ich heute Nacht leider krank geworden.
Frau Bach: Oje.
Herr Seppelt: Es tut mir sehr leid, dass ich den Termin absagen muss. Ich hoffe, das ist in Ordnung.
Frau Bach: Na ja, das ist jetzt schon etwas kurzfristig, Herr Seppelt.
Herr Seppelt: Ich kann es leider nicht ändern. Ich habe Fieber bekommen. Könnten wir den Termin verschieben?
Frau Bach: Nächsten Dienstag, 14 Uhr? Geht das bei Ihnen?
Herr Seppelt: Ja prima, das passt.
Frau Bach: Na dann: Gute Besserung.
Herr Seppelt: Vielen Dank.

Lara: Das waren zwei Beispiele für eine Entschuldigung am Telefon.
Tim: Na, haben Sie die wichtigen Sätze erkannt?
Lara: Wenn nicht, kein Problem! Wir zeigen sie Ihnen noch mal.
Tim: Zuerst die Entschuldigung.
Lara: Entschuldigung!
Tim: Entschuldige!
Lara: Entschuldigen Sie!
Tim: Es tut mir schrecklich leid, dass ich nicht kommen kann.
Lara: Es tut mir sehr leid, dass ich den Termin verpasst habe.

Tim: Sicher wollen Sie Ihrem Gesprächspartner auch erklären, warum etwas nicht klappt.
Lara: Sehen wir uns doch mal drei Beispiele an: Ich wollte kommen, aber mein Auto hatte eine Panne.
Tim: Ich konnte nicht kommen, weil ich Grippe hatte.

Lara: Ich kann nicht pünktlich kommen, weil der Zug Verspätung hat.

Tim: Wer möchte, kann am Ende auch noch etwas Nettes sagen.
Lara: Auch dazu ein paar Beispiele:
Tim: Ich hoffe, du bist nicht sauer.
Lara: Ich hoffe, du bist nicht böse.
Tim: Ich hoffe, das ist in Ordnung.
Lara: Ich hoffe, Sie sind nicht böse.
Tim: Alles zusammen könnte dann zum Beispiel so aussehen:
Lara: Entschuldige! Ich kann nicht pünktlich kommen, weil der Zug Verspätung hat. Ich hoffe, du bist nicht sauer.
Tim: Oder auch so:
Lara: Entschuldigen Sie! Es tut mir sehr leid, dass ich den Termin verpasst habe. Ich konnte nicht kommen, weil ich Grippe hatte. Ich hoffe, Sie sind nicht böse.
Tim: Oder so:
Lara: Es tut uns schrecklich leid, dass dieses Videotraining schon vorbei ist.
Tim: Wir hoffen, Sie sind jetzt nicht sauer.

Lektion 11   Unterwegs

Foto-Hörgeschichte

vgl. Transkriptionen zum Kursbuch, Seite 156–157

Tims Film

Der Weg zum „Kleinheimer Badesee"
Tim: Zum „Kleinheimer Badesee" wollen Sie? Ja, den kenne ich. Aber, das ist gar nicht so einfach. Sie können das ruhig mitfilmen. Also, warten Sie mal. Ja, so. Hier. Fertig. Sehen Sie?
Wir sind hier. Sie gehen jetzt hier durch das Gartencenter. Auf der anderen Seite ist ein Platz und da sehen Sie eine Bushaltestelle. Da gehen Sie hin. Sie nehmen den Bus Nummer 36E und fahren bis zur Haltestelle „Amazon-straße". Das sind ungefähr zehn oder zwölf Stationen. Dort steigen Sie aus und da sehen Sie dann eine Eisenbahn-brücke mit Fußgängerweg. Sie gehen über die Brücke und dann weiter die Eisenbahngleise entlang bis zu einem Haus. Gegenüber dem Haus geht ein Weg in einen kleinen Wald. Da gehen Sie durch. und nach hundert Metern sind Sie am „Kleinheimer Badesee". Hier, bitte. Könnten Sie mir den Film zuschicken? Ich gebe Ihnen meine Nummer.

Videotraining

Wie komme ich zum Stadtpark?
Tim: Ach, Entschuldigung?
Lara: Ja?
Tim: Bitte, können Sie mir sagen: Wie komme ich von hier zum Stadtpark?
Lara: Zum Stadtpark? Oh, das ist aber ganz schön weit!
Tim: Ach so?
Lara: Da nehmen Sie am besten den Bus.
Tim: Aha? Wo ist denn die nächste Bushaltestelle?
Lara: Sehen Sie die Brücke da vorn?
Tim: Ja.
Lara: Gehen Sie über die Brücke, ...
Tim: ... über die Brücke ...

Lara: Direkt danach kommt eine Kreuzung, dort müssen Sie nach rechts gehen.
Tim: Also, über die Brücke und an der Kreuzung nach rechts.
Lara: Ganz genau. Sie gehen etwa hundert Meter am Fluss entlang, dann kommen Sie an einem Spielplatz vorbei.
Tim: Hundert Meter am Fluss entlang und an einem Spielplatz vorbei.
Lara: Exakt! Am anderen Ende kommen Sie an eine Straße und genau gegenüber, auf der anderen Straßenseite, sehen Sie auch schon die Bushaltestelle. Linie 43, die geht direkt zum Stadtpark.
Tim: Prima! Vielen Dank! Aber, wie war das noch mal am Anfang? Könnten Sie mir das vielleicht noch einmal erklären?
Lara: Hm, ich habe es leider ein bisschen eilig. Könnten Sie das nicht machen? Oh, das ist aber nett! Danke!
Tim: Über die Brücke, aha. An der Kreuzung nach rechts. Hundert Meter am Fluss entlang, okay. An einem Spielplatz vorbei, ja? Am anderen Ende ... an eine Straße. Und dann? Genau gegenüber?
Prima! Vielen vielen Dank! Das war sehr nett von Ihnen. Tschüs!

Zwischendurch mal Film

Sonst noch was?

Betty: Mir reicht es jetzt! Es ist nicht leicht mit Paul. Er kann so schrecklich rücksichtslos ein. Immer nur er! Immer nur seine Musik! Immer volle Lautstärke! Das macht mich so wütend, manchmal! Dann muss ich raus. Einfach raus! Ich gehe die Straßen entlang. Egal wohin. Mal biege ich links ab. Mal biege ich rechts ab. Mal gehe ich durch den Park bis zum Fluss und dann am Fluss entlang. Mal gehe ich über die Brücke und an der Tankstelle vorbei.
Ja? Was willst du? Ist doch meine Sache, oder? Warum interessiert dich das? Na gut, ich bin bei der Tankstelle. Bei der Tankstelle an der Brücke, ja. Was soll ich?! Dir eine Cola mitbringen? Sonst noch was!? Ich bin doch nicht dein Getränkeservice! Eine Cola! Das glaubt er doch selbst nicht, oder? Der kriegt weder eine Cola noch sonst irgendwas, dieser, dieser ... Na ja. So schlimm ist es nun auch wieder nicht. Er kann auch sehr lieb sein, mein Paul.

Lektion 12   Orte

Foto-Hörgeschichte

vgl. Transkriptionen zum Kursbuch, Seite 159–160

Tims Film

Sogar in die Sahara!
Lara: In den Bergen und am Meer,
da gefällt es mir so sehr.
Tim: In der Stadt und auf dem Land
ist es auch sehr interessant.
Lara: Hach, mir ist das ganz egal,
mir gefällt es überall.
Tim: Schöner Urlaub und gutes Essen
gehören zusammen. Nicht vergessen!
Lara: Tolle Lage, schöner Blick,
ach, wird unser Urlaub schick!
Tim: Schöner Blick im Doppelzimmer:
bist du dabei, hab ich das immer.

Lara: Hey, das wird ja immer schlimmer!
Jetzt buche ich ein Einzelzimmer!
Tim: Komm, sei nicht so kompliziert!
Wichtig ist, wie's Wetter wird.
Lara: Mit dir zusammen, lieber Tim,
ist schlechtes Wetter nicht so schlimm.
Tim: Mit dir zusammen, liebe Lara,
fahr ich sogar in die Sahara.
Lara: Hihi! Sahara! Da fällt mir nix mehr ein.

Videotraining

Wohin fährt Tim?
Tim: Komisch.
Lara: Was ist komisch?
Tim: Man sagt doch: „Ich fahre ans Meer."
Lara: Ja.
Tim: Und man sagt: „Ich fahre in die Berge."
Lara: Ja, und?
Tim: Warum denn „ans Meer" aber „in die Berge"?
Lara: Na, das ist doch einfach! Schau: Da ist das Meer. Da ist die Küste. Und da kommst du. Du fährst an die Küste, ans Meer, aber hoffentlich nicht ins Meer, richtig?
Tim: Ja, schon. Aber ich kann ins Meer gehen und dort schwimmen.
Lara: Klar kannst du das machen. Zuerst musst du aber ans Meer fahren, sonst kannst du nicht ins Meer gehen.
Tim: Stimmt. Und wie ist das jetzt mit den Bergen? Warum sagt man: „Ich fahre in die Berge?"
Lara: Das ist genauso einfach. Guck mal! Hier sind keine Berge, hier sind Berge, also hier ist das Gebirge. Und da kommst du. Siehst du? Du fährst nicht an die Berge, sondern in die Berge.
Tim: Man kann auch sagen: „ins Gebirge".
Lara: Genau! Und jetzt bist du also in den Bergen.
Tim: Oder auch: „im Gebirge". Und dort steige ich dann auf einen Berg.
Lara: Ja, genau. Du fährst ins Gebirge und steigst dort auf einen Berg.
Tim: Aha. Und warum sagt man dann auch: „Ich fahre auf eine Insel"?
Lara: Auch das ist ganz einfach. Hier siehst du das Meer und eine Insel, okay?
Tim: Ja.
Lara: Hier kommst du mit einem Schiff und da ist dein Hotel. Siehst du: Du bist auf der Insel.
Tim: Ich bin auf der Insel und gleichzeitig am Meer.
Lara: Richtig! Und wenn du Lust hättest, könntest du auf dieser Insel sogar in die Berge fahren.
Tim: Und wenn da auch ein Wald wäre, auf dieser Insel ...
Lara: ... dann könntest du auf der Insel in den Wald gehen.
Tim: Okay, okay! So langsam wird mir das alles klarer. Aber zur Sicherheit wiederholen wir es noch mal.
Lara: Ja, gern! Und Sie helfen uns dabei! Wohin fährt Tim?
Tim fährt an die Küste. – Tim fährt in die Berge. – Tim fährt auf die Insel. – Tim geht ins Meer. – Tim geht ins Gebirge. – Tim klettert auf den Berg. – Tim geht zurück ins Hotel.
Tim: So, ich glaube, jetzt ist wirklich alles klar, oder?
Lara: Das ist schön. Weißt du, wohin ich jetzt gehe?
Tim: Nein. Wohin?
Lara: Ich gehe rüber ins Café und dort trinke ich einen Tee.
Tim: Und ich komme mit.
Lara: Okay!

Zwischendurch mal Film

An der Donau entlang

Markus: Mein Name ist Markus Schneider. Schon seit Jahren gehe ich jeden Frühling eine ganze Woche zum Wandern. Mit Freunden, meistens sind wir zu dritt oder zu viert. Aber dieses Jahr hatten die Anderen keine Zeit. Deshalb bin ich jetzt ohne meine Freunde unterwegs. Ich mache eine Flusswanderung an der Donau entlang, von Passau bis Ulm. Ich gehe aber nicht den ganzen Weg zu Fuß. Das wäre schon ein bisschen viel für eine Woche. Nein, ich habe mein Fahrrad dabei und fahre jeden Tag nach dem Frühstück bis zum nächsten interessanten Ort. Heute bin ich in der kleinen Stadt Kelheim. Schön ist es hier! Meine Unterkunft für die Nacht habe ich schon online gebucht. Ich stelle mein Rad und mein Gepäck ab und esse zu Mittag. Und danach wandere ich weiter. Dann aber zu Fuß. Da unten sieht man Kelheim und die Donau. Und das da ist die Befreiungshalle. Das ist ein großes, altes Denkmal. Leider sieht man jetzt nicht so viel davon, weil es gerade repariert wird. So, und jetzt bin ich unterwegs zum „Donaudurchbruch". Das ist eine Stelle, wo der Fluss ganz schmal ist und zwischen großen Felsen fließt. Aah! Wahnsinn! Von hier hat man einen tollen Blick auf den Fluss! Da gehe ich jetzt runter und mache ein paar nette Fotos. Die Anderen sollen ruhig sehen, was sie alles verpasst haben!

Lektion 13   Auf der Bank

Foto-Hörgeschichte

vgl. Transkriptionen zum Kursbuch, Seite 161–162

Tims Film

Bankgeschäfte

Tim: Pssst!
Niki: Du, sag mal …
Freund: Hm?
Niki: Welches Spiel findest du zurzeit am coolsten?
Freund: Am coolsten? Hmm, „XL-Star-Troopers"?
Niki: Hm ja, … das find' ich auch cool. Sag mal …
Freund: Hm?
Niki: Weißt du, ob es da schon die neue Version gibt?
Freund: Nö.
Niki: Weißt du denn, wann die kommt?
Freund: Keine Ahnung.
Niki: Hach, ist ja sowieso egal.
Freund: Wieso?
Niki: Ich kann sie mir eh nicht kaufen.
Freund: Kein Geld?
Niki: Mhm.
Freund: Mach's so wie ich.
Niki: Wie denn?
Freund: Ich lasse es mir von meiner Oma schenken.
Niki: Hä!? Und die macht das!?
Freund: Ja, ich sag ihr einfach, ich brauch's für die Schule.
Niki: Tja, ich kann mir das nicht schenken lassen.
Freund: Hä? Warum nicht?
Niki: Meine Oma war Lehrerin.
Hey! Tim! Spinnst du? Kannst du vielleicht vorher fragen, ob wir das auch wollen?

Videotraining

Höflichkeit macht das Leben leichter.
Lara: Hallo? Wo ist denn hier die nächste Post?
Tim: Die nächste Post? Dort drüben, die erste Straße links rein.
Lara: Aha. Danke!
Tim: Na, das geht aber auch ein bisschen höflicher.
Lara: Entschuldigen Sie?
Tim: Ja? Bitte?
Lara: Können Sie mir sagen, wo hier die nächste Post ist?
Tim: Die nächste Post? Aber gern! Sehen Sie mal: dort drüben, die erste Straße nach links und schon sind Sie da.
Lara: Oh, vielen Dank! Das ist sehr freundlich!
Tim: Sehr gern! Haben Sie gehört? „Können Sie mir sagen, wo hier die nächste Post ist?" Viel besser, oder? Und jetzt sind Sie dran: Machen Sie die Sätze freundlicher und höflicher!
Lara: Geht heute Abend noch ein Zug nach Dresden? Wissen Sie, ob heute Abend noch ein Zug nach Dresden geht? – Ich brauche eine Platzreservierung. Was muss ich da machen? Ich brauche eine Platzreservierung. Können Sie mir sagen, was ich da machen muss? – Habe ich das Formular korrekt ausgefüllt? Würden Sie bitte nachsehen, ob ich das Formular korrekt ausgefüllt habe? – Wie kommt man von hier zur nächsten Post? Könnten Sie mir bitte erklären, wie man von hier zur nächsten Post kommt? – Kann man hier auch mit Kreditkarte zahlen? Darf ich fragen, ob man hier auch mit Kreditkarte zahlen kann? – Wann geht der nächste Zug nach Berlin? Könnten Sie bitte nachsehen, wann der nächste Zug nach Berlin geht? – Wo ist hier der nächste Geldautomat? Wissen Sie vielleicht, wo hier der nächste Geldautomat ist? – Kann ich das Sofa auch in Raten zahlen? Darf ich fragen, ob ich das Sofa auch in Raten zahlen kann? – Wann haben hier die Banken geöffnet? – Wissen Sie, wann hier die Banken geöffnet haben? Entschuldigung.
Tim: Ja?
Lara: Können Sie mir sagen, wie ich von hier zum Hauptbahnhof komme?
Tim: Da muss ich auch hin. Kommen Sie doch einfach mit.
Lara: Oh! Na, das ist ja praktisch! Vielen Dank!

Lektion 14   Lebensstationen

Foto-Hörgeschichte

vgl. Transkriptionen zum Kursbuch, Seite 164–165

Tims Film

Angekommen

Tim: Hallo, liebe Deutschlerner! Ich möchte mich jetzt von Ihnen verabschieden. Ich glaube, ja, ich glaube, man kann schon sagen, dass ich inzwischen hier in Deutschland angekommen bin. Und ich finde, ich finde es sehr schön, dass Sie bei diesem „Ankommen" auch mit dabei waren, und dass Sie mit mir zusammen Deutsch gelernt haben. Hat Ihnen das Lernen auch so viel Freude gemacht? Also, für mich war es sehr schön. Aber, was heißt eigentlich „war"? Das Lernen hört ja nie auf, oder? Es geht immer weiter! In diesem Sinne: Ich wünsche Ihnen allen viel, viel, viel, viel Erfolg. Tschüs!
Lara: Halli hallo! Hier kommt die Pizza!
Tim: Lecker!

Videotraining

Die „wenn, weil, dass"-Geschichte

Lara: Hallo!

Tim: Hallo!

Lara: Willkommen beim letzten A2-Videotraining!

Tim: Gestern haben Lara und ich eine kleine Fotogeschichte gemacht.

Lara: Und die zeigen wir Ihnen jetzt, wenn Sie Lust haben.

Tim: Ich finde sie besonders hübsch, weil man Lara da mal mit Brille sieht.

Lara: Und ich finde witzig, dass Tim am Schluss einen Hut aufsetzt.

Tim: Also: Wir freuen uns, wenn Ihnen die Geschichte gefällt.

Lara: Sie gefällt Ihnen sicher, weil sie lustig ist.

Tim: Ja. Und das Beste ist, dass Sie dabei auch noch Deutsch trainieren können.

Lara: Ergänzen Sie die Sätze einfach mit „wenn", „weil" oder „dass"!

Tim: Viel Spaß!

Lara: Ich will nicht, dass du mich so ansiehst.

Tim: Warum nicht?

Lara: Ich finde das nicht schön, weil ich mit Brille so doof aussehe.

Tim: Was!? Also, ich finde nicht, dass du mit Brille doof aussiehst.

Lara: Wirklich?

Tim: Du siehst immer sehr intelligent aus, wenn du eine Brille aufhast.

Lara: Aha. Dann sehe ich jetzt also doof aus, weil ich keine Brille aufhabe?

Tim: Nein, Quatsch! Ich finde, dass du immer intelligent aussiehst.

Lara: Ach so!

Tim: Du kannst jede Brille tragen, weil Brillen dir einfach gut stehen.

Lara: Und wie siehst du aus, wenn du sie aufhast?

Tim: Oh nein! Bestimmt nicht gut, weil mir Brillen gar nicht stehen.

Lara: Ach, komm!

Tim: Ich glaube, dass Hüte besser zu mir passen.

Lara: Was ist das denn, Tim!? Ich gebe Dir fünf Euro, wenn du den Hut wegwirfst.

Tim: Vielleicht doch lieber 'ne Brille?

Lara: Finden Sie nicht auch, dass Tim ein Clown werden sollte?

Tim: Ich!? Ein Clown!? Na warte! Ich krieg dich!

Lara: Nein! Tim! Lass mich bloß in Ruhe!

Lektion 8 Am Wochenende

A Ich hätte gern ein bisschen Ruhe.
Seite 100

1a 2 c 3 a

1b ich wäre, ich würde wohnen

2 a wäre b würden c wären d Hättest e würde

3 b Ich wäre lieber bei dir. c Er würde lieber mit Freunden schwimmen gehen. d Wir würden lieber auf dem Balkon sitzen. e Ich wäre lieber schon zu Hause. f Sie hätten lieber Urlaub. g Ich wäre lieber im Kurs.

Seite 101

4 b ich wäre auch gern im Garten. c Ich würde auch gern Kaffee trinken. d Oh, ich wäre auch gern mit Freunden verabredet. e Oh, ich würde auch gern etwas unternehmen. Ich würde auch gern ins Kino gehen.

5 a verbringt viel Zeit mit seiner Mutter. b würde gern wieder einmal ausgehen. c muss heute noch viele Dinge machen. d fährt am Samstag an einen See.

6a 2 Mein Mann hätte gern mehr <u>Werkzeug</u>. Er würde nämlich unsere Waschmaschine gern <u>selbst</u> reparieren. 3 Meine Tochter wäre gern schon <u>achtzehn</u>. Sie würde so gern den <u>Führerschein</u> machen. 4 Ich würde gern mal wieder abends <u>ausgehen</u> oder mit einer <u>Freundin</u> telefonieren. Aber ich bin zu <u>müde</u>.

B Trotzdem habe ich gewonnen.
Seite 102

7 b Trotzdem steigt er in den Zug. Er steigt trotzdem in den Zug. c Trotzdem wandert Marvin am See. Marvin wandert trotzdem am See. d Trotzdem schläft er zuerst aus. Er schläft trotzdem zuerst aus. e Trotzdem besteht er die Prüfung. Er besteht trotzdem die Prüfung.

8a 2 e 3 b 4 a 5 d

8b 2 Du arbeitest wenig. Trotzdem hast du nie Zeit. 3 Du spielst seit Jahren Fußball. Trotzdem spielst du nicht gut. 4 Du bist neu in der Stadt. Trotzdem hast du schon viele Freunde gefunden. 5 Du lernst erst drei Monate lang Deutsch. Trotzdem sprichst du schon so gut Deutsch. Toll!

9 *individuelle Lösung*

C Du könntest auch mitmachen.
Seite 103

10 b Ihr könntet doch ins Kino gehen. c Sie könnten ihr doch Blumen schenken. d Ihr könntet doch eine Radtour machen. e Dann könntest du doch auf den Flohmarkt gehen.

11 b könntest ins Museum gehen., würde lieber etwas draußen unternehmen. c könntet eine Pizza kaufen., würden lieber ein Schnitzel essen. d könnte eine Ausbildung machen., würde lieber studieren. e könnten wandern gehen., würde lieber im Garten grillen.

Seite 104

12 Warum nicht, Wie wäre es, Das machen wir, das geht bei mir, Also, dann

13a 1, 2

13b 4, 9, 2, 6, 8, 1, 5, 3, 7

Seite 105

14 b Gute Idee. Am Samstag spielt Stuttgart gegen Hamburg. c Ich würde am Samstagabend lieber zu Hause bleiben. d Tut mir leid, aber ich habe keine Lust. e Einverstanden. Um wie viel Uhr?

15 a wandern, Hast, Lust, würde, ausschlafen, wäre, Spaziergang, Wald, Einverstanden b Wolltest, Doch, hatte, muss, Möchtest, Flohmarkt c erkältet, müssen, könnte, könntest, Holz, basteln d Morgen, schön, Kommst, würde, muss, Wäsche, waschen, putzen, nächstes, hätte

D Am Wochenende
Seite 106

16a 1 Vanessa 3 LukasN 4 Abdul_K

16b 2 ~~wenig~~ viel 3 ~~Samstagnachmittag~~ Sonntagvormittag 4 ~~zu einem Politikkurs~~ zum „Tag der offenen Tür"

16c *individuelle Lösung*

Seite 107

17 *individuelle Lösung*

18 b besuchen c bügeln d die Teilnahme e einen Hammer

19b ↘, →, ↘, ↘, →, ↘, →, ↘

20 b ~~das~~ dass c ~~Nachts~~ nachts d ~~mude~~ müde e ~~spaziergang~~ Spaziergang f ~~Gruss~~ Gruß

E Veranstaltungstipps
Seite 108

21a 3 4, 4, 4 1

21b 2 Schwimmbad, 10–12 Uhr 3 Jahninsel, 10–16 Uhr 4 Jahninsel, 10–18 Uhr 5 Sportpark am Wald, 10–14 Uhr

22 *Lösungsvorschlag:* Liebe Anna, ich komme leider etwas später zum Stadtfest, Entschuldigung! Meine U-Bahn hat Verspätung. Treffen wir uns um 20 Uhr am Rathausplatz? Viele Grüße Sahid

Lektion 9 Meine Sachen

A Das ist ja eine tolle Wohnung!
Seite 110

1 a 2 d 3 e 4 a 5 b 6 c b 1 d 2 e 3 b 4 f 5 c 6 a

2 b kurz c klein d groß e hell f alt

3a 2 a 3 d 4 c 5 h 6 g 7 e 8 f

3b schönes/tolles, -es; tolle/moderne, -e; gute/billigen, -e/-en

Seite 111

4 b kleiner c altes d interessanten e scheußliche f schwierige

5 a teure b praktischer, kleiner c kleines, großes d schöne, hässliche e neuen, alte f leichten, schwierige

6 a hässlich b breit, schmales c neu, alte, gut d tolle, praktisch e lauten, ruhig f gutes, schlecht

7 Einrichtungshaus, eingekauft, Sachen, Küchentisch, praktische, Plastiktischdecke, Schrank, Teppich, Handtücher, sich, Kerzen, Stück

Seite 112

8a Bildschirm, Feuerzeug, Kalender, Kamera, Motorroller

8b 1 Kamera, Bildschirm 2 Motorroller 3 Kalender 4 Feuerzeug

8c neuen, -en; witziges, -es; günstige, -e; hübsche, -e

9 b bunten c gutes d alten e schöne

Seite 113

10 b eine helle, helle c eine billige, billige d ein interessantes, langweiligen, interessante

11 b ein neues Radio, neuen Radios c ein schönes Bild, viele schöne Bilder d eine coole Uhr, viele coole Uhren

e eine moderne Lampe, keine modernen Lampen
f einen großen Tisch, keine großen Tische

12 ich weiß nicht, ist mir wichtig, sind mir nicht so wichtig, Bist du sicher

B ... zu meinen braunen Möbeln.
Seite 114

13 Papier, Holz, Metall, Plastik, Glas
B aus Papier **C** aus Metall **D** aus Holz **E** aus Glas
F aus Plastik

14a 2 in 3 aus 4 zu

14b guten, -en, neuen, -en, neuen, -en

15 **b** einem, großen **c** roten, blauen **d** einer, breiten
Seite 115

16 **A** guten **B** alte, verschiedenen **C** bunte, passenden
D neues, wenigen

17 **a** bunten, neue, weißen **b** schöne, kleinen, schönen
c neuen, hübschen

C Am schönsten finde ich den Teppich.
Seite 116

19 **a** gut, lieber, besser, viel **b** mehr, gern, Am liebsten, am besten

20 **a** teurer **b** praktischer **c** interessanter **d** wichtiger

21 **a** billiger, am billigsten **b** kleiner, am kleinsten **c** am jüngsten **d** älter **e** teuer **f** leichter **g** schneller, am schnellsten
Seite 117

22 **a** am jüngsten **b** leichter, Am leichtesten **c** lieber als, am liebsten **d** schneller als, Am schnellsten **e** älter als, am ältesten

23 **b** am teuersten, teurer als **c** billiger als, billiger als **d** moderner als, am modernsten

24 **b** wie **c** als **d** als **e** wie **f** wie **g** als
Seite 118

25 **c** genauso viel wie **d** höher als

26 **horizontal**: der Kugelschreiber, der Bleistift, das Handtuch, die Kamera, der Rucksack **vertikal**: die Mütze, der Koffer, das Feuerzeug

27 heiße, wohne, weit, fahre, häufig, zusammen, älter, Fotografieren, Münzen, Stück

D Interviews im Radio
Seite 119

28 spare ich nicht, Ich wünsche mir, Geld ausgeben, ist ziemlich hoch, ist mir wichtiger

29 1 b 2 c 3 a 4 c 5 a 6 c

E Meine Lieblingssachen
Seite 120

30 **b** wolkenloser **c** schlaflose **d** kinderloses **e** fehlerloser

31 1 c 2 c 3 c 4 a

Lektion 10 Kommunikation

A Hier wird das reingeschrieben.
Seite 122

1 **A** Die Fenster werden geputzt. **B** Amelie bringt zwei Pakete zur Post. Die Pakete werden nach Hause gebracht. **C** Herr Maier repariert sein Auto. Das Auto wird in der Werkstatt repariert.

2a 2 verpackt 3 transportiert 4 gebracht
Seite 123

2b 2 Hier werden sie verpackt. 3 Dann werden sie im Auto transportiert. 4 Schließlich werden sie zum Laden gebracht.

3 **b** wird **c** werden **d** werden **e** wird

4 **b** wird, gesteckt **c** wird, verpackt **d** wird geschrieben **e** wird, gebracht **f** werden, verschickt

6 p, b, b, g, k, g, g, t, t, d, t

B Was für ein Formular ...?
Seite 124

7a Briefmarke, Postkarte, Formular, Verpackung, Aufkleber
1 die Verpackung 2 die Postkarte 4 die Briefmarke 5 das Formular 6 der Aufkleber

7b 2 ein 3 ein 4 eine 5 –

8 **b** Was für ein **c** Was für **d** Was für eine
Seite 125

9 **a** ich brauche bitte Briefmarken, Was für Briefmarken **b** Was für Möglichkeiten **d** die Benachrichtigungskarte, Ausweis dabei

10 1 Anna Levkovic, Schönallee 22, 40545 Düsseldorf
2 Nino Aptsiauri, Sandukeli 16, Tbilissi 4 Georgien
5 Bücher
Seite 126

11 **b** verpacken **c** entschuldigen **d** die Wohnung **e** die Erklärung **f** üben

12 1 Sehr geehrte Damen und Herren,
am 12.10. habe ich ein Paket an meine Familie geschickt. Jetzt habe ich das Paket zurückbekommen – mit einer Benachrichtigung, dass Sie das Paket nicht transportieren können. Ich verstehe nicht, warum nicht? Können Sie es mir bitte erklären? Vielen Dank.
Mit freundlichen Grüßen
Mehdi Azman
2 Sehr geehrter Herr Azman,
vielen Dank für Ihre Nachricht. In Ihrem Paket war ein Parfüm. Der Zoll hat die Sendung zurückgeschickt, weil die Versendung von Parfüms in das Land verboten ist. Wir bitten um Ihr Verständnis.
Mit freundlichen Grüßen
Bernhard Schneider

C Die 20 verschiedenen Bierdeckel hier ...
Seite 127

14 **b** moderne **c** tollen **d** schwarze **e** rote **f** bunte

15 **b** graue, schwarze **c** bunte, weiße **d** gelben, roten

16 **b** weißen **c** bunten **d** blauen

17 mit dem blauen
das graue, das schwarze, mit dem weißen
die weiße, die bunte
die gelben, die roten, mit den bunten
Seite 128

18 **b** der gelben Jacke **c** Das schwarze Hemd **d** der blaue Anzug **e** die schwarze Jacke **f** den braunen Stiefeln **g** dem blauen Tuch **h** den roten Stiefeln

19 **a** warmen **b** schwarze, weißen **c** anderen, roten, kleinen, bunten, grünen **d** teure, andere **e** schwarze, weißen, roten **f** grünen, graue, grünen, grüne, blauen
Seite 129

20 **b** unordentlich **c** unfreundlich **d** unmodern **e** unzufrieden

21a 5**a** die Münze 8**b** der Vogel 4**c** der Elefant 2**d** das Blatt
1**e** die Bahn 7**f** der Himmel 3**g** die Rose 6**h** der Stern

21b 1 Himmel 2 Bahn 3 Rose 4 Münzen 5 Vögel, Elefanten
6 Blätter

Seite 130

22a Aus Kindern werden Sammler

22b 1 Simona 2 Hannah 3 Elias

22c *Lösungsvorschlag:* Hannah sammelt Elefanten, weil sie
Glück bringen. Das sagt man in Thailand. Ihren ersten
Elefanten hat Hannah von ihrer besten Freundin
Chinda bekommen. Seitdem sammelt sie Elefanten.
Lösungsvorschlag: Elias sammelt Konzertkarten, weil
das schöne Erinnerungen für ihn sind. Sein erstes
Open-Air-Festival war für ihn unvergesslich. Seitdem
sammelt er Tickets und hängt sie an die Wand.
Lösungsvorschlag: Simona sammelt T-Shirts, weil sie
ein praktisches Kleidungsstück sind und man T-Shirts
bei immer tragen kann. Simona hat sehr viele T-Shirts:
ungefähr 100 Stück!

D   Kontakt und Kommunikation

Seite 131

23   **b** Netzwerken **c** aktiv **d** Durchschnitt **e** erhalten

24   **a** habe gedacht **b** ist erstaunlich, Ich habe geglaubt
c finde es komisch

25   **Gespräch 1: 1** falsch **2 b Gespräch 2: 3** richtig **4** c

E   Sprachnachrichten

Seite 132

26   **b** mitkommen **c** eine Mailbox **d** einen Briefkasten
e verschieben **f** eine Verspätung

27   **1** Es tut mir sehr leid, Ich kann nicht, Ich wollte, ihr seid
nicht sauer **2** Ich wollte, ich kann nicht, den Termin
verschieben, Ich melde mich wieder, auf Wiederhören

28   Meine Mutter ist im Krankenhaus. Es tut mir sehr leid,
dass ich nicht zu Dir komme. Ich muss heute Abend
meine Mutter besuchen. Vielleicht könnten wir das
Treffen verschieben?

Lektion 11   Unterwegs

A   Gehen Sie dann durch den Stadtpark.

Seite 134

1   **A** am Haus vorbei **B** um das Haus herum **C** bis zum
Haus **D** durch den Wald **E** die Straße entlang

2   6, 3, 8, 1, 4, 5, 2, 7

3   **b** über die **c** die Poststraße entlang **d** durch die, bis zur
e am Schillerplatz vorbeigefahren, um die

Seite 135

4   **a** vom **b** die, die, den, zur **c** den, den

5   **b** 3 **c** 2 **d** 4 **e** 1

6   **a** Kreuzung, links, abbiegen, entlang, Bank, Tank
b dringend, Richtung, Frag, anderen, Junge, Entschuldigung **c** Geschenk, Danke Dienstag, Training, Bewegung, wichtig

Seite 136

7a   am, die, der, den, die, die, den, dem, den, der

7b

● Franz startet hier

Seite 137

7c

● Franz startet hier

7d   *Lösungsvorschlag:* Bei der Ampel ist er links abgebogen. Danach ist er rechts in die Auenstraße gegangen
und ist die Straße entlanggegangen. Dann ist er links
abgebogen und über die Brücke gegangen. Nach der
Brücke ist er nach rechts in die Querstraße gegangen

7e   *Lösungsvorschlag:* muss er rechts in die Friedrichs-
straße abbiegen. Danach muss er nach links in die
Paulstraße abbiegen. Er muss die Paulstraße entlang-
gehen und in den Kirchweg abbiegen. Paul wohnt im
zweiten Haus auf der linken Seite.

B   Ihr kommt aus dem Hotel.

Seite 138

8   **b** aus **c** aus **d** vom

9   **b** Woher **c** Wo **d** Wohin

10a 2 beim 3 bei der 4 bei den / bei 6 in der 7 im 8 im

10b 2 zum 3 zur 4 zu den / zu 6 in die 7 ins 8 ins

Seite 139

11   **A** 2 aus dem Supermarkt 3 zum Supermarkt 4 vom
Supermarkt **B** 5 auf den Fußballplatz 6 vom Fußballplatz **C** 7 in den Zoo 8 zum Zoo 9 aus dem Zoo
10 vom Zoo

12   **b** von **c** zur **d** Im **e** vom **f** zum **g** aus, im, auf

Seite 140

13   **A** auf dem, vom **B** zum, beim, vom **C** ins, im, vom
D zur, an der, von der **E** in den, im, aus dem

14   1 E 2 I 3 D 4 A 5 G 6 H

C   Deshalb möchte ich ja in den Zoo.

Seite 141

15 **b** weil **c** weil **d** denn **e** denn

16 **b** Deshalb müssen wir tanken. **c** Deshalb bleibt das
Auto stehen. **d** Deshalb müssen wir zu Fuß gehen.
e Deshalb brauchen wir kein Auto. **f** Deshalb fährt sie
nur noch mit dem Fahrrad.

17 **b** weil er sich oft verletzt und sich wehtut. **c** weil er
nicht richtig aufgepasst hat. **d** deshalb hat er das Ende
vom Bürgersteig nicht rechtzeitig gesehen. **e** weil er
sich verletzt hat.

Seite 142

18 **B** bin ich gestürzt **C** mein Knie wehgetan und meine
Hand geblutet hat **D** wollte ich mit meinem Handy
Hilfe holen **E** konnte ich meine Freunde nicht anrufen
F ein Mann vorbeigekommen ist, hatte er ein Pflaster
für meine Hand dabei

19 2 Pfanne, Panne 3 Kopf, Koffer 4 Platz, Pflanze
5 empfehlen, entfernen 6 Pflaster, Zahnpasta

Seite 143

20a 1 Station, plötzlich, stürzen, Benzin 2 Information,
funktionieren, rechtzeitig, international, zufrieden
3 rechts, Platz, nichts, Zoo, Katze

20c **z:** stürzen, Benzin, rechtzeitig, zufrieden, Zoo
tz: plötzlich, Platz, Katze
ts: rechts, nichts
tion: Station, Information, funktionieren, international

21a 1 Ausfahrt, Fahrbahn, vorsichtig, überholen 2 Unfall,
Spur 3 Baustelle

D   Bei jedem Wetter unterwegs

Seite 144

22 **b** regnerisch **c** das Eis **d** das Gewitter **e** wolkig
f der Nebel **g** sonnig

23 **A** Gefahr, Sorgen, Vermeiden, gefährlich **B** schlimm,
verhindern **C** kräftiger, Region, Flughafen, Landungen,
Voraussichtlich

24 **b** hat es schlimme Unfälle gegeben. **c** im Moment
nicht **d** mit der S-Bahn **e** Was haben sie bei Gewitter
erlebt?

E   Verkehr

Seite 145

25 **b** Moped **c** Fußgänger **d** voll **e** bremsen **f** Strafe

26 **a** Am schlimmsten finde ich **b** Mir ist aufgefallen, dass
c In meiner Heimat ist das anders **d** ist bei uns nicht so
e Am besten gefällt mir, dass

27a 3, 4, 6, 7, 8, 10

27c tankst, denkst, wechselst, unterwegs, Taxi

Seite 146

28 1 b 2 b 3 a 4 b 5 c

Lektion 12   Orte

A   Wollen wir an die Mosel fahren?

Seite 148

1 **Wo?** **b** in der **c** in **d** im **e** bei **f** beim **Wohin?** **a** nach
b in die **c** nach **d** ins **e** zu **f** zum **Woher?** **a** aus **b** aus
der **c** aus **e** von **f** vom

2 **a** zu, in **b** zum, beim **c** in die **d** ins, zu

3 *Von oben nach unten:* **A** die Insel, die Berge, der Wald
B die Küste, der Strand, das Meer

Seite 149

4 in die Berge, den Schwarzwald, den Süden **an** die
Ostsee, den Strand, die Küste, den Rhein, das Meer
auf die Insel, das Land, den Berg

5 **b** in der Türkei **c** in den Süden **d** an den Strand
e an der Küste **f** in die Alpen **g** am Titisee

6 **b** ans **c** An den **d** Auf der **e** in die

B   Gutes Wetter wäre auch nicht schlecht.

Seite 150

7 Blick, Mietdauer, geeignet, Lage, mitten, Spielplatz,
Stadtrand, Doppelzimmern
A mitten, Blick **B** Lage **C** Doppelzimmern, Stadtrand,
geeignet, Spielplatz **D** Mietdauer

8 **Wer? Was?** toller, kleines, zentrale, wenige **Wen?**
Was? kurzen, kleine, laute **Wem? Was?** schönem,
eigenem, gemütlicher, ruhigen

Seite 151

9 **A** schwarzen **B** Großer, alter, gutem **C** Weißer
D weißen, roten **E** Tolle, echtem **F** großen

C   Etwas planen

Seite 152

11 **b** 5b **c** 7e **d** 4a **e** 1c **f** 3f **g** 6g

12 **a** Ich habe einen Vorschlag **b** Das geht nicht **c** Dann
lass uns doch **d** Oh ja, gute Idee **e** Dann machen wir
es so

13 Lösungsvorschlag:
+ Wollen wir am Wochenende wandern gehen?
- Oh, das ist zu anstrengend! Wollen wir im Garten
grillen?
+ Das finde ich nicht gut. Ich möchte mich bewegen.
- Dann lass uns doch eine Radtour an den Hubersee
machen und wir könnten dann dort grillen.
+ Oh ja, gute Idee! Dann machen wir es so.

Seite 153

14 **b** schreibe dir heute **c** in den Norden reisen **d** waren
dagegen **e** lieber in den Süden **f** dauert die Fahrt **g** zu
lange **h** eine Reise **i** geplant **j** einverstanden **k** mit dem
Schiff auf die Insel **l** verbringen wir **m** am Strand **n** im
Meer **o** Später fahren wir **p** Zum Schluss reisen wir
q besichtigen

15 *Lösungsvorschlag* **A:**
Hallo Herr Paul,
ich fahre am Wochenende nach Berlin! In Berlin wohnen Freunde von mir, die ich besuche. Die Stadt ist
sehr groß und laut, aber das gefällt mir sehr gut. Da
muss ich oft an meine Heimatstadt Kabul denken. Wir
besichtigen wichtige Sehenswürdigkeiten wie das
Brandenburger Tor, aber wir gehen auch in kleine
Cafés. Es ist schade, dass man von München nach Berlin so lange fahren muss. Die Fahrt war sehr anstrengend und ich muss noch zurückfahren! Sonst würde
ich öfter nach Berlin fahren.
Freundliche Grüße
Ahmad
Lösungsvorschlag **B:**
Liebe Frau Burger,
ich danke Ihnen sehr für die Einladung. Es tut mir sehr
leid, aber leider habe ich am Samstag keine Zeit. Am
Wochenende zieht mein Sohn in eine neue Wohnung.
Ich habe ihm versprochen, dass wir zusammen ein
neues Sofa einkaufen werden. Wir könnten uns am

nächsten Mittwoch am Nachmittag in einem Café treffen. Wäre das in Ordnung?
Liebe Grüße
Natalie Said

D   Nachrichten schreiben
Seite 154

16a 1 Liebe 3 nach 4 eingeladen 5 anschauen 6 musst 7 probiert 8 schmeckt 9 auf 10 Grüße

16b *Lösungsvorschlag:*
Liebe Mila, vielen Dank für die Einladung. Ich komme gern und freue mich sehr, denn ich war noch nie in Wien. Ich möchte sehr gern das Schloss besichtigen und ins Kaffeehaus zu gehen ist eine super Idee! Schreib mir bitte, wann ich kommen soll. Bis bald in Wien!
Viele Grüße
Anna

16c *Lösungsvorschlag:*
Hallo Mila,
wie schön, dass Du mich in Regensburg besuchen willst. Ich habe viele Ideen! Wir müssen zusammen die Altstadt besichtigen. Sie ist wirklich wunderschön! Außerdem können wir mit dem Schiff auf der Donau fahren. Und du musst unbedingt in meinem Lieblingseiscafé ein Eis probieren!
Schöne Grüße
Simon

Lektion 13   Auf der Bank

A   Können ... sagen, was ich da tun muss?
Seite 156

1a 2 wann 3 wie lange 4 was 5 wie

1b wann der Kurs beginnt?, wie lange der Kurs dauert?, was ich mitbringen muss?, wie die Lehrerin heißt?

2 b wo der nächste Geldautomat ist? c wie viel eine EC-Karte kostet? d welche Bank hier in der Nähe ist? e wie oft man Kontoauszüge bekommt? f wie man online überweist? g wie viel Geld man pro Tag am Geldautomaten abheben darf? h wie man Geld vom Automaten abhebt? i wann der letzte Termin für die Überweisung ist?

Seite 157

3 a abheben b eröffnen c Betrag d überweist e Konto-auszug, Girokonto, EC-Karte, abgebucht

4a 1 →,↘ 2 →,↘,→,↘ 3 →,↗,→,↘ 4 →,↘,→,↘

4b *Lösungsvorschlag:* Wissen Sie, wie lange der Deutschkurs noch dauert? Kannst du mir sagen, wo du dein Wörterbuch gekauft hast? Weißt du, welche Aufgaben wir zu Hause machen sollen?

B   Darf ich fragen, ob Sie ... dabeihaben?
Seite 158

5 b Ja, das hat sie. c Nein, leider nicht. d Nein, das weiß ich nicht. e Ja, das geht.

6 b ob ich mit Kreditkarte bezahlen kann c ob die EC-Karte etwas kostet d ob Sie die Rechnung schon bezahlt haben e ob ich mein Konto bei einem Umzug mitnehmen kann

7 a ob b was c wie lange e wann f ob g ob

Seite 159

8 b was eine Kreditkarte kostet c ob ich die Waschmaschine in Raten bezahlen kann d wann ich die letzte Rate bezahlen muss e ob Sie auch Kreditkarten akzeptieren f wie viel ich pro Monat für den Kredit zahlen muss

9 akzeptiert, Bargeld, erledigen, kümmern, sondern, Summe, Zinsen
b kümmern c erledigen d Zinsen, Summe e akzeptiert f Bargeld, sondern

10 a Fernseher, Raten, Leider, Betrag, bar, oder, Kreditkarte b eröffnen, Formular

C   Dort können Sie Ihr Konto prüfen lassen.
Seite 160

11 B lässt die Tür öffnen C lässt sich eine Pizza bringen D lässt die Heizung prüfen E näht seine Hose F repariert einen Stuhl

12 b Lasst c lassen d lasse e Lässt f Lass g Lassen

13 b – Lasst ihr euch oft eine Pizza bringen? c Wir lassen unsere Texte immer prüfen. d Ich lasse mein Fahrrad immer reparieren. e – Lässt du dich auch vom Bahnhof abholen? f – Lass dir doch helfen! g – Lassen Sie das bitte noch unterschreiben.

Seite 161

14 b mir c sich d sich e euch f uns g dir

15 *Lösungsvorschlag:* ... Ich lasse die Wände streichen. Gleich danach mache ich vom 13. bis 17. Juni einen Sprachkurs an der VHS. Am 19. Juni habe ich einen Friseurtermin und lasse mir die Haare schneiden. Am selben Tag gehe ich auch zur Schneiderin und lasse mir ein Kleid ändern. Das Kleid brauche ich für die Hochzeit von meiner Schwester. Sie heiratet am 30. Juni! Ab dem 20. Juni bereiten wir die Hochzeit vor. Aber im Juli habe ich Urlaub. Kann ich Dich dann besuchen? Mein Urlaub ist vom 3. bis 18. Juli. Ich hoffe, Du hast im Juli Zeit. Dann fahre ich gerne nach Rostock!
Liebe Grüße
Sandra

Seite 162

16 1 E 2 F 3 X 4 A 5 B 6 D

D   In der Bank
Seite 163

17 + Gern. Zuerst stecken Sie Ihre EC-Karte in den Geldautomaten, dann werden Sie nach Ihrer Geheimzahl gefragt.
- Oje! Ich bin nicht sicher, ob ich meine Geheimzahl weiß.
+ Die brauchen Sie unbedingt! Tippen Sie sie ein und drücken Sie die Taste „Bestätigung".
- Können Sie mir sagen, was „Bestätigung" bedeutet?
+ Das ist diese grüne Taste hier. Wählen Sie den gewünschten Geldbetrag aus, drücken Sie auf „Barauszahlung" und wieder auf die Taste „Bestätigung". Dann nehmen Sie das Geld und Ihre EC-Karte.
- Vielen Danke für Ihre Hilfe! Darf ich Sie noch einmal fragen, wenn ich noch ein Problem habe?
+ Natürlich.

18 **a** Gespräch 1 b, Gespräch 2 a, Gespräch 3 c
b Gespräch 1 die Miete überweisen, das Gehalt überweisen lassen, **Gespräch 2** 1 000 Euro., Für Überweisungen. **Gespräch 3** Das ist der eigenen Bank kostenlos., Das kostet bei einer anderen Bank 2,50 Euro.

E   Rund ums Geld
Seite 164
19 1 b 2 c 3 a 4 b 5 b 6 c
20 **Empfänger:** Schön Wohnen GmbH **BIC:** GENO-DE71KA5 **Betrag:** Euro 411,49 **Verwendungszweck:** 12/06 16

Lektion 14   Lebensstationen

A   Ein richtig schöner Tag war das!
Seite 166
1 **a** Konntest, hatte, durften, musste, war, konntest, war
b Durftet, wollten
2 **b** haben, gearbeitet **c** haben, verbracht **d** hat, aufgepasst **e** ist, gefahren **f** sind, geschwommen **g** war **h** bin, gegangen
3a gefallen, ausgehen, lernen, treffen, machen, erklären
3b 1 haben, getroffen, sind, ausgegangen 2 hat, erklärt 3 haben, gemacht 4 hat, gefallen, habe, gelernt
4 *Lösungsvorschlag:* **B** Als Kind hat Paul seinen Eltern im Garten geholfen. **C** Als Kind hat Paul nach der Schule seine Oma besucht. **D** Als Kind hat Paul gerne ferngesehen. **E** Als Kind hat Paul mit seinem Vater das Fahrrad repariert.

B   Dir ist es egal, dass ...
Seite 168
6 **b** 6 **c** 1 **d** 2 **e** 4 **f** 5
7 **a** wenn, weil **b** wenn, weil, dass, dass **c** weil, weil, Wenn, dass

8 **b** wenn ich zu dir komme. **c** weil er fit sein möchte. **d** dass du das kannst. **e** weil ich für die Prüfung lernen muss. **f** dass du die A2-Prüfung geschafft hast.
Seite 169
9a 1 ☹ 2 ☺
9b 2 J 3 L 4 L 5 J 6 L

C   Wir könnten rausgehen!
Seite 170
10 **b** ist wirklich toll **c** Vielleicht hast du Lust auf **d** Fahr doch **e** Abends könntest du
11 **b** ☺ **c** ☺ **d** ☹ **e** ☺ **f** ☹ **g** ☺ **h** ☹
12 ich habe einen Vorschlag, Ich würde eigentlich lieber, also, ich weiß nicht, Wie wäre es mit, da kann ich leider nicht, Einverstanden, Das mache ich gern

D   Ich würde gern ... machen.
Seite 171
13 hätte, würde, hätte, würde, wäre
14 **b** würde gern seine Familie besuchen **c** wäre gern bei ihrer Mutter **d** würde gern eine Ausbildung machen **e** wäre gern ein guter Koch **f** hätte gern eine andere Arbeit **g** hätte gern ein bequemeres Bett
15 *Lösungsvorschlag:* **B** Said hätte gern Kinder. **C** Said würde gern in den Bergen wandern. **D** Er würde gern nach Berlin fahren. **E** Er hätte gern einen Balkon.

E   Kosenamen
Seite 172
16 **b** beliebt **c** Märchen, Fantasie **d** Raucher, dankbar
17 **b** der Raucher **c** die Entscheidung **d** unangenehm
18a 2 spr 3 tzch 4 rnst 5 nft 6 nsch
19 **b** das Häuschen **c** das Kätzchen **d** das Tischchen **e** das Stühlchen **f** das Scheinchen

Lektion 8   Am Wochenende

1   Spielzeug, Werkzeug, Konzert, Vorschlag
2   **b** Er liegt im Bett. Trotzdem schläft er nicht. **c** Ich bin zu dick. Trotzdem esse ich jeden Abend Schokolade. **d** Ich bin erkältet. Trotzdem gehe ich ohne Mantel zum Supermarkt. **e** Er hat ein Auto. Trotzdem fährt er mit dem Bus zur Arbeit.
3   **a** sie würde lieber Süßigkeiten essen. **b** er hätte lieber ein Auto. **c** sie wäre lieber Ärztin. **d** wir würden lieber lange schlafen.
4   **2** Ja, gern. Wann denn? **3** Wie wäre es am Sonntagabend? **4** Am Sonntagabend? Da geht es leider nicht. **5** Und am Montagabend? Kannst du da? **6** Ja, das geht. Um wie viel Uhr denn? **7** Sagen wir um 19 Uhr? **8** Okay. Holst du mich ab? **9** Klar, das mache ich. Bis Montag!

Lektion 9   Meine Sachen

1   **a** Der Hammer ... Holz **b** Das Besteck ... Metall **c** Die Schüssel ... Plastik
2   eingerichtet, Platte, Kerzen, Gas, entfernt, damals
3   -e, -e, -er, -en, -en, -e, -e
4   **a** als **b** wie **c** als
5   **a** 2 **b** 4 **c** 1 **d** 3

Lektion 10   Kommunikation

1   **a** unreif **b** unmöglich **c** unwichtig **d** ungern **e** unselbstständig **f** unordentlich
2   Mobiltelefon, Postkarte, Mailbox, Internet
3   **a** Was für ein **b** Was für eine **c** Was für einen
4   **b** Die Brote werden gebacken. **c** Die Brote werden herausgeholt. **d** Die Brote werden verpackt. **e** Die Brote werden an den Supermarkt geliefert.
5   -en, -e, -e
6   **a** Vielen Dank für Ihren Anruf **b** Ich melde mich wieder; Ich hoffe, das ist in Ordnung

Lektion 11   Unterwegs

1   stürmisch, eisig, sonnig, gewittrig, wolkig, windig
2   **a** von der **b** aus dem **c** vom **d** von ihren
3   über die, durch den, nach links, bis zum, um den, entlang, gegenüber der
4   **a** weil **b** deshalb **c** deshalb
5   **a** Ich fahre gern **b** Am besten gefallen mir **c** In meiner Heimat ist das anders

Lektion 12   Orte

1   **a** annehmen **b** dagegen **c** besichtigen **d** geeignet **e** überlegen
2   **a** am Meer. **b** im Schwarzwald. **c** auf dem Land. **d** ins Gebirge. **e** an der Küste. **f** im Süden. **g** am See? **h** in die Stadt
3   nächsten, netten, preiswerter, ruhiger, Gemütliches, großer
4   Wollen wir; Das geht nicht; Dann lass uns doch; gute Idee

Lektion 13   Auf der Bank

1   **a** Kleingeld **b** Geldautomat **c** Summe **d** Zinsen **e** EC-Karte
2   wohin, ob, was, ob, ob, ob
3   **a** Ich würde gern wissen, wo ich ein Taxi finde. **b** Wissen Sie, wo hier eine Toilette ist? **c** Können Sie mir sagen, ob der Bus zum Zoo fährt? **d** Darf ich fragen, wie teuer der Wein war? **e** Ich wollte dich fragen, ob du mit mir für die Prüfung lernst.
4   **a** lässt das Auto reparieren. **b** Julia lässt sich die Haare schneiden. **c** Ich lasse mein Fahrrad reparieren. **d** Meine Eltern lassen das Haus renovieren.

Lektion 14   Lebensstationen

1   **a** Tässchen **b** Töchterchen **c** Häuschen
2   **a** war, hat ... gespielt **b** gegangen ist, hatte, musste **c** hat ... bekommen, hat ... beschäftigt **d** hat ... vergessen, gespielt hat **e** ist ... gefahren **f** wollte, durfte **g** haben ... erlaubt, hatten **h** konnten, ist ... gereist
3   3, 2, 1, 3, 1, 2
4   *Musterlösung* eine größere Wohnung; einmal im Lotto gewinnen; verheiratet

Bewertungsschlüssel für die Tests:
20 – 18 Punkte   sehr gut
17 – 15 Punkte   gut
14 – 12 Punkte   befriedigend
11 – 9 Punkte   ausreichend
 8 – 0 Punkte   nicht bestanden